Hanno Sauer

Who's Afraid of Instrumental Reason?

Hanno Sauer

Who's Afraid of Instrumental Reason?

Instrumentelle Vernunft und die Diagnose sozialer Pathologien

Tectum Verlag

Hanno Sauer

Who's Afraid of Instrumental Reason?
Instrumentelle Vernunft und die Diagnose sozialer Pathologien
ISBN: 978-3-8288-9841-7
Umschlagabbildung: www.photocase.de, markus warneke

Besuchen Sie uns im Internet
www.tectum-verlag.de

Bibliografische Informationen der Deutschen Nationalbibliothek
Die Deutsche Nationalbibliothek verzeichnet diese Publikation in der Deutschen Nationalbibliografie; detaillierte bibliografische Angaben sind im Internet über http://dnb.ddb.de abrufbar.

Für Ruth und Lieselotte

Inhalt

Eine soziale Pathologie der Vernunft

Die Sozialphilosophie ist der „gebildete Vetter der gemeinen Beschwerde“[1], die akademische Fortsetzung eines öffentlichen Gesprächs, in dem sich die Bürger moderner Gesellschaften darüber verständigen, wie sie zusammenleben wollen – und wie nicht. Dieses öffentliche Gespräch findet in Tageszeitungen, Cafés, Universitäten und Wohnzimmern statt und hat seinen Ursprung in der Vermutung, dass moderne Gesellschaften von Krisen, Konflikten und Paradoxien betroffen sind, die so allumfassend sind, dass sie jeden angehen und trotzdem so subtil, dass sie erst richtig identifiziert und beschrieben werden müssen, bevor sie überwunden werden können. In diesem Gespräch spielt die Philosophie die Rolle einer reflexiven Instanz; sie prüft die normativen Geltungsansprüche, die auf der Straße und im Feuilleton erhoben werden und untersucht, ob diese rational gerechtfertigt werden können.

Das gewöhnlich vorherrschende Verständnis von Philosophie sieht anders aus. Wittgenstein etwa zeichnet folgendes Bild: „Ich sitze mit einem Philosophen im Garten; er sagt zu wiederholten Malen ‚Ich weiß, daß das ein Baum ist', wobei er auf einen Baum in unsrer Nähe zeigt. Ein Dritter kommt daher und hört das, und ich sage ihm: ‚Dieser Mensch ist nicht verrückt: Wir philosophieren nur.'“[2] Hier bedarf es der ausdrücklichen Klarstellung gegenüber jenem Dritten, dass Wittgensteins Gesprächspartner *nicht verrückt* ist, sondern „nur“ philosophiert. Die Probleme, mit denen sich Philosophen meistens beschäftigen, scheinen – freundlich formuliert – ungewöhnlich; unfreundlich formuliert geben sie Antworten auf Fragen, die keiner gestellt hat.

Ich glaube nicht, dass dieses Bild von Philosophie richtig ist, auf die Sozialphilosophie trifft es aber mit Sicherheit nicht zu. Das Leiden an den sozialen Missständen, die sie verstehen will, ist schon vorher da und wartet darauf, zur Sprache gebracht zu werden. Dieses Zur-Sprache-Bringen von alltäglichen Leidenserfahrungen, die durch strukturelle Bedingungen moderner Gesellschaften hervorgerufen werden, heißt „Diagnose sozialer Pathologien“; deren normative Grundlagen sind das Thema dieser Arbeit.

Eine nicht nur in akademischen Kreisen verbreitete Erklärungsstrategie führt die tiefgreifenden ethischen Deformationen der Moderne nicht auf diese oder jene kontingente Fehlentwicklung zurück, sondern versucht, die eigentümlichen normativen Defizite der modernen Kultur in der Form der *Rationalität* wiederzufinden, die diese Kultur durchdringt. Die primären Gegenstände der Sozialphilosophie sind dann nicht mehr jene ethischen Konflikte selbst, sondern der Typ von Vernunft, der deren Ursache sein soll. Darüber, welcher

---

1 Walzer, Michael, *Kritik und Gemeinsinn*, 78.

2 Wittgenstein, Ludwig, *Über Gewißheit*, § 467.

Typ Vernunft das ist, herrscht indes weitgehende Einigkeit: es ist die „kalte Zweckrationalität" oder auch die „technologische Rationalität"[3], die, ausgehend von den Entwicklungen der abendländischen Gesellschaft in den letzten zwei bis drei Jahrhunderten, ihren unheilvollen Siegeszug über die ganze Welt begonnen hat. Was ist der Ursprung dieser These? Und vermag sie – erst recht unter den Bedingungen moderner philosophischer Theoriebildung – zu überzeugen?

1 Eine soziale Pathologie der Vernunft

Axel Honneth versucht, die „intellektuelle Erbschaft" der Kritischen Theorie zu charakterisieren, indem er eine Intuition herausarbeitet, die für die Philosophen und Sozialwissenschaftler dieses Traditionszusammenhangs von Anfang an leitend gewesen ist; die Intuition nämlich, dass sich die Pathologien der Moderne auf eine „soziale Pathologie der Vernunft"[4] zurückführen lassen. Ob Horkheimer oder Marcuse, Adorno oder Habermas: „Alle genannten Autoren gehen davon aus, daß die Ursache für den negativen Zustand der Gesellschaft in einem Defizit an sozialer Vernunft gesehen werden muß; zwischen den pathologischen Verhältnissen und der Verfassung gesellschaftlicher Rationalität behaupten sie einen internen Zusammenhang, der ihr Interesse am historischen Prozeß der Verwirklichung von Vernunft erklärt."[5] Honneth geht sogar so weit zu behaupten, dass sich jeder Versuch, die Tradition der kritischen Sozialphilosophie fortzusetzen, daran messen lassen muss, inwiefern es gelungen ist, genau diese Prämisse auf gegenwärtigem Niveau zu aktualisieren und plausibel zu reformulieren.

Der Begriff einer „sozialen Pathologie der Vernunft" weckt vertraute Assoziationen; man glaubt intuitiv zu wissen, was damit gemeint ist. Gerade diese Vertrautheit ist es aber, die es fast unmöglich macht zu sehen, wie schwer verständlich dieser Begriff, oder besser: diese Kombination von Begriffen eigentlich ist. Ihn zu verstehen verlangt von uns, den Zusammenhang von *Vernunft* und *Gesellschaft* zu sehen und gleichzeitig eine wenigstens rudimentäre Antwort auf die Frage parat zu haben, inwiefern beides, und insbesondere die *Pathologien* von beidem, einen unauflöslichen Zusammenhang bilden.

Wie gut verstehen wir den Begriff einer „Pathologie der Vernunft" also wirklich? Diese Frage verweist auf ein semantisches Problem: wie pathologisch

---

3 Vgl. hierzu, nur als paradigmatisches Beispiel, Eagleton, Terry, „Die Gottesfrage. Religiöser Fundamentalismus fällt nicht vom Himmel. Er ist eine Reaktion auf die kalte Zweckrationalität der liberalen Gesellschaft", in: *Die Zeit*, Nr. 20, 08. Mai 2008, 45-46.

4 Vgl. Honneth, Axel, „Eine soziale Pathologie der Vernunft".

5 Honneth, Axel, „Eine soziale Pathologie der Vernunft", 32.

darf jene Vernunft eigentlich sein, um überhaupt noch berechtigt als „Vernunft“ oder auch „Rationalität“ bezeichnet werden zu dürfen? Ein kranker Organismus mag wohl in dieser oder jener physiologisch bedeutsamen Hinsicht krank sein. Um ihn aber überhaupt noch als lebendigen Organismus bezeichnen zu können, muss all das vor einem massiven Hintergrund von Gesundheit der Fall sein. Es gibt einen Punkt, an dem die Defizite eines Zustandes so massiv werden, dass nicht mehr gesagt werden kann, es handele sich immer noch um *denselben* Zustand. So auch hier: es gibt einen Punkt, an dem der Grad der „Pathologizität“ der Vernunft so hoch wird und der Grad an „Gesundheit“ der Vernunft so stark abgenommen hat, dass diese Vernunft aufhört, überhaupt noch vernünftig zu sein. Für die Tradition der Kritischen Theorie ist es aus begrifflichen Gründen deshalb ausgeschlossen, dass dieser Zustand schon eingetreten ist (sonst wäre es ja bereits unmöglich, von einer Pathologie der *Vernunft* zu sprechen). Ein Minimum an Vernünftigkeit muss sich auch noch in der paradox strukturierten und krisengeschüttelten Moderne wiederfinden lassen, wenn die Rede von einer sozialen Pathologie der Vernunft Sinn machen soll.

2 Irrationalität und Arationalität, individuelle und kollektive Rationalität

Die Einsicht in die semantischen Grenzen der sinnvollen Anwendung des Vernunftbegriffs macht außerdem klar, dass eine Pathologie der Vernunft von den in einiger logischer Nachbarschaft angesiedelten Begriffen der Arationalität und der Irrationalität unterschieden werden muss. Eine Gesellschaft, die an einer „sozialen Pathologie der Vernunft“ leidet, ist offensichtlich etwas anderes, als eine „irrationale“ oder gar „arationale“ Gesellschaft – was auch immer das heißen mag.

Arationalität liegt dann vor, wenn die Anwendung des Rationalitätsprädikats grundsätzlich ausgeschlossen ist. Das Verhalten eines Steins, der zu Boden fällt, oder eines Stücks Eisen, das vor sich hin rostet, kann man nicht sinnvoll als irrational bezeichnen; und zwar nicht deshalb, weil Steine und Metalle rational wären, sondern weil beides – und vieles mehr – überhaupt nicht zum „Reich des Rationalen“ gehört.

Entsprechend ergibt es nur dann Sinn, von Irrationalität zu sprechen, wenn Rationalität eine Option gewesen wäre. Am Monatsanfang sein ganzes Geld in Rubbellose zu investieren ist irrational, weil es hier eine rationale Alternative gegeben hätte. Im strengen Sinn irrational können deshalb nur Personen sein. Personen sind prinzipiell für Gründe „empfänglich“ und von dieser Fähigkeit keinen – oder keinen epistemisch verantwortlichen und praktisch wirksamen – Gebrauch zu machen, macht eine Handlung irrational. Nur Handlungen und Überzeugungen von Personen können irrational sein. Stolpern und Niesen dagegen haben keinen Handlungscharakter und sind deshalb arational, weil sie – als rein kausal verursachte Ereignisse (bloßes Verhalten) – nicht durch Gründe beeinflussbar sind. Eine Person, für die die Müller-Lyer-Linien unterschiedlich lang aussehen, kann nicht dafür kritisiert werden, Opfer einer optischen Täuschung zu sein. Wenn sie aber wider besseres Wissen und obwohl sie darüber aufgeklärt ist, dass es sich um eine optische Täuschung handelt, an jener Überzeugung festhält, verhält sie sich irrational.

Der Begriff „irrational" wird fast immer gebraucht, um etwas oder jemanden zu kritisieren, und manche Dinge können eben nicht sinnvoll kritisiert werden. Ein Hund, der auch nach vielen Jahren noch nicht gelernt hat, dass er sich nicht auf die Sofas setzen darf, kann nicht *kritisiert*, sondern nur besser und konsequenter *dressiert* werden.

Exemplarisch für Irrationalität sind die oben beschriebenen Fälle, in denen sich eine einzelne, menschliche Person irrational verhält. Im alltäglichen Sprachgebrauch ist der Begriff der Irrationalität freilich nicht für diese Fälle reserviert. Nicht nur Personen, sondern auch Institutionen oder soziale Praxen scheinen Kandidaten für Irrationalität zu sein. So liest oder hört man manchmal, der ganze Radsport sei ein durch und durch „irrationaler" Betrieb geworden. Es sei zwar verboten, zu Doping zu greifen; um aber überhaupt noch sinnvoll am sportlichen Wettbewerb, in dem es ja ums Gewinnen geht, teilnehmen zu können, müsse man dopen, selbst wenn man es eigentlich gar nicht wolle und sogar für unsportlich, gefährlich oder ethisch falsch halte. Die Rede von der Irrationalität einer ganzen Institution ist allerdings äußerst undurchsichtig und lässt sich in den meisten Fällen problemlos in eine Rede über die strukturelle Beeinflussung des Vernunftgebrauchs individueller Akteure rückübersetzen. Man sollte sie in einem metaphorischen Sinn verstehen oder besser ganz vermeiden und den Begriff „Irrationalität" für die Meinungen und Handlungen von Individuen reservieren.

Die Bedeutung eines Begriffs bestimmt sich nach dessen Position in einem inferentiell gegliederten Netz anderer Begriffe. Um die Bedeutung des einen erfassen zu können, muss man ihn deshalb von seinen konzeptuellen Nachbarn unterscheiden können. Der Begriff einer „Pathologie der Vernunft" muss also – wie geschehen – von den Begriffen der Irrationalität und der Arationalität unterschieden werden.

Dass individuelle Rationalität – das, was für eine einzelne Person rational ist – und kollektive Rationalität – das, was für mehrere Personen rational wäre – zwangsläufig miteinander konvergieren, hat sich als Mythos herausgestellt. Insbesondere die Entscheidungs- und Spieltheorie hat gezeigt, dass individuell rationales Verhalten in bestimmten Situationen zu kollektiv irrationalen (suboptimalen) Ergebnissen führt. Die berühmtesten Beispiele dafür sind Szenarien im Stil des Gefangenendilemmas: die Verfolgung der dominanten Strategie zeitigt eine schlechtere Auszahlung, als eigentlich für alle möglich gewesen wäre.[6] Auch dieser Sachverhalt ist nicht identisch mit einer sozialen Pathologie der Vernunft. Das *prisoner's dilemma* ist einfach so modelliert, dass die strategische Rationalität der Spieler zu unvorteilhaften Ergebnissen führt. Dies ist aber kein Fall einer „Pathologie der Vernunft", sondern ein Beispiel dafür, dass das „Vernünftige" und das „Gute" nicht immer reibungslos zur Deckung gebracht werden können.

Ich erwähne diese Probleme hier nur, um einen klarer konturierten Begriff dessen zu gewinnen, was wir unter einer „sozialen Pathologie der Vernunft" genau verstehen können. Um als ein tragfähiges Konzept einer normativ orientierten Sozialphilosophie dienen zu können, muss die Bedeutung dieses Begriffs über ihren rein metaphorischen Aspekt hinaus angegeben werden können. Man kann nicht immer dann schon formelhaft von einer Pathologie der Vernunft sprechen, wenn ein Zustand – sei es eine Institution oder eine soziale Praxis – als defizitär klassifiziert werden muss. Es bedarf hier klarerer Kriterien, die den Gebrauch dieses anspruchsvollen Begriffs rechtfertigen.

3 Who's Afraid of Instrumental Reason?

Eine soziale Pathologie der Vernunft muss von arationalen Ereignissen, irrationalem Handeln und individueller Rationalität, die sich zu kollektiv irrationalen Ergebnissen aufsummiert, unterschieden werden. Damit ist der Begriff inhaltlich immer noch sehr unbestimmt. „Pathologie" ist ja ein formaler Begriff ohne konkrete inhaltliche Implikationen. „Sie sind krank!" ist keine Diagnose; es ist nur die Feststellung, dass überhaupt ein Problem vorliegt.

Bei Honneth finden sich Wendungen wie die von einer „pathologischen Verformung" der Vernunft, von einer „entstellten" oder auch einer „mangeln den" Rationalität moderner Gesellschaften. Auch von einer „Blockierung" der „sozial wirksamen Vernunft" ist die Rede.[7] Alle diese Charakterisierungen sind aber zunächst nur scheinbar inhaltlich gefüllt: denn darüber, worin die Entstellung, der Mangel und die Verformung bestehen und wer hier die Vernunft blockiert, schweigen sie sich noch aus.

So in die begriffliche Enge getrieben, findet sich bei fast allen Sozialphilosophen, die die These teilen, dass sich die Pathologien der Moderne *in terms* einer „sozialen Pathologie der Vernunft" entschlüsseln lassen, die gleiche Antwort: *es ist die soziale Wirksamkeit und Verbreitung des Typus instrumenteller*

---

6 Vgl. dazu Nida-Rümelin, Julian und Schmidt, Thomas, *Rationalität in der praktischen Philosophie* und Kapitel IV dieser Arbeit, in dem ich kurz auf das Problem kollektiver Güter eingehe.

7 Vgl. Honneth, Axel, „Eine soziale Pathologie der Vernunft", 29f.

Vernunft, durch die die Vernünftigkeit auch noch der modernen Gesellschaft zu einer „pathologischen" Vernünftigkeit wird.[8] Die Überzeugungskraft dieser These ist es, die hier auf dem Prüfstand steht.

Dass moderne Gesellschaften in einer rationalitätstheoretischen Begrifflichkeit beschrieben werden müssen, ist keine Selbstverständlichkeit, sondern eine umstrittene These, deren (links)hegelianischer Ursprung offensichtlich ist.[9] Die Grundidee dabei ist, dass sich in der sozialen Wirklichkeit die „Bruchstücke einer existierenden Vernunft"[10] nachweisen lassen können müssen und dass soziale Institutionen, Strukturen und Praktiken – wenigstens prinzipiell – so betrachtet werden können, als seien sie mit „rationalen Gründen durchzogen"[11]. Dies ist eine sehr starke *metaphysische* These mit entsprechend hohen Begründungsverpflichtungen.

Da man unter nachmetaphysischen Bedingungen nicht mehr mit der Vorstellung einer „listigen", welthistorisch hinter dem Rücken von Individuen und unabhängig von diesen wirksamen Vernunft operieren wollen wird, muss man angeben, wie sich der Zusammenhang von sozialem Wandel und Rationalität in den Handlungsorientierungen individueller Akteure niederschlägt. Eine „soziale Pathologie der Vernunft" muss sich prinzipiell auf der Basis eines methodologischen Individualismus entschlüsseln lassen.[12] „Rational" und „vernünftig" sind wie gesagt Prädikate, deren Anwendung man auf *Personen* und deren Denken und Handeln beschränken sollte, weshalb eine soziale Pathologie der Vernunft in den a) sozial bewirkten und b) sozial wirksamen rationalen Fähigkeiten sozialer Akteure aufgesucht werden muss.

Der Begriff einer „sozialen Pathologie der Vernunft" besteht aus drei Teilen: er hat eine rationalitätstheoretische („Vernunft"), eine ethische („Pathologie") und eine gesellschaftstheoretische („sozial") Komponente. Zusammengenommen enthalten diese drei Teile folgende These: es gibt soziale Ursachen und Auswirkungen einer Verformung und Entstellung des Vernunftgebrauchs individueller Akteure, die Konsequenzen für die sozialen Bedingungen des guten Lebens dieser Akteure hat. Diese These ist der Ausgangspunkt des Projekts einer „Kritik der instrumentellen Vernunft".

---

8 Vgl. z. B. Taylor, Charles, *Quellen des Selbst*, 855ff., der seine Pathologiediagnose auf das Schlagwort der „instrumentellen Gesellschaft" bringt.

9 Dass sich soziale Institutionen durch eine intern vernünftige Struktur auszeichnen, ist natürlich Hegels Beweisziel in seiner *Rechtsphilosophie*. Diese These findet dann über den „Umweg" Max Webers durch Georg Lukács Eingang in die moderne Sozialphilosophie.

10 Habermas, Jürgen, *Faktizität und Geltung*, 349.

11 Vgl. Honneth, Axel, *Leiden an Unbestimmtheit*, 66ff.

12 Damit ist man weder auf einen normativen noch auf einen sozialontologischen Individualismus festgelegt.

4 Instrumentelle Vernunft als zweite Natur

Auf den ersten Blick muss es mysteriös erscheinen, wie dieser Prozess vor sich gehen soll: wie schaffen es jene sozialen Bedingungen, bestimmte Rationalitätsprinzipien in den individuellen Handlungsorientierungen zu verankern? Wie kommt es, dass jene instrumentelle Vernunft von den betroffenen Akteuren „Besitz ergreift" und ihr Leben und ihren Umgang miteinander formt und bestimmt? Wie genau das vor sich geht ist – wenn es denn überhaupt vor sich gehen sollte – natürlich eine Frage empirischer Forschung. Im Prinzip ist dieser Prozess aber wohlbekannt: Menschen werden stets in natürliche und soziale Bedingungen hineingeboren, die sie sich nicht ausgesucht haben; diese Bedingungen sind die Grundlage anschließender Lernprozesse. Moralische Normen werden vor dem Hintergrund eines Kontextes sozial akzeptierter Normen erworben, eine Sprache wird durch den interaktiven Kontakt mit Menschen, die schon eine bestimmte Sprache sprechen, erworben usw. Sollte es nun zutreffen, dass bestimmte strukturelle Eigentümlichkeiten moderner Gesellschaften die involvierten Akteure auf den Gebrauch instrumenteller Rationalität einschwören, dann wäre es auch nicht mehr verwunderlich, wenn die Sozialisation von Individuen zu dem Ergebnis führt, dass der Gebrauch jener instrumentellen Rationalität den vergesellschafteten Individuen schließlich zur „zweiten Natur"[13] wird. Die Akteure üben den Gebrauch dieses Rationalitätstyps lernend ein, und erwerben so schließlich einen „instrumentellen" Habitus, der den Schein des Naturwüchsigen trägt. In dieser Arbeit will ich mich gleichwohl nicht mit dem Problem auseinandersetzen, ob die Prämissen einer *Kritik der instrumentellen Vernunft* ontogenetisch überzeugen können. Mir geht es darum, den begrifflichen Gehalt dieses Theorieprojekts zu analysieren, die metatheoretischen Intuitionen herauszuarbeiten, die das Projekt motivieren und eine Antwort auf die Frage anzudeuten, ob es Alternativen zum Vokabular einer *Kritik der instrumentellen Vernunft* gibt.

5 Kritik der instrumentellen Vernunft - Fünf Thesen

Nicht der Gebrauch vernünftiger Fähigkeiten überhaupt, sondern der Gebrauch eines *bestimmten Typs von Rationalität* ist es, der soziale Pathologien zu dem macht, was sie sind. Da es sowohl systematisch naheliegend als auch historisch weit verbreitet ist, den Begriff instrumenteller Rationalität (oder auch: Zweckrationalität) zum Schlüsselbegriff einer normativ orientierten Sozialphilosophie zu machen, kann man von diesem Theorieprojekt als dem Versuch einer *Kritik der instrumentellen Vernunft* (KIV) sprechen. Die folgenden Thesen scheinen mir den inhaltlichen Kern dieses Theorieprojekts auszumachen:

---

13 Vgl. Honneth, Axel, *Verdinglichung*, 19ff.

(KIV)

(1) Soziale Entwicklungen (Modernisierung, Differenzierung etc.) und soziale Institutionen (Wirtschaft, Bürokratie) lassen sich in einer rationalitätstheoretischen Begrifflichkeit beschreiben.

These (1) fungiert als Prämisse nicht nur für große Teile der Sozialtheorie von Hegel über Durkheim und Tönnies zu Weber, Parsons und Habermas, sondern auch als implizite Prämisse einer *Kritik der instrumentellen Vernunft* (welcher Spielart auch immer). Wer bestreitet, dass sich soziale Zusammenhänge und die Handlungsorientierungen von sozialen Akteuren mit normativen Begriffen wie Rationalität und Vernunft beschreiben lassen, der bestreitet damit gleichzeitig, dass eine Kritik der instrumentellen Vernunft überhaupt möglich, geschweige denn nötig ist.

(2) In diesen sozialen Entwicklungen und Institutionen ist ein bestimmter „verkürzter" Typ praktischer Rationalität verkörpert, dessen Diffusion in unterschiedlichste Handlungsbereiche die sozialen Bedingungen eines guten Lebens korrumpiert.

(3) Die Verbreitung jenes verkürzten Rationalitätstyps („instrumentelle Vernunft") führt zum Verlust einer allgemein teilbaren und sozial wirksamen Konzeption des guten Lebens („objektive Vernunft") (und damit schließlich zum Sinn- und Gemeinschaftsverlust).

(KIV) (2) und (3) finden sich vor allem in Lukács „Theorie" der Verdinglichung und im Zusammenhang mit Horkheimers Verdikt, in modernen Gesellschaften sei die einstmals „objektive" Vernunft, auf die sich die philosophische Tradition von Platon bis Hegel noch habe stützen können, auf „subjektive" – sprich: instrumentelle – Vernunft zusammengeschrumpft.[14]

Hinzu kommen zwei weitere Thesen, die zwar eine starke inhaltliche Nähe zu (KIV) (1) bis (3) aufweisen, sich aber eher der Habermasschen Wiederaufnahme und Reformulierung der in (1) bis (3) beschlossenen normativen Intuitionen verdanken[15]:

---

14 Sowohl (KIV) (2) als auch (KIV) (3) lassen sich freilich bis zu Max Webers Studie über die religiösen Grundlagen zweckrationalen Wirtschaftshandelns zurückverfolgen, vgl. Weber, Max, „Die Protestantische Ethik und der Geist des Kapitalismus".

15 Auch Habermas hat freilich, wie ich in Kapitel V zeigen werde, eine eigene, sehr komplexe Version von (KIV) (2) vertreten.

(4) Das in modernen Gesellschaften an sich schon vorhandene Rationalitätspotential wurde nur selektiv (zugunsten „kognitiv-instrumenteller" Rationalität) ausgeschöpft.

(5) Die begründete Kritik von sozialen Verhältnissen ist auf die Entwicklung vernünftiger normativer Maßstäbe *jenseits instrumenteller Rationalität* angewiesen.

Bis auf die erste These, die gleichsam das Fundament der restlichen Annahmen liefert, sind alle Thesen logisch voneinander unabhängig; es ist daher nicht nötig, dass alle auf einmal vertreten werden. Trotzdem sind (KIV) (1-5) in gewisser Weise miteinander wahlverwandt. Es lohnt sich umso mehr, sie auseinanderzuhalten, denn manchmal werden sie als wechselseitig füreinander ersetzbar angesehen.

Der theoretische Kern der Sozialphilosophie besteht in der Diagnose sozialer Pathologien und die Maßstäbe dieser Diagnose verdanken sich einer kritischen Rekonstruktion unseres normativen Vokabulars.[16] Man sieht erst auf den zweiten Blick, wie sich auf der Basis dieser Prämisse der Zusammenhang zwischen Rationalitätstheorie und Sozialphilosophie herstellen lässt: erstens scheinen die Kriterien der Diagnose sozialer Pathologien in der Beschreibung einer *vernünftigen* Praxis, *vernünftiger* Institutionen und *vernünftiger* Normen und Werte zu liegen (KIV) (5); zweitens besteht die Möglichkeit, die Existenz sozialer Pathologien und ihren pathologischen Charakter begrifflich auf eine „soziale Pathologie der Vernunft" (KIV) (2), (3) und (4) zurückzuführen.

Es ist selbstverständlich etwas ganz anderes, soziale Pathologien im Lichte eines vernünftigen normativen Maßstabs zu diagnostizieren, oder jene kritikbedürftigen Verhältnisse *selbst* wiederum als Verkörperung einer – wenn auch eben nur „pathologischen" – Vernunft begreifen zu wollen. Die erste Variante könnte man als eine *positive*, die zweite als eine *negative* Ausformulierung des Zusammenhangs von Rationalitätstheorie und Sozialphilosophie verstehen. Im ersten Fall geht es darum, eine Rationalitätstheorie zu entwickeln, in der sich die vernünftigen, und das heißt zunächst nichts anderes als: die begründeten Maßstäbe einer methodisch fundierten Sozialkritik auffinden lassen. Im zweiten Fall soll die Struktur von sozialen Pathologien selbst auf eine in irgendeiner Form verkürzte, verzerrte oder einen in anderer Hinsicht defizitären Typ von Rationalität zurückgeführt werden können. Die Verbindung zwischen Rationalitätstheorie und Sozialphilosophie wird also entweder durch die Begründung *vernünftiger* Maßstäbe der Diagnose sozialer Pathologien hergestellt oder dadurch, dass Typen sozialer Pathologien (Verdinglichung, Entfremdung, Ungerechtigkeit etc.) begrifflich auf eine soziale „Pathologie der

16 Darauf komme ich in Kapitel I noch zurück.

Vernunft" zurückgeführt werden, so dass sich jene als soziale Verkörperung eines unvollständigen oder deformierten Rationalitätstyps begreifen lassen.

Die erste Variante ist dabei methodisch sekundär: eine Identifikation sozialer Pathologien muss schon geleistet sein, bevor über eine alternative Vernunftkonzeption nachgedacht werden kann. Die theoretische Gestalt, die diese annimmt, kann sich dann nur der Abgrenzung von jener „sozialen Pathologie der Vernunft" verdanken. In diesem Sinn ist Habermas' Begriff kommunikativer Rationalität geradewegs darauf zugeschnitten, nicht auf strategische Rationalität reduzierbar zu sein.

Die leitende gleichzeitig gesellschafts- und rationalitätstheoretische These hinter (KIV) (2), (3) und (4) lautet, dass sich soziale Pathologien als Verkörperung oder Ausprägung eines bestimmten „pathologischen" Vernunfttyps in den Institutionen und Praktiken moderner Gesellschaften (letztlich: in den Handlungsorientierungen sozialer Akteure) begreifen lassen. Moderne Bürokratien, eine kapitalistisch organisierte Wirtschaft oder moderne politische Systeme seien funktional auf die soziale Verbreitung und Akzeptanz eines bestimmten Typs praktischer Rationalität angewiesen; dessen Verbreitung erzeuge nicht-intendierte pathologische Effekte, die sich rationalitäts- *und* gesellschaftstheoretisch entschlüsseln lassen sollen. Aus dieser Perspektive stellt sich gesellschaftliche Modernisierung als die nur selektive und unvollständige Ausschöpfung eines eigentlich schon vorhandenen Rationalitätspotentials dar, in deren Verlauf nur ein bestimmter Typ von Rationalität zu sozialer Durchsetzung gelangt und nach und nach eine faktisch privilegierte Stellung einnimmt (KIV) (4).

Ich habe schon darauf hingewiesen, dass in der Frage, was mögliche Kandidaten für jenen Rationalitätstyp sind, dessen Diffusion in die unterschiedlichsten Lebensbereiche unantizipierte pathologischen Nebenfolgen hervorruft, ein Blick in die Geschichte der Sozialphilosophie eine bemerkenswerte – um nicht zu sagen: verdächtige – Einigkeit zeigt. Theoretiker aus unterschiedlichsten Traditionen und unterschiedlichster Stoßrichtung teilen miteinander die Intuition, dass sich die Paradoxien der Moderne letztlich in Begriffen einer *Kritik der instrumentellen Vernunft* formulieren lassen und dass sich der gesuchte deformierte und/oder verkürzte Vernunfttyp als *instrumentelle Rationalität* identifizieren lässt.

6 Überblick

Das übergeordnete Ziel dieser Arbeit ist es, einen normativ gehaltvollen Begriff instrumenteller Rationalität zu entwickeln und dessen Verbindungen mit dem Projekt einer Diagnose sozialer Pathologien zu untersuchen. Mein Ziel ist erreicht, wenn es mir gelingt, die Intuitionen herauszuarbeiten, die hinter dieser Verbindung stehen und Zweifel an deren Überzeugungskraft zu wecken.

Im ersten Kapitel widme ich mich dem Begriff der sozialen Pathologie und mache einen Vorschlag, was unter „Diagnose sozialer Pathologien" zu verstehen ist und wie sich deren Maßstäbe begründen lassen.

Das zweite Kapitel klärt den Begriff der Zweckrationalität und diskutiert dessen handlungs- und rationalitätstheoretische Funktion.

Im dritten Kapitel untersuche ich das Problem eines „Skeptizismus bezüglich praktischer Vernunft" (Korsgaard) und gebe eine Antwort auf die Frage, welche Struktur es hat und wie es entsteht.

Das vierte Kapitel macht einen Lösungsvorschlag für das Regressproblem praktischer Vernunft und entwickelt einen Begriff instrumenteller Rationalität, der die Grundlage für die anschließende Wiederaufnahme des sozialphilosophischen Fadens bildet. Dieses Kapitel kann zugleich als der Abschluss der Diskussion einer bestimmten Lesart von (KIV) (3) gelesen werden.

Im fünften Kapitel erweitere ich das Blickfeld wieder auf (KIV) (2) und versuche nachzuweisen, dass Habermas' Gesellschaftstheorie den Prämissen einer Kritik der instrumentellen Vernunft verhaftet bleibt und deswegen auf handlungs- und sozialtheoretischer Ebene scheitert.

Dieses Ergebnis führt mich in Kapitel VI zu einer Untersuchung der metatheoretischen Intuitionen, denen das Projekt einer Kritik der instrumentellen Vernunft gerecht zu werden versucht. Zum Schluss mache ich einen Vorschlag, wie sich der kritische Gehalt jener Intuitonen bewahren lässt, ohne den Begriff der instrumentellen Rationalität als Grundbegriff wählen zu müssen. Dies ermöglicht den Ausblick auf eine *Sozialphilosophie ohne instrumentelle Vernunft.*

I Soziale Pathologien

1 Was sind soziale Pathologien?

Die praktische Philosophie hat es mit menschlichem Handeln und seinen Bedingungen zu tun, insofern beides unter der Perspektive normativer Richtigkeit oder Falschheit betrachtet wird. „Philosophie" im Allgemeinen ist natürlich ein Begriff, der viele verschiedene Disziplinen, Methoden, Stile, Standards und Probleme unter sich enthält. Was alles als Philosophie gilt, ist nur durch Familienähnlichkeiten miteinander verbunden. Eine endliche Menge von notwendigen und hinreichenden Bedingungen dafür aufzuzählen, was Philosophie ist und was nicht, ist unmöglich. Trotzdem möchte ich folgenden Vorschlag machen: zur *Sozial*philosophie gehören all die Theorien, Thesen und Fragestellungen, die um das Problem der *Diagnose sozialer Pathologien* kreisen. Soziale Pathologien sind gleichsam die Art von normativer Falschheit, die konstitutiv für das Teilgebiet einer kritischen Sozialphilosophie sind. Entsprechend gehören sowohl moderne Gerechtigkeitstheoretiker, Kommunitaristen, feministische Theoretiker, Kritische Theoretiker (mit großem und mit kleinem ‚K') und viele andere mit dazu.[17]

Die Diagnose sozialer Pathologien basiert auf einer wichtigen begrifflichen Klärung, die der eigentlichen Durchführung des Projekts vorauszugehen hat: was ist eine soziale Pathologie? Zunächst gehört zu einer sozialen Pathologie ihr *sozialer* Charakter. Ein Mann, der seine Frau schlägt, verhält sich zwar moralisch falsch, macht aber noch keine soziale Pathologie, auch wenn sein Verhalten natürlich das Symptom einer solchen sein kann. Zum Begriff einer sozialen Pathologie gehört also die unmittelbare soziale Relevanz: soziale Pathologien haben etwas „Globales" an sich und betreffen – im Prinzip – immer die ganze Gesellschaft, auch wenn es möglich ist, dass nur eine bestimmte Gruppe direkt unter ihnen zu leiden hat.

Eine soziale Pathologie wird aber nicht nur dadurch zum spezifisch *sozialen* Phänomen, dass ihre Adressaten, sprich: die Betroffenen, nicht, wie im Fall von Psychopathologien oder Grippe, primär einzelne Personen sind, sondern auch dadurch, dass es soziale, *in der Struktur und den Praktiken einer Gesellschaft* angelegte Bedingungen sind, die einen pathologischen Zustand ausmachen oder ihn hervorrufen. Grippe wird durch natürliche Faktoren (Viren) in Kombination mit anderen natürlichen Faktoren (etwa einem angeschlagenen Immunsystem) hervorgerufen, aber auch wenn eine Grippe-Welle epidemische Züge annehmen kann, so machen tausende Grippe-Kranke doch noch keine soziale Pathologie, sondern sind bloß die Summe einzelner Krankheiten.

17 Zum Teil verdankt sich dieser Vorschlag natürlich auch dem Versuch der Abgrenzung von Soziologie, Wissenschaftstheorie der Sozialwissenschaften und Sozialontologie.

Es dürfte schwer sein, auf eine genuin *soziale* Weise physisch krank zu werden oder zu sein. Trotzdem darf diese Unterscheidung nicht den Eindruck erwecken, als kämen soziale Pathologien gar nicht erst beim individuellen Menschen an. Weit eher muss man die Auswirkungen sozialer Pathologien gerade bei einzelnen in soziale Verhältnisse eingebundenen Akteuren ausfindig machen können, um zu Recht von sozialen *Pathologien* sprechen zu können. Letztere kann man sich als eine Art Pathologien höherer Ordnung vorstellen, weshalb man sich die Unterscheidung von genuin sozialen und genuin nichtsozialen pathologischen Zuständen an einer Art *Stufenmodell sozialer Pathologien* (SMSP) klar machen kann:

(SMSP)

Soziale Pathologien sind Pathologien *zweiter Stufe*, deren *Symptome* Pathologien *erster Stufe* sind.

Psychopathologien, die Kriminalisierung von bestimmten sozialen Gruppierungen, das Leiden an Orientierungslosigkeit und Gemeinschaftsverlust sind zwar „eigenständige" pathologische Phänomene, mit denen eine eigene Symptomatik verbunden ist, können aber gleichzeitig selbst als Symptome höherstufiger, *sozialer* Pathologien verstanden werden.[18]

Als erste Annäherung an den Begriff sozialer Pathologien (SP) schlage ich vor:

(SP)

Soziale Pathologien sind die ganze Gesellschaft oder relevante gesellschaftliche Gruppen betreffende, von sozialen Faktoren abhängige oder durch sie bewirkte Fehlentwicklungen oder fehlerhafte Zustände.

Insbesondere Begriffe wie ‚Fehlentwicklung' oder ‚fehlerhafter Zustand' sind natürlich erläuterungsbedürftig. Es sollte im weiteren Verlauf aber klar werden, mit welchem Recht hier überhaupt von „Fehlern" oder normativer „Falschheit" gesprochen werden kann und was mögliche Kandidaten für derartige fehlerhafte Zustände sind. Außerdem ist dieser Vorschlag noch ziemlich weit gefasst; legt man (SP) zugrunde, fangen soziale Pathologien schon bei einer hohen Arbeitslosigkeit, einer schlechten Gesundheitsversorgung und mangelhafter Bildung an und enden dann bei so schillernden Begriffen wie

---

18 Eine Analyse von hier sogenannten Pathologien erster Stufe in ihrem Zusammenhang mit dem Problem einer „Pathognostik des Sozialen" liefert Arnd Pollmann, vgl. ders., *Integrität*, 329ff.

„Entfremdung“ und „Verdinglichung“. Letztere sind dafür in besonderem Maße sozialphilosophisch interessant.

Um den Punkt noch klarer zu machen, will ich eine kurze Skizze der historisch bedeutendsten und systematisch wichtigsten Formen sozialer Pathologien geben, die gleichsam am Beispiel klarmachen sollen, was mit dem Begriff gemeint ist. Die folgenden Unterscheidungen sind durchweg als *analytische* Unterscheidungen zu verstehen. Das bedeutet, dass dasselbe Phänomen immer unter mehreren Aspekten, häufig sogar unter allen, gesehen werden kann. So handelt es sich bei der Sklaverei sowohl um einen Fall der ungerechten Behandlung einer sozialen Gruppe, der Verdinglichung von persönlichen Eigenschaften, der illegitimen Herrschaft über Menschen, der Missachtung von gerechtfertigten Ansprüchen und um einen Zustand der Entfremdung, in dem einige Menschen zu leben gezwungen sind.

2 Typen sozialer Pathologien

a) Ungerechtigkeit

Obwohl das Begriffspaar Gerechtigkeit/Ungerechtigkeit, oder, dem alltäglichen Sprachgebrauch angemessener: gerecht/ungerecht, sowohl phylo- als auch ontogenetisch zentral ist und zu unseren wichtigsten und am häufigsten gebrauchten normativen Unterscheidungen zählt, gehört der Gerechtigkeitsbegriff bemerkenswerter Weise nicht zu *den* zentralen Konzepten kritischer Theorie. Sozialphilosophen gleich welcher Schule haben sich meistens für die mehr phänomenologisch angelegten, schillernderen und bildlicheren Ausdrücke wie „Verdinglichung“ o. ä. interessiert.

Trotzdem – oder gerade deshalb – lohnt es sich, den Gerechtigkeitsbegriff (besser: den *Un*gerechtigkeitsbegriff) als einen Typus in die Reihe sozialer Pathologien aufzunehmen. Gerechtigkeitstheorien à la Rawls, Nozick usw. gehören diesem Verständnis zufolge der Sache nach zur kritischen Sozialphilosophie, und auch Gerechtigkeitstheorien versuchen in dieser Lesart, Kriterien zur Diagnose sozialer Pathologien zu entwickeln.

Der Anwendungsbereich des Gerechtigkeitsbegriffs ist natürlich offensichtlich weiter. Wenn bei einem Kindergeburtstag eines der Kinder bei der Verteilung der Torte zu kurz kommt, ist das womöglich ein Fall von Ungerechtigkeit, aber zunächst sicher nicht Ausdruck einer sozialen Pathologie. (Obwohl es natürlich sein könnte, dass das Kind einer anderen Religion angehört oder eine andere Hautfarbe hat und deswegen diskriminiert wird.)

Gerechtigkeitsfragen betreffen – kurz gesagt – im Kern Verteilungsfragen, und „Gerechtigkeit“ wird deshalb meistens verstanden als „distributive Gerechtigkeit“. Theorien distributiver Gerechtigkeit behandeln die Frage, welche

Güter wie und an wen zu verteilen sind[19]. Die andere Seite der Medaille ist dann, ob eine faktisch gegebene Verteilung gerecht ist oder nicht und warum.

b) Verdinglichung

Es gibt eine interessante Wahlverwandtschaft zwischen dem Gerechtigkeitsbegriff und dem Verdinglichungsbegriff, die von Michael Walzer in seinem Buch *Sphären der Gerechtigkeit* aufgezeigt wird. Nach Walzer besteht eine angemessene Gerechtigkeitstheorie mit möglicher praktischer Anwendbarkeit nicht in der Entwicklung eines unparteilichen Verfahrens zur Lösung von Gerechtigkeitsproblemen. Er schlägt vielmehr vor, aufbauend auf einer gegenüber der Rawlsschen erweiterten Liste von Grundgütern (zu der nicht nur Rechte, Freiheiten, Chancen, Einkommen und die sozialen Grundlagen der Selbstachtung[20], sondern auch Freizeit und Drecksarbeit, Ehre, Macht, Bildung, Liebe, Sicherheit usw. gehören[21]) jedem Grundgut eine eigene Distributionssphäre zuzuordnen, in der das jeweils relevante Gut nach jeweils eigenen Kriterien verteilt wird. Ein angemessenes Kriterium der gerechten Verteilung in einer bestimmten Distributionssphäre kann z. B. ein reines Gleichheitsprinzip sein; es kann aber auch, und das variiert von Bereich zu Bereich, nach Bedürfnis, Verdienst, Kompetenz, freiem Austausch usw. verteilt werden. Die gerechtigkeits- und gleichzeitig verdinglichungstheoretische Pointe besteht nun darin, die *Dominanz* bestimmter sozialer Güter über die Verteilung anderer sozialer Güter auszuschließen, so dass es als Fall von Ungerechtigkeit zählt, wenn bestimmte soziale Güter – z. B. Geld, Bildung oder Macht – und die mit ihnen verbundenen Verteilungsgesichtspunkte die Autonomie der Verteilung anderer Sphären korrumpieren. Auch wenn aus Sphären*autonomie* zwar nicht notwendig Sphären*harmonie* folgt, soll dieser Vorschlag trotzdem gewährleisten, dass eine gegebene Verteilung in der monetären Sphäre nicht die Verteilung in anderen Sphären so dominiert, dass am Ende die Reichsten auch die Mächtigsten *und* die Gebildetsten *und* die Angesehensten sind. Walzer zeigt auf diese Weise, dass *dasselbe* Phänomen sowohl als Fall von Verdinglichung als auch *gleichzeitig* als Fall von Ungerechtigkeit eingestuft werden kann und bietet damit für die zum großen Teil unglaubwürdig gewordenen Lukácsschen Prämissen ein auch unter modernen Bedingungen noch tragfähiges Verständnis an.

---

19 Distributive Gerechtigkeitstheorien müssen also drei Fragen beantworten: Was wird verteilt? Wie wird verteilt? An wen verteilt?

20 Vgl. Rawls, John, *Gerechtigkeit als Fairneß*, 100ff.

21 Vgl. Walzer, Michael, *Sphären der Gerechtigkeit*.

Der Verdinglichungsbegriff, so wie er vor allem von Georg Lukács geprägt wurde[22], basiert auf einem ähnlichen, letztlich marxistischen Befund. Nach Lukács führt die Ausdifferenzierung einer kapitalistischen Wirtschaft, wie sie im Europa des 18. Jahrhunderts beginnt, zu einer Dominanz einer sozialen Sphäre, namentlich des Wirtschaftsystems, über *alle anderen* Sphären[23], die zu einem tiefgreifenden Einstellungswechsel in den Beziehungen des Menschen zu seiner natürlichen und sozialen Umwelt führt. Im entwickelten Kapitalismus, so Lukács, verlieren die Menschen nach und nach die Fähigkeit, ihre Mitmenschen, sich selbst oder die Natur anders als unter der Perspektive des Warentauschs zu betrachten. Die universelle Warenförmigkeit wird zur „zweiten Natur" des modernen Menschen und verdrängt nach und nach alle anderen als „bloß" ökonomische Handlungsorientierungen.

Letztlich lassen sich die Konturen des Verdinglichungsbegriffs mindestens bis zum Instrumentalisierungsverbot, das sich in der Selbstzweckformel des kategorischen Imperativs ausspricht, zurückverfolgen[24]. Heutzutage spielt der Verdinglichungsbegriff vor allem im feministischen Kontext eine Rolle[25], in der Fortsetzung des Lukácsschen Projekts bei Habermas, der Verdinglichung als die Bedrohung von auf kommunikatives Handeln angewiesenen sozialen Bereichen (der „Lebenswelt") durch medial integrierte Handlungssysteme (wiederum: geldgesteuerte Wirtschaft und machtgesteuerte Verwaltung), und bei Honneth, der den Verdinglichungsbegriff von Lukács in einer an Heidegger und Dewey geschulten Sicht als „Anerkennungsvergessenheit"[26] zu rekonstruieren versucht.

c) Entfremdung

Der Entfremdungsbegriff ist natürlich vor allem durch Marx bekannt geworden. In seinen frühen Schriften versucht er, die in modernen Gesellschaften übliche Form der Organisation industrieller Lohnarbeit als ethisch verfehlte, eben „entfremdete" Form der Arbeit zu charakterisieren[27]. Es wird häufig vergessen, dass der Entfremdungsbegriff nur als zweistellige Relation sinnvoll

---

22 Vgl. Lukács, Georg, „Die Verdinglichung und das Bewußtsein des Proletariats", 170-355.

23 Walzer zeichnet hier insofern ein differenzierteres Bild, das nicht auf einer orthodoxen Lesart der Basis/Überbau-These basiert, als in seinem Modell jede Sphäre eine ungerechte Dominanz über andere Sphären gewinnen kann.

24 Vgl. Kant, Immanuel, *Grundlegung zur Metaphysik der Sitten*, 429 (Seitenzahlen der Akademie-Ausgabe).

25 Vgl. Nussbaum, Martha, „Verdinglichung", 101. Nussbaum nimmt hier eine stark an Kant angelegte Analyse der „sieben Möglichkeiten, eine Person als Ding zu behandeln" vor.

26 Vgl. Honneth, Axel, *Verdinglichung*, 62ff.

27 Vgl. Marx, Karl, „Nationalökonomie und Philosophie".

verwendet werden kann. Die Behauptung, ein bestimmter Zustand oder eine bestimmte Handlungsweise sei schlicht „entfremdet" kommt nicht ohne die Ergänzung aus, *wovon* dieser Zustand oder diese Handlungsweise denn entfremdet sein soll.

Marx selbst spricht zwar von *vier* Dimensionen der Entfremdung, letztlich handelt es sich aber um zwei zentrale Punkte, auf die sich die anderen beiden reduzieren lassen: moderne Formen der Lohnarbeit zeichnen sich dadurch aus, dass sie a) selbstbestimmte und sinnvolle Tätigkeiten verhindern und b) intentionale und authentische Formen sozialer Kooperation verunmöglichen.

In neueren Versuchen, den Entfremdungsbegriff zu aktualisieren[28], stehen vor allem zwei Aspekte im Mittelpunkt: erstens kann unter modernen Bedingungen eine normativ orientierte Entfremdungskritik nicht mehr auf den fragwürdigen wesensanthropologischen Prämissen basieren, die im Hintergrund von Marx' Analyse stehen. Zweitens kann der Entfremdungsbegriff insofern flexibilisiert und verallgemeinert werden, dass er nicht mehr nur auf kapitalistisch organisierte Arbeit anwendbar ist, sondern auf alle möglichen Fälle, in denen sich soziale Akteure mit den Bedingungen und Folgen ihres Handelns nicht mehr identifizieren können, in denen sie sich nicht wiederfinden oder die sie sich nicht „aneignen" können.

d) Illegitime Herrschaft

Insbesondere bei der Kritischen Theorie, aber auch bei anderen sozialphilosophischen Strömungen fällt auf, dass der Begriff der „Herrschaft" immer außerordentlich kritisch gebraucht wird. Otfried Höffe hat diese Tendenz zu der nicht ganz unberechtigten These zugespitzt, die Kritische Theorie habe den Herrschaftsbegriff nicht nur äußerst stiefmütterlich behandelt, sondern es überhaupt versäumt, ein Konzept *legitimer* Herrschaft zu entwickeln. Stattdessen sei die Kritische Theorie immer auf die Opposition Herrschaft/Herrschaftsfreiheit und entsprechend nicht auf die Entgegensetzung von legitimer und illegitimer Herrschaft festgelegt gewesen. Im Kontext vieler sozialphilosophischer Theorien wird jede Form von Herrschaft mit verhängnisvollen Formen der Unterjochung von Mensch und Natur, der stetigen und immer anonymeren Verbreitung von Überwachungs- und Kontrollinstitutionen (etwa bei Foucault) oder einfach der identifizierenden Logik instrumenteller Naturbeherrschung (vor allem bei Adorno) assoziiert. Dieses Defizit dürfte durch Habermas' kommunikationstheoretische Deutung von Prozessen demokratischer Deliberation[29] inzwischen aber überwunden sein.

---

28 Vgl. vor allem Jaeggi, Rahel, *Entfremdung*.

29 Vgl. Habermas, Jürgen, *Faktizität und Geltung*.

e) Missachtung

Es herrscht weitgehende Einigkeit darüber, dass es Adorno und Horkheimer nicht gelungen ist, die Maßstäbe ihrer „Kritik der instrumentellen Vernunft" in einem tragfähigen alternativen Vernunftkonzept auszuarbeiten. Wenn dieses Vernunftkonzept auch inzwischen von Habermas nachgeliefert sein sollte, so bleibt doch immer noch eine nicht zu vernachlässigende Menge an sozialen Phänomenen übrig, deren pathologischer Charakter sich durch das Modell kommunikativer Rationalität immer noch nicht problemlos erschließen lässt. Für Axel Honneth sind es vor allem die in unterschiedlichen sozialen Bereichen möglichen Formen von Vergewaltigung, Entrechtung und Entwürdigung, anhand deren sich zeigen lässt, dass der Erwerb einer gesunden Selbstbeziehung von Formen intersubjektiver Anerkennung (durch Liebe, Recht und Solidarität) abhängt[30]. Charles Taylor hat außerdem gezeigt, inwiefern der Anerkennungsbegriff notwendig ist, um mit der normativen und politischen Problematik kultureller Differenz umgehen[31] zu können. Auch größere soziale Gruppierungen oder sogar ganze Völker sind in ihrer Identität auf sozial gewährte Anerkennung angewiesen und bedürfen eines auch rechtlich abgesicherten Schutzes vor der Missachtung alternativer Lebensformen. Die Probleme des anerkennungstheoretischen Paradigmas in der Soziaphilosophie liegen in der Frage nach den Kriterien für die Unterscheidung von gerechtfertigten und ungerechtfertigten Ansprüchen auf soziale Anerkennung[32] und in der tieferliegenden Schwierigkeit, dass es auch Formen ungerechtfertigter („repressiver") Anerkennung[33] geben kann.

3 Was heißt „Diagnose sozialer Pathologien"?

Philosophisch interessant wird das Problem der Diagnose sozialer Pathologien, wenn die Frage auftaucht, woher die Maßstäbe für eine solche Diagnose kommen und wie sie sich begründen lassen[34]. Im Bereich der Medizin, dem der Begriff ‚Pathologie' ja entlehnt ist, ruht die Diagnose eines Krankheitszustandes letztlich auf zwei Pfeilern. Eine Pathologie, d. h. ein krankhafter Zustand jedweder Art, äußert sich entweder in „subjektiv" erlebtem Unbehagen (Schmerzen etc.) oder in einer mehr oder minder „objektiv" feststellbaren Funktionsstörung des Organismus. Beide Alternativen lassen sich auf die Di-

---

30 Vgl. Honneth, Axel, *Kampf um Anerkennung*, 148ff.

31 Vgl. Taylor, Charles, *Multikulturalismus und die Politik der Anerkennung*.

32 Auf dieses Problem macht vor allem Nancy Fraser aufmerksam, vgl. Fraser, Nancy und Honneth, Axel, *Umverteilung oder Anerkennung?*.

33 Vgl. Honneth, Axel, „Anerkennung als Ideologie".

34 Vgl. Honneth, Axel, „Pathologien des Sozialen. Tradition und Aktualität der Sozialphilosophie"

agnose sozialer Pathologien aber nur schwer übertragen; diese beruft sich weder bloß auf den unmittelbaren, phänomenalen Gehalt einer Schmerzerfahrung, noch reicht das reibungslose Funktionieren einer sozialen Praxis aus, um diese als nicht-pathologisch einstufen zu können. So ist es möglich, von einer sozialen Pathologie betroffen zu sein, ohne selbst direkt darunter leiden zu müssen (etwa wenn der Sozialphilosoph sinnlose und fragmentierte Arbeitsformen im Industriezweig xy kritisiert ohne selbst *direkt* betroffen zu sein). Adam Smith' berühmtes Beispiel der verdummenden und abstumpfenden Wirkung der arbeitsteiligen Stecknadelherstellung zeigt außerdem, dass ein Betrieb einerseits zwar „gut" funktionieren, an einem *anderen* Maßstab gemessen aber trotzdem als eine Institution eingestuft werden kann, die eine Praxis mit pathologischen Nebenfolgen etabliert.

Die Maßstäbe, die man für eine sozialphilosophische Diagnose braucht, fußen stets – da die oben angesprochenen „subjektiven" und „objektiven" Kriterien offenbar nicht hinreichen – auf einer komplexen *ethischen Konzeption* der *sozialen Bedingungen eines guten Lebens*. Die Ausformulierung einer oder mehrerer gleichberechtigter Konzeptionen dieser Art und ihre Rechtfertigung macht die Hauptsache beim Projekt einer Diagnose sozialer Pathologien (DSP) aus[35]:

(DSP)

Die Diagnose sozialer Pathologien besteht darin, ethische, d. h. die intersubjektiven Bedingungen eines nicht-verfehlten Lebens betreffende, Maßstäbe für die Beschreibung und Kritik sozialer Pathologien zu entwickeln und zu begründen.

Aus einer bloß extern ansetzenden Beobachterperspektive, die gänzlich ohne ethische Maßstäbe auszukommen versuchen würde, erschließen sich schlicht die Phänomene nicht, auf die es für die Sozialphilosophie ankommt und die sie zur Sprache zu bringen versucht.

Michael Walzer fügt in seiner Definition von ‚Gesellschaftskritik' noch hinzu, dass es sich bei dem, was hier als DSP bezeichnet wird, nicht um ein monologisches Unternehmen handelt, sondern dass diese Tätigkeit selbst eine *soziale* Tätigkeit ist. Sie besteht darin, dass sich die Mitglieder einer Gesellschaft in einem öffentlichen Gespräch über die praktischen Möglichkeiten ihrer gemeinsamen Lebensform verständigen. Dieses öffentliche Gespräch nennt Walzer eine „kollektive Reflexion auf die Bedingungen kollektiven Zusam-

---

35 Noch komplizierter wird die Sache dadurch, dass man auch Kriterien zu brauchen scheint, die es erlauben, die *Richtigkeit* einer Diagnose festzustellen, d. h. Kriterien für die Identifikation eines Symptoms *als ein Fall* von Pathologie xy.

menlebens“[36]. Was Walzer nicht explizit sagt ist, dass es sich bei dieser kollektiven Reflexion nur um eine Reflexion auf die Bedingungen *gelungenen, richtigen oder guten* kollektiven Zusammenlebens handeln kann. Wie sich diese Attribute genauer bestimmen lassen, ist gerade entscheidend – aber auch umstritten.

4 Normativer Prozeduralismus

Es gibt verschiedene methodische Vorschläge, woher die Maßstäbe für die normative Beurteilung menschlichen Handelns und seiner Bedingungen kommen sollen und wie sie sich begründen lassen. In den nächsten beiden Abschnitten diskutiere ich die beiden wichtigsten Paradigmen einer *extern* ansetzenden Begründung normativer Maßstäbe und erläutere die Gründe ihres Scheiterns. Mir geht es dabei nicht um die philosophiehistorische Interpretation Kants, Rousseaus etc.; konkrete Theorien werden nur als Instantiierungen von allgemeinen Typen betrachtet. Diese sollen dabei behilflich sein, strukturelle Schwächen von externen Typen der Kritik ans Licht zu heben.

Der bekannteste und einflussreichste Weg ist sicherlich der, ein Verfahren für die Generierung, Begründung oder Überprüfung von Normen zu entwickeln, das ausschließlich allgemeinen Rationalitätsstandards zu genügen hat und in Anwendung auf konkrete Verhältnisse und jeweils relevante Zusammenhänge gebracht werden kann. Modelle dieser Art von ‚normativem Prozeduralismus' sind – wenn auch mit ganz anderer Zielsetzung – vor allem in der klassischen, prozeduralistischen Moralphilosophie entwickelt worden. Wenn man einen engen, an den wichtigsten Werken von Kant oder Mill, aber auch noch von Habermas orientierten Begriff von Moralphilosophie zugrundelegt, könnte man dieses „klassische" Projekt (das ich hier als normativen Prozeduralismus (NP) in der Moraltheorie bezeichne) so charakterisieren:

(NP)

Die Kriterien richtigen Handelns, die es einzelnen Personen ermöglichen, in einer konkreten Situation die Frage „Was soll ich tun?" zu beantworten, lassen sich durch eine moralisch gehaltvolle Überprüfungsprozedur angeben.

Habermas' Diskursethik ist zwar ausdrücklich darauf angelegt, dass es nicht monologisch vereinzelte Akteure sind, die sich die Frage nach den Normen richtigen Handelns stellen, sondern dass diese Fragen gerade auf dem Weg der Verständigung unter *mehreren* Akteuren bearbeitet werden. Trotzdem ist die

---

36 Walzer, Michael, *Kritik und Gemeinsinn,* 45.

Diskursethik grundsätzlich auf mikrosoziale Interaktionszusammenhänge zugeschnitten.

Auf größere soziale Zusammenhänge übertragen verhält sich ein prozeduralistischer Ansatz analog. Auch hier ginge es dem normativen Prozeduralismus darum, ein rationales, zumeist universalistisch orientiertes Verfahren zu begründen, mit dessen Hilfe sich gleichsam „von außen" entscheiden ließe, ob eine soziale Pathologie vorliegt oder nicht:

(NP')

Der normative Prozeduralismus in der Sozialphilosophie versucht, ein rationales (unparteiliches, universalistisches etc.) Verfahren zu entwickeln und zu begründen, das die Diagnose sozialer Pathologien im oben angegebenen Sinn ermöglicht.

Die Intuition, die hinter dem prozeduralistischen Modell steckt, verdankt sich dem methodischen Vorbild nicht-hermeneutischer Wissenschaften[37]. Deren Verfahren sollen a) operationalisierbar sein und zu b) klaren, intersubjektiv nachvollziehbaren und c) reproduzierbaren Ergebnissen führen, was in normativen Kontexten offenbar nicht immer möglich ist. Prozeduralistische Theorien verstehen die Beurteilung der normativen Richtigkeit von Handlungen, Institutionen etc. buchstäblich als das Anlegen eines unabhängigen Maßstabes an eine ebenso unabhängig vorfindliche Wirklichkeit. Die Diagnose sozialer Pathologien bestünde aus dieser Perspektive in der Rechtfertigung verallgemeinerungsfähiger Normen, die durch „Vergleich" mit der sozialen Wirklichkeit zeigen können sollen, was faul ist im Staate Dänemark (oder in einem beliebigen anderen).

Eine häufig vorgetragene Kritik an diesem Modell könnte sich darauf berufen, dass die Durchführung eines Prüfungsverfahrens dem einzelnen Akteur eine permanente kognitive Überforderung zumutet. In weiten Teilen unseres alltäglichen Handelns sind wir, wie es vor allem im Entlastungs-Theorem der Philosophischen Anthropologie immer wieder betont wird, auf Traditionen, Routinen und Gewohnheiten angewiesen, um überhaupt Handeln zu können.[38] Da es unmöglich ist, jede alltägliche Handlung dem enormen morali-

---

37 Ich lasse hier die Frage außer acht, inwiefern diese Unterscheidung aufrechterhalten werden kann, vgl. dazu Knorr-Cetina, Karin, *Die Fabrikation von Erkenntnis.*

38 Vgl. vor allem Gehlen, Arnold, *Der Mensch* und „Mensch und Institutionen"; Es darf ja in der Tat bezweifelt werden, ob jemals jemand (außerhalb der Nervenheilanstalt) beim morgendlichen Decken des Frühstückstischs „geprüft" hat, ob sich die Grundsätze, die sein Handeln leiten, in Gesetzesform bringen lassen oder nicht. Der normative Prozeduralismus kann uns im Prinzip zwar sagen, *wie* wir unsere

schen Reflexionsdruck eines Überprüfungsverfahrens auszusetzen, braucht man zunächst nicht-prozeduralistische Kriterien, die es ermöglichen, eine Situation oder einen sozialen Zustand überhaupt erst als ethisch-moralisch konfliktreich oder problematisch zu *identifizieren*[39]. Aus diesem Problem von verfahrensorientierten Theorien folgt freilich nicht, dass man, wie Hegel in seinen schwachen Momenten, für das andere Extrem zu optieren hätte. Die These, „indem ich zu prüfen anfange", sei ich „schon auf unsittlichem Wege"[40], kann einfach nicht richtig sein. In vielen Fällen, in denen wir uns in reflexive Pose werfen, weil wir *wirklich nicht wissen*, was wir tun sollen oder wie wir uns *richtig* zu verhalten haben, ist sie einfach realitätsfern. Damit unterbietet sie sogar die Ansprüche, die sich Hegel selbst gestellt hat.

Michael Quante hat kürzlich in Anlehnung an Hegel darauf hingewiesen, dass ein plausibles Verständnis der Welt des Moralischen vom Verständnis der *default and challenge*-Struktur abhängt, die auch moralische Normen haben[41]. Der Gegensatz von ‚Moralität' und ‚Sittlichkeit', oder besser: die sittlichkeitstheoretische Kritik an den ahistorischen Implikationen eines überzogenen Prozeduralismus von im weitesten Sinn „kantisch" angelegten Theorien, muss nach Quante nicht *geltungs*theoretisch, sondern *begründungs*theoretisch gelesen werden. Aus dieser Perspektive besteht Hegels „pragmatistische Einsicht" darin, dass er Peirce' Einwand gegen den epistemischen Skeptiker in Bezug auf den moralischen Skeptiker vorwegnimmt: die Infragestellung von Normen eingelebter Sittlichkeit bedarf selbst erst guter Gründe. Der Vertreter eines radikalen moralischen Zweifels, zu denen hier auch Kant stilisiert wird, trägt die Beweislast, inwiefern die prozedurale Prüfung faktisch geltender Normen und unmittelbarer moralischer Intuitionen selbst rational motiviert werden kann[42].

Eine relevante ‚Anfechtung' für sozial verkörperte und intuitiv präsente Normen lässt sich nur vor dem Hintergrund einer vorhergegangenen Identifikation von moralischen Problemen, nicht beigelegten Konflikten oder unlösbaren Dilemmata als eine echte *challenge* erkennen. Diese Identifikation wiederum ist

---

Handlungsgrundsätze auf ihren „moralischen Gehalt" überprüfen können, aber nicht, *wann* wir das tun sollen.

39 Mill scheint dieses Problem gesehen zu haben: nach ihm ist es „nicht schwer, von jedem ethischen Prinzip zu beweisen, daß es in der Praxis scheitern muß, wenn man zugleich voraussetzt, daß allgemeiner Schwachsinn herrscht" (Mill, John Stuart, *Der Utilitarismus*, 41). Zur Lösung dieses Problems rekurriert Mill deshalb in einer rasanten anti-prozeduralistischen Wende auf historisch bewährte und über Jahrtausende sedimentierte „feste" und „überlieferte" Überzeugungen darüber, was zu tun das Richtige ist.

40 Hegel, G. W. F., *Phänomenologie des Geistes*, 323.

41 Vgl. Quante, Michael, „Hegels pragmatistische Ethikbegründung".

42 Zu diesem Punkt vgl. Willaschek, Marcus, „Moralisches Urteil und begründeter Zweifel. Zu einer kontextualistischen Konzeption der Rechtfertigung moralischer Urteile".

nicht auf die Durchführung eines normativen Prüfungsverfahrens angewiesen. Sie bleibt vielmehr angewiesen auf das intuitive moralische Wissen von Personen, die in eine ethische Kultur hineinsozialisiert wurden. Diese moralischen Intuitionen haben methodisch und normativ Vorrang und sind deshalb auch der Ausgangspunkt der Begründung von Maßstäben normativ orientierter Kritik.

5 Kontrapräsentische Maßstäbe

Vielleicht ist es etwas zu voreilig, den prozeduralistischen Ansatz als das bekannteste und einflussreichste Modell sozialphilosophischer Kritik zu bezeichnen. Es gibt mindestens ein Modell, das historisch noch bedeutender und im alltäglichen als auch im wissenschaftlichen Diskurs noch verbreiteter ist als der Versuch, die Maßstäbe für die Analyse sozialer Missstände durch die Entwicklung eines normativ gehaltvollen Verfahrens auszuarbeiten. Es handelt sich dabei um eine Tradition, die ich im Anschluss an einen Begriff von Jan Assmann als *kontrapräsentische* Sozialphilosophie bezeichnen möchte[43].

Assmann verwendet die Gegenbegriffe der „kontrapräsentischen" und der „fundierenden" Erinnerung in seiner Analyse der Rolle, die Formen kollektiver Erinnerung für die kulturelle Integration von Überlieferungsgemeinschaften spielen. Nach Assmann ist es für die kulturelle Identität von Gemeinschaften konstitutiv, dass sie sich in irgendeiner Weise auf eine – reale oder fiktive, in jedem Fall aber mythisch überhöhte –Vergangenheit beziehen können, mit deren Hilfe sie sich der heroischen Genealogie ihrer Werte versichern können. Paradigmatisch für diese Form der Erinnerung ist sicherlich die identitätsstiftende Funktion der homerischen Epen für die antike griechische Welt; der erinnernde Rückbezug auf eine normativ verbindliche Vorgeschichte, sei es die heldenhafte Vergangenheit des griechischen Volkes, wie sie in der *Ilias* geschildert wird, den Auszug der Israeliten aus Ägypten, die Französische Revolution oder, als gleichsam „negatives" Vorbild, die in Gedenkstätten, Ritualen etc. wachgehaltene Erinnerung an das Dritte Reich kann für eine kulturelle Gemeinschaft eine „fundierende" Rolle spielen, indem sie die Gegenwart als „sinnvoll, gottgewollt, notwendig und unabänderlich"[44] erscheinen lässt. Klarerweise handelt es sich bei *fundierenden* Mythen um Erinnerungsformen, die einen *affirmativen* Bezug auf die Gegenwart herstellen. Sie versuchen, die mythischen Fundamente einer Gesellschaft zu erhalten, indem sie sich wiederholt auf eine ethisch bedeutsame Geschichte beziehen. *Kontrapräsentische* Formen des kulturellen Gedächtnisses sind im Unterschied dazu in irgendeiner Weise

---

43 Vgl. Assmann, Jan, „*Das kulturelle Gedächtnis*", 78ff.

44 Assmann, Jan, *Das kulturelle Gedächtnis*, 79.

gegen die Gegenwart gerichtet und versuchen, aktuelle Lebensformen durch den Vergleich mit einer idealisierten Vergangenheit (oder Zukunft) als defizitär und reformbedürftig zu klassifizieren.

Im sozialphilosophischen Zusammenhang nehmen kontrapräsentische Einstellungen zur soziokulturellen Gegenwart zumeist die Form von normativ aufgeladenen Geschichtsphilosophien an. Teleologische Geschichtsphilosophien gehen davon aus, dass „die Geschichte" zielgerichtet verläuft; mit dieser These ist noch nicht vorentschieden, ob es sich dabei um einen Abwärts- (Verfallsgeschichte) oder Aufwärtstrend (Fortschrittsgeschichte) handelt. Der Maßstab für die Kritik der defizitären Gegenwart wird entweder in der Vergangenheit oder in der Zukunft angesiedelt. Den ersten Fall möchte ich als kontrapräsentischen Rousseauismus, den zweiten als kontrapräsentischen Utopismus bezeichnen.

Die Bezeichnung ‚Rousseauismus' ist freilich etwas irreführend, denn Rousseau hat dieses Kritikmodell nicht erfunden. Trotzdem war sein *Zweiter Diskurs* modellbildend für weite Teile der modernen Sozialphilosophie, und rousseauistische Motive finden sich bei fast allen Romantikern (inklusive Schiller), der Kulturkritik des 19. und vor allem des frühen 20. Jahrhunderts, der Frankfurter Schule und letztlich in jedem Versuch, die entfremdete, zerrissene, entzweite, kalte Gegenwart gegen eine harmonische, gemeinschaftliche Vergangenheit mit der nötigen Portion Nestwärme aufzuwiegen[45]. Die zentrale These des kontrapräsentischen Rousseauismus (KPR) lautet:

(KPR)

Die Maßstäbe einer Diagnose sozialer Pathologien lassen sich unter Rekurs auf den Kontrast einer normativ vorbildlichen Vergangenheit rechtfertigen, in deren Licht sich Aspekte der soziokulturellen Gegenwart als defizitär erweisen.

Rousseaus eigene Argumentation basiert auf einer detaillierten Beschreibung des sog. „Naturzustandes", in dem die „wilden Menschen" in weitgehender Isolation voneinander und nur von wenigen, elementaren emotionalen Regungen (gesunde Selbstliebe und Mitleid) getrieben in glücklicher Einfachheit leben können; ein Zustand, aus dem sie erst durch den Sündenfall der Einführung von Eigentumsinstitutionen und allen weiteren Übeln der Zivilisation

---

45 Diese Intuition findet sich auch noch bei den soziologischen Gründervätern in Gestalt einer Theorie der Modernisierung als Rationalisierung (Weber), der Entgegensetzung unterschiedlicher Formen sozialer „Solidarität" (Durkheim) oder der Dichotomie von ‚Gemeinschaft' und ‚Gesellschaft' (bei Tönnies).

herausgerissen werden[46]. Im Detail zwar verschieden, funktionieren alle Ausprägungen des kontrapräsentischen Rousseauismus strukturell doch ähnlich. Die Maßstäbe einer Kritik der Moderne entstammen stets einem ethisch motivierten Vergleich mit einer in irgendeinem Sinn „heilen" Vergangenheit, vor dem sich die nicht mehr so heile Gegenwart als Ganzes oder in Teilen nur blamieren kann.

„Utopistische" Theorien dagegen blicken nicht zurück, sondern nach vorn. Die schlagendsten Beispiele für utopistische Kritikmodelle finden sich sicherlich in den großen Weltreligionen (Judentum, Christentum, Marxismus usw.), denen allesamt gemeinsam ist, die Gegenwart als Zwischenschritt im Kontinuum einer möglichen oder wirklichen Heilsgeschichte zu betrachten.[47] Der kontrapräsentische Utopismus (KPU) behauptet:

(KPU)

Die Maßstäbe seiner Diagnose sozialer Pathologien lassen sich im Vorgriff auf eine ideale Zukunft rechtfertigen, relativ zu der die defizitäre Gegenwart als vorläufig, überwindungsbedürftig oder unvollkommen eingestuft werden kann.

Sowohl im rousseauistischen als auch im utopistischen Modell ist der Bezug auf eine ideale Vergangenheit bzw. Zukunft – genau wie bei den oben diskutierten prozeduralistischen Ansätzen – methodisch parasitär. Die Gegenwart muss immer schon *vorher* als normativ fehlerhaft „aufgefallen" sein, bevor sie mithilfe eines (oft uneingestanden) kontrafaktischen Szenarios explizit beurteilt werden kann. Im kontrafaktischen Ideal werden dann genau die Aspekte besonders hervorgehoben, die an der Gegenwart kritikwürdig erscheinen. Es ist nicht so, dass sich *zuerst* auf eine methodisch gesicherte Weise ein kontrapräsentisches Szenario entwerfen ließe, dass danach zu ebenso methodisch einwandfreien Ergebnissen führen könnte. Daran schließt sich die Frage an, woher ein idealer, aber eben auch fiktiver Gegenentwurf seine normative Kraft beziehen kann, oder ob es sich dabei bloß um erbauliche Schilderungen von de facto unmöglichen Zuständen handelt, in denen man für kurze Zeit moralische Ferien machen kann.

---

46 Vgl. Rousseau, Jean-Jacques, *Abhandlung über den Ursprung und die Grundlagen der Ungleichheit unter den Menschen*, 74ff.

47 Auch diese Unterscheidungen sind nur analytisch gemeint. De facto sind viele Geschichtsphilosophien eine Kombination aus KPR und KPU, nämlich *triadisch*: Goldenes Zeitalter – Verfall – Rückkehr ins Goldene Zeitalter, oder, wie bei Oswald Spengler, „morphologisch".

6 Deskriptiv, revisionär, rekonstruktiv

Eine philosophische Konzeption der sozialen Bedingungen eines guten Lebens kann drei verschiedene Formen annehmen[48]. In der *deskriptiven* Variante versucht eine normative Theorie, die Fundamente und Implikationen unserer Beurteilungen und Wertungen so weit es geht bloß zu beschreiben; sie begnügt sich damit aufzuzeigen, welche Urteile faktisch gefällt und wie sie faktisch begründet werden, welche Grundsätze dabei leitend und welche ethischen Konzeptionen zentral sind. Eine normative Theorie nimmt so die Gestalt einer deskriptiven Untersuchung unserer normativen Urteile an, die dann mehr als eine *empirische* denn als eine genuin normative Angelegenheit zu verstehen wäre. Hat man sich einmal für die deskriptive Variante, eine ethische Theorie auszubuchstabieren, entschieden, bleibt nur noch wenig Raum für einen wirklich kritischen, d.h. vor allem: Kriterien für die Unterscheidung von richtig und falsch bereitstellenden Impuls. Die *revisionäre* Variante einer normativen Theorie dagegen scheint genau dies leisten zu können. Ohne das deskriptive Urvertrauen darin, dass unser *common sense* auch in moralischer Hinsicht so falsch nicht liegen kann, setzt der revisionäre Theoretiker alles auf die Karte philosophischer Reflexion und schreckt auch nicht vor hochgradig kontraintuitiven Konsequenzen zurück. Er versucht nicht, die Grundsätze unserer normativen Beurteilungen und Wertungen bloß zu „beschreiben", sondern sie einer gründlichen Überprüfung zu unterziehen und, wenn nötig, ein in Teilen oder gänzlich erneuertes normatives *conceptual scheme* zu entwickeln. Beide Modelle, die prozeduralistische wie die kontrapräsentische Sozialphilosophie, sind dieser Alternative zuzurechnen.

Kurz gesagt: sowohl am deskriptiven als auch am revisionären Ansatz kann etwas nicht stimmen. Deshalb plädiere ich für einen Kompromiss, der hoffentlich die deskriptiv-revisionäre Spreu vom Weizen trennt und sowohl unseren normativen Intuitionen gerecht wird als auch anerkennt, dass diese fehlerhaft, widersprüchlich oder in einer anderen Weise verbesserungsbedürftig sein können. Ich bezeichne den Mittelweg zwischen der bewahrenden Einstellung des Deskriptivisten und der umstürzlerischen Einstellung des Revisionisten als *rekonstruktiv*; damit soll angedeutet sein, dass etwas, was grundsätzlich schon vorhanden ist (nämlich die Fähigkeit, korrekte normative Urteile zu fällen), nachträglich und mit der von Fall zu Fall nötigen Skepsis auf den Begriff gebracht wird.

Ein rein deskriptiver Ansatz nimmt die Tatsache nicht ernst genug, dass sich unsere moralische Sprache aus den heterogensten Traditionen zusammensetzt

---

48 „Descriptive metaphysics ist content to describe the actual structure of our thought about the world, revisionary metaphysics is concerned to produce a better structure" (Strawson, P. F., *Individuals,* 9). Zu einer genaueren Erläuterung dieser Unterscheidung vgl. Willaschek, Marcus, „Was ist schlechte Metaphysik?", 140ff.

und dass es Teile unseres normativen Vokabulars geben kann, die nicht miteinander verträglich gemacht werden können. Alles in allem befinden wir uns, und mit uns unsere moralische Welt, in dem Zustand, den Alasdair MacIntyre zu Anfang seiner Beschreibung der „moralischen Krise der Gegenwart“[49] an einer hypothetischen Zerstörung unserer gesamten naturwissenschaftlichen Kultur und ihrer Vertreter durchspielt: „Die Öffentlichkeit lastet den Wissenschaftlern mehrere verheerende Umweltpannen an. Es kommt verbreitet zu Unruhen, Labors werden niedergebrannt, Physiker gelyncht, Bücher und Geräte vernichtet.“ Die Gegenbewegung, die schließlich einsetzt, besitzt nur noch „einige Bruchstücke: ein Wissen um Experimente ohne Kenntnis des theoretischen Zusammenhangs, der diesen Experimenten erst ihre Bedeutung verlieh; Teile von Theorien, die entweder zu den anderen Theoriefragmenten, die noch bekannt sind, oder zu den Experimenten keinen Bezug haben; Geräte, deren Verwendungszweck man vergessen hat; halbe Kapitel aus Büchern, einzelne Seiten von Artikeln, die nicht immer ganz lesbar sind, weil sie zerrissen wurden oder angekohlt sind.“[50] Genau dies ist der Zustand, in der sich, da mit unseren Naturwissenschaften ja bekanntlich alles in Ordnung ist, unsere moralische Kultur *tatsächlich* befindet (jedenfalls ist MacIntyre davon überzeugt). Für die „Öffentlichkeit“, die in der oben zitierten Analogie die verheerenden Unruhen anzettelt, darf man die europäische Aufklärung und die ihr korrespondierenden sozialen Entwicklungen einsetzen und anstelle der Naturwissenschaften wurde unsere voraufklärerische, letztlich von Aristoteles geerbte ethische Kultur zum Opfer jener schrecklichen Zerstörungswut. In dieser zugespitzten Form ist MacIntyres Bestandsaufnahme sicherlich etwas übertrieben. Richtig daran ist, dass unsere normativen Intuitionen sowohl synchron als auch diachron pluralisiert und fragmentiert sind, so dass man kaum noch von einem kohärenten normativen Vokabular als dem möglichen Gegenstand einer „deskriptiven“ Analyse ausgehen kann.

Man merkt MacIntyres Beschreibung an, dass er die Inkommensurabilitätsthese, die Thomas Kuhn für den historischen Wandel von wissenschaftlichen Paradigmen[51] entwickelt hat, auf ethisch-moralische Kulturen zu übertragen vor hat. Er scheint anzunehmen, dass wir die überlieferte antik-christliche Ethik buchstäblich nicht mal mehr richtig *verstehen*, geschweige denn jemals wieder als unsere „Lebensform“ akzeptieren können. Stattdessen leben wir nach MacIntyre in einer Welt, in der moralische Meinungsverschiedenheiten nicht mehr vernünftig beigelegt werden können, weil unserer moralischen Kultur das evaluative Fundament weggebrochen ist. Normen und Werte werden so zu einer „emotivistischen“ Angelegenheit, bei der subjektives Belieben

---

49 Vgl. MacIntyre, Alasdair, *Der Verlust der Tugend,* 13ff.

50 MacIntyre, Alasdair, *Der Verlust der Tugend,* 13.

51 Vgl. Kuhn, Thomas S., *Die Struktur wissenschaftlicher Revolutionen.*

und kontingente Dezision eine kohärente Vorstellung des guten Lebens verdrängt haben.

Die – zugebenermaßen äußerst heterogenen – normativen Intuitionen, die uns heute noch bleiben, ganz über Bord zu werfen ist trotzdem keine ernsthafte Alternative. Was würden wir wohl zu einer philosophischen Theorie sagen, die zu dem Ergebnis kommt, dass alles, was wir für moralisch richtig und ethisch wertvoll halten, „in Wirklichkeit" moralisch falsch und nichtswürdig ist? Eine im starken Sinn revisionäre Haltung, die uns empfehlen würde, unser normatives Begriffsschema *im Ganzen* aufzugeben, wäre völlig inakzeptabel. Ein davidsonianisches Argument[52] gegen einen starken Revisionismus könnte lauten, dass wir eine konsequent und ohne Rücksicht auf Verluste revidierte Version unseres Netzes von ethischen Konzeptionen gar nicht mehr als *ethisch* identifizieren könnten. Eine normative Theorie *muss* in gewissen Grenzen mit unseren habitualisierten Intuitionen übereinstimmen, weil man sonst nicht mehr dafür garantieren kann, dass man überhaupt noch über dieselbe Sache redet.

Rekonstruktive normative Theorien versuchen weder, unsere oft inkohärenten Wertungen, Beurteilungen und normativen Intuitionen bloß zu beschreiben (deskriptiv), noch, ganz neue Wertungen etc. zu erfinden (revisionär), sondern einfach, unsere normativen „Vorurteile" a) zu korrigieren und b) trotzdem plausibel auf den Begriff zu bringen.

Mit einer rekonstruktiven Haltung ausgestattet versuchen wir zwar stets, uns uns selbst *besser* verständlich zu machen; wir tun dies aber immer noch mit dem Ziel, uns uns *verständlich* machen.

7 Der rekonstruktive Weg – und seine zwei Lesarten

Unter einer Rekonstruktion verstehe ich das Vorgehen, das vortheoretische Wissen von urteils- und handlungsfähigen Subjekten in ein theoretisches Wissen zu überführen[53]. Eine Rekonstruktion setzt es sich zum Ziel, ein implizites *know how* zu einem expliziten *know that* zu machen, um so dem intuitiven, aber vielleicht diffusen und unklaren Wissen und dem intuitiven Können von Personen eine begriffliche – und darum hoffentlich weniger diffuse – Form zu verleihen. Das Paradigma einer rekonstruktiven Disziplin ist die Logik: im Großen und Ganzen ist jeder von uns mit den Regeln, die unserem Sprechen und Denken eine vernünftige Struktur geben, vertraut und befolgt sie häufig

52 Davidson hat ein ähnliches Argument an verschiedenen Stellen in Bezug auf die Verstehens-Problematik verteidigt, vgl. vor allem Davidson, Donald, „Was ist eigentlich ein Begriffsschema".

53 Vgl. Habermas, „Rekonstruktive vs. verstehende Sozialwissenschaften".

auch. Die formale Logik macht lediglich explizit, was wir implizit „immer schon" tun können und auch tatsächlich tun, und niemand von uns muss sich erst in formaler Logik schulen, um vernünftig denken zu lernen. [54]

Mit unserem normativen *know how* verhält es sich ähnlich: niemand muss erst Philosoph werden, um normativ urteilen zu lernen. Die praktische Philosophie hat entsprechend die Aufgabe, unser intuitives normatives Können-Wissen in eine konsistente, kohärente und schließlich auch kritisierbare Form zu bringen.

Die beste Darstellung dieses Vorgehens findet sich bei John Rawls, der sie allerdings in einem besonderen Kontext einführt. Bei Rawls soll die Rekonstruktion unserer normativen Intuitionen zu einer Konkretisierung des Urzustandes führen, der seinerseits der Begründung von politischen Gerechtigkeitsgrundsätzen dient. Dieses Vorgehen wird häufig als Überlegungsgleichgewicht (*reflective equilibrium*) bezeichnet, was aber etwas unpräzise ist, denn mit ‚Überlegungsgleichgewicht' ist nicht die Rekonstruktion selbst, sondern das *Ergebnis* der Rekonstruktion gemeint. Ich schlage deshalb vor, es bei der Bezeichnung ‚Rekonstruktion' oder ‚rationale Rekonstruktion' zu belassen.

Rawls macht selbst darauf aufmerksam, dass die „fertige" Gerechtigkeitstheorie gegenüber ihrem intuitiven Ausgangspunkt methodisch sekundär ist. Unsere normativen Intuitionen „sind für uns vorläufige Fixpunkte, denen jede Gerechtigkeitsvorstellung entsprechen muß"[55]. Das entspricht ungefähr dem davidsonianischen Argument, das ich weiter oben angedeutet habe. Wenn diese Bedingung nicht erfüllt ist, dann fällt es uns schwer, eine Theorie der Gerechtigkeit (oder eine andere Theorie) überhaupt noch als etwas zu erkennen, dass von dem handelt, was wir „Gerechtigkeit" zu nennen geneigt wären.

Der rekonstruktive, d.h. deskriptiv-revisionäre Doppelsinn seiner Methode besteht bei Rawls darin, dass in Bezug auf das Ergebnis der Rekonstruktion überprüft werden muss, „wie weit sich unsere Grundsätze mit unseren festesten Überzeugungen vertragen und wie weit sie uns da, wo es nötig ist, Anleitung geben"[56]; dieses optimale Resultat soll durch die Anwendung einer Art von hermeneutischem Zirkel garantiert werden, den sich Rawls als die schrittweise und wechselseitige Abstimmung und Verbesserung von unseren normativen Intuitionen mit der immer gehaltvoller werdenden explizierten Form derselben vorstellt: „Bei der Suche nach der bevorzugten Konkretisierung dieser Situation [hier: des Urzustands, H. S.] gehen wir von beiden En-

---

54 Ich vernachlässige hier zwei (wichtige) Aspekte, nämlich dass 1. einige Teile des formallogischen Vokabulars diese rekonstruktive Aufgabe nicht wirklich erfüllen und dass es sich natürlich 2. sehr wohl auszahlt, sich mit der formalen Struktur von Argumenten zu beschäftigen. Vgl. Goodman, Nelson, *Fact, Fiction, and Forecast.*

55 Rawls, John, *Eine Theorie der Gerechtigkeit*, 37.

56 Rawls, John, *Eine Theorie der Gerechtigkeit*, 37.

den her vor. Zunächst beschreiben wir sie so, daß sie allgemein akzeptierten und möglichst schwachen Bedingungen genügt. Dann prüfen wir, ob diese Bedingungen so stark sind, daß aus ihnen ein nicht-triviales System von Grundsätzen folgt. Wenn nicht, suchen wir weitere, ebenso vernünftige Voraussetzungen. Wenn das gelingt und die sich ergebenden Grundsätze unseren wohlüberlegten Gerechtigkeitsvorstellungen entsprechen, ist es gut. Doch wahrscheinlich wird es Abweichungen geben. Dann können wir zweierlei tun. Wir können entweder die Konkretisierung des Urzustands oder unsere gegenwärtigen Urteile abändern, denn auch unsere vorläufigen Fixpunkte können ja revidiert werden. Wir gehen hin und her, einmal ändern wir die Bedingungen für die Vertragssituation, ein andermal geben wir unsere Urteile auf und passen sie den Grundsätzen an"[57]. Das Modell lässt sich ohne Schwierigkeiten auf normative Theorien im Allgemeinen, und damit schließlich auch auf das Problem der Diagnose sozialer Pathologien übertragen. Man geht von dem aus, was unmittelbar normativ gefordert zu sein scheint, was im lebensweltlichen Kontext als falsch und konflikthaft auffällt und versucht, diesen intuitiven Komplex von Beurteilungen und Wertungen zu einem diskursiven Komplex von Beurteilungen und Wertungen zu machen. Man überprüft dann, ob dieser den eigenen Intuitionen noch entspricht, wenn nicht, muss man einige Intuitionen fallen lassen (vielleicht, weil sich herausstellt, dass sie sich mit anderen, noch wichtigeren Intuitionen nicht vertragen) oder man muss etwas an der vorläufigen Formulierung seiner „Theorie" ändern. Das wiederholt man so oft, bis die Rekonstruktion der eigenen Überzeugungen sowohl a) erhellend als auch b) angemessen ist.

Von allen oben kurz angesprochenen Begriffen – von Ungerechtigkeit zu Verdinglichung über Entfremdung und Herrschaft bis zu Missachtung – gilt, dass sie sich der womöglich unabsichtlichen Anwendung des rekonstruktiven Verfahrens verdanken. Eine theoretische Ausformulierung dessen, was man für die sozialen Ursachen eines verfehlten Lebens hält, wird nicht im stillen Kämmerlein entworfen; sie wir überhaupt nicht „entworfen". Sie entsteht immer auf dem Boden der tatsächlichen (wenn auch vielleicht nicht unfehlbaren) Erfahrung, dass „etwas nicht stimmt", dass bestimmte Möglichkeiten ausgelassen, Ansprüche verletzt oder Bedingungen nicht erfüllt sind und dass das nicht der Fall sein sollte. Erst dann sucht der Theoretiker nach einer begründeten und phänomenologisch überzeugenden Beschreibung von sozialen Missständen.

Eine verwandte Auffassung normativen Urteilens und Wertens hat Axel Honneth in Bezug auf John McDowells Moralphilosophie beschrieben[58]. Wer,

---

57 Rawls, John, *Eine Theorie der Gerechtigkeit,* 37f.

58 Vgl. Honneth, Axel, „Zwischen Hermeneutik und Hegelianismus. John McDowell und die Herausforderung des moralischen Realismus".

wie McDowell, Werte in Analogie zu sekundären Qualitäten[59] versteht, wird nicht umhin können, den intuitiv gefällten Urteilen von moralisch sozialisierten Personen einen gewissen Vorrang gegenüber zwar normativ gehaltvollen, aber abstrakten Prinzipien einzuräumen. Die „Vertrautheit" mit den „moralischen Forderungen", die von der Welt an uns ergehen, versucht McDowell als den „hermeneutischen Horizont [zu deuten], innerhalb dessen wir uns bei der Bewältigung moralischer Probleme immer schon bewegen müssen: bereits die bloße Tatsache, eine bestimmte Situation als moralisch konfliktreich zu erfassen und rational bewältigen zu wollen, besagt nichts anderes, als daß wir uns von einem ethischen Vorverständnis leiten lassen, das wir bei der kognitiven Lösung auch nur zirkelhaft zur Anwendung bringen können"[60]. Dieses ethische Vorverständnis ist der Gegenstand des rekonstruktiven Verfahrens. Man muss die eigene Lebenswelt schon vorher als defizitär, als von ungerechten Verteilungen, subtilen Demütigungen oder Entfremdungsphänomenen durchzogen wahrgenommen haben, um diese *vor*-, wenn auch vielleicht nicht *un*begrifflichen Wahrnehmungen dann zu einer expliziten Theorie zusammenschweißen zu können.

Für die Rawlssche Beschreibung des rekonstruktiven Mittelweges, an der ich mich hier orientiere, haben sich zwei Lesarten eingebürgert, die kaum unterschiedlicher sein könnten. Je nach dem philosophischen Temperament des Interpreten ist Rawls' Analyse als universalistisch oder als kontextualistisch bezeichnet worden. Die kontextualistische Lesart wird von Rorty (der sie allerdings „ethnozentrisch" nennt), die universalistische von Habermas vertreten[61]. Bemerkenswerter Weise werden beide Lesarten von Rawls selbst unterstützt, indem er einerseits für seine Theorie einen „kantischen Konstruktivismus"[62] reklamiert, andererseits aber ihren politischen und „nicht-metaphysischen" Charakter betont[63].

Trotzdem ist der Rawlssche Universalismus mehr eine Sache der Rhetorik und verbleibt gleichsam an der Oberfläche der Theorie. Die Auffassung, Rawls habe eine „kantische" Theorie vertreten, wird vor allem dadurch genährt, dass sich bei ihm die entsprechende Begrifflichkeit findet: angefangen bei ‚Unparteilichkeit' über ‚Freiheit', ‚Gleichheit' und ‚Autonomie' bis hin zu ‚Vertragstheorie' usw. scheint das ganze Vokabular auf kantischen Pfaden zu wandeln und tut es ja auch tatsächlich. In der Frage der Begründung normativer Maßstäbe könnte Rawls' Theorie dagegen gar nicht weniger kantisch sein.

---

59 Vgl. McDowell, John, „Werte und sekundäre Qualitäten".

60 Honneth, Axel, „Zwischen Hermeneutik und Hegelianismus", 115.

61 Auch Honneth zählt das Rawlssche Modell zu den *prozeduralistischen* Ansätzen in der Sozialkritik, vgl. Honneth, Axel, „Rekonstruktive Gesellschaftskritik unter genealogischem Vorbehalt. Zur Idee der Kritik in der Frankfurter Schule".

62 Vgl. Rawls, John, „Kantischer Konstruktivismus in der Moraltheorie".

63 Vgl. Rawls, John, „Gerechtigkeit als Fairneß: politisch, nicht metaphysisch".

Sie ist, um es mit Rortys Worten zu sagen, vielmehr „durch und durch historisch und antiuniversalistisch"[64]. Die ganze Beschreibung des rekonstruktiven Vorgehens, die Rawls im Zusammenhang des Überlegungsgleichgewichts vorgenommen hat, basiert darauf, dass es nur „unsere" wohlüberlegten und intuitiv gefällten normativen Urteile sind, die der Theoretiker in eine kohärente Form gießt. Das Design des Urzustands wurzelt in keiner Weise in allgemeinen rationalen Überlegungen (etwa einer „reinen Vernunft") oder in den nicht-kontingenten Voraussetzungen argumentativer Rede, sondern schlicht in dem, was „wir" für richtig halten.

Habermas hält diese Lesart deshalb für unplausibel, weil „ein derart bescheidenes Explikationsziel den erheblichen Begründungsaufwand nicht erklärt, den Rawls für seine Theorie auf sich genommen hat"[65]. Diese Entgegnung scheint auf den ersten Blick überzeugend zu sein, denn Rawls entwickelt ja tatsächlich eine außerordentlich subtile und ausführliche Argumentation, um die Architektonik der *original position* auszubuchstabieren. Dennoch: Habermas suggeriert mit seiner Rückfrage an Rorty, ein „erheblicher Begründungsaufwand" lohne sich letztlich nur, wenn es darum geht, die Beweislast einer starken universalistischen Position zu tragen. Rawls eigentliches Beweisziel, eine tragfähige, überzeugende und mit einem nicht zu vernachlässigenden korrektiven Anspruch ausgestattete Rekonstruktion unserer wohlüberlegten Gerechtigkeitsurteile zu liefern, bedarf aber doch wohl einer differenzierten Analyse. Nicht zu vergessen ist auch Rawls' metatheoretische Absicht, zu zeigen, *wie* eine normative Theorie konstruiert werden kann und auf welchen Voraussetzungen sie beruht.

Eine „historisch-soziologische Beschreibung unserer heutigen Lebensweise"[66] gibt Rawls – und hier überzieht Rorty seinen kontextualistischen Übergriff – freilich auch nicht. Wenn diese Charakterisierung richtig wäre, ginge damit der *gesamte normative Sinn* von Rawls' Ansatz im Speziellen und von rekonstruktiven Theorien im Allgemeinen verloren. Es wäre dann nicht mehr einzusehen, warum es Rawls nicht bei einer rein empirischen Bestandaufnahme belässt, die *nur noch* registriert, wie wir faktisch urteilen. Im Gegensatz dazu beruht Rawls' ganze Kritik an utilitaristischen und intuitionistischen Theorien darauf, dass diese sowohl methodisch unbefriedigend als auch normativ unplausibel sind. Aus einer Perspektive, wie sie Rawls von Rorty zugeschrieben wird, ließe sich diese Kritik gar nicht formulieren.

---

64 Rorty, Richard, „Der Vorrang der Demokratie vor der Philosophie", 91. Interessant ist deshalb auch, dass der für die Kantische Philosophie wahrscheinlich wichtigste Begriff – nämlich *a priori* – bei Rawls so gut wie nie vorkommt.

65 Habermas, Jürgen, *Faktizität und Geltung*, 85.

66 Rorty, Richard, „Der Vorrang der Demokratie vor der Philosophie", 96.

Die Durchführung des Projektes einer „Diagnose sozialer Pathologien" besteht, so könnte man es auch sagen, in einer Phänomenologie der nicht erfüllten Bedingungen eines guten Lebens. Deren Grundfrage lautet, wann die sozialen Bedingungen eines individuell und gemeinschaftlich guten Lebens erfüllt sind. Dieses Ziel ist kein Selbstzweck: letzten Endes soll sich die Rekonstruktion unseres ethischen Vokabulars auch dazu eignen, den öffentlichen Diskurs über die Deformationen unseres alltäglichen Lebens aufzuklären, anzuleiten und zu verbessern.

Die methodische Frage, was es heißt, die Diagnose sozialer Pathologien als eine Rekonstruktion normativer Intuitionen zu verstehen, lässt sich auch als eine Frage nach dem *Standpunkt* des Kritikers reformulieren.

Nach Michael Walzer gibt es mindestens drei ‚Wege der Gesellschaftskritik'[67]: den Weg der Entdeckung, den Weg der Erfindung und den Weg der Interpretation. Im ersten Modell werden die normativen Maßstäbe, die die Reflexion auf die Paradoxien moderner Gesellschaften anleiten, als eine präexistente moralische Realität (etwa ein Naturrecht oder geoffenbarte göttliche Gebote) verstanden, die der Sozialkritiker nur zu entdecken und auf die ihn umgebende Wirklichkeit anzuwenden hat. Die oben diskutierten Varianten der kontrapräsentischen und der prozeduralistischen Sozialphilosophie können dagegen als Beispiele für den Weg der ‚Erfindung' aufgefasst werden. Dieses polemische Etikett wird von Walzer deshalb gebraucht, weil auch er eine fundamentale Skepsis in die Möglichkeit einer unabhängigen und gleichsam „freischwebenden" Entwicklung normativer Kriterien hegt. Die normativen Maßstäbe, die der Diagnose sozialer Pathologien zugrundeliegen, müssen – so Walzer – immer ein Ergebnis von kollektiven Interpretationsbemühungen sein. Den Weg der Interpretation bezeichnet Walzer auch als den Weg „interner" Kritik. ‚Intern' ist diese Kritik deshalb, weil deren Maßstäbe „aus den Handlungsweisen und Verständnisweisen seiner (des Kritikers, H. S.) eigenen Gesellschaft"[68] stammen. Sie zeichnet sich dadurch aus, dass sie den „normativen Überschuss" einer sozialen Praxis nutzt, indem sie auf die in dieser Praxis immer schon anerkannten Normen verweist, um jene Praxis kritisieren zu können.

Walzer verwendet mehrfach eine räumliche Metaphorik, um die Tätigkeit des Sozialphilosophen zu charakterisieren. Einmal geht es um den *Standpunkt*, der eingenommen werden muss, ein anderes Mal um die Alternative einer *internen* (von innen) oder *externen* (von außen) Kritik und schließlich um die Frage, wie

---

67 Walzers Unterscheidungen berühren sich teilweise mit den hier vorgenommenen, setzen aber andere Akzente.

68 Walzer, Michael, *Kritik und Gemeinsinn*, 50.

viel *Distanz*, genauer: kritische Distanz, nötig ist, um überhaupt an der „Reflexion auf die Bedingungen kollektiven Zusammenlebens" teilnehmen zu können und zu dürfen.

Es scheint klar zu sein, dass eine kritische Haltung automatisch ein Mindestmaß an Distanz fordert. Wer sich aus vollem Herzen mit den Werten und Praktiken einer Gesellschaft identifiziert, der ist nicht zum Kritiker berufen. Nicht so klar ist, ob der Kritiker den radikalen Abstand eines „Fremden" oder den minimalen Abstand eines bloßen „Außenseiters" einnehmen muss: „kritische Distanz ist eine Frage von Zentimetern"[69]. Man kann sagen, dass die prozeduralistischen und kontrapräsentischen Ansätze in der Sozialphilosophie, die ich weiter oben charakterisiert habe, dadurch zu Formen externer Kritik werden, dass sie einen zu großen Abstand einnehmen. Die prozeduralen bzw. kontrapräsentischen Maßstäbe, die an die soziale Wirklichkeit „angelegt" werden, sind sozial ortlos geworden.

Der rekonstruktive Mittelweg sollte eine etwas genauere Angabe der nötigen Distanz ermöglichen. Er zeigt, dass der Sozialphilosoph kein „*Passe-partout*-Gesellschaftskritiker"[70] sein kann, der überzeitliche (prozedurale oder kontrapräsentische) Maßstäbe an jeden x-beliebigen sozialen Zusammenhang anlegen kann und mit dem *externen* „view from nowhere" ausgestattet sein muss.[71] Eine methodisch fundierte und normativ gehaltvolle Diagnose sozialer Pathologien ist stets ein Fall von *interner* Kritik, bei der der Kritiker selbst auf dem Boden der Gesellschaft steht, die der Gegenstand seines Urteils ist.

Eine „minimalistische", externe Kritik muss deshalb scheitern, weil ihr die nötige Identifikation mit dem Wertehorizont einer sozialen Gruppierung fehlt. Nur mit dieser Identifikation ist es möglich, eine gegebene soziale Praxis überhaupt als pathologisch zu erkennen. Ohne deren normative Intuitionen *selbst* zu kennen, kann man nicht entscheiden, was für die Amazonas-Indianer als soziale Pathologie einzustufen wäre und was nicht – alles andere wäre normativer Imperialismus. Ethnologisch gesprochen: Sozialphilosophie ist eine Form von „dichter Beschreibung"[72], die auf der Vertrautheit mit den bedeutungsgeladenen sozialen Praktiken einer Gesellschaft und den Normen und Werten, die von ihr akzeptiert und gelebt werden, basiert.

---

69 Walzer, Michael, *Kritik und Gemeinsinn*, 74.

70 Walzer, Michael, *Kritik und Gemeinsinn*, 62.

71 Auf diesen Punkt komme ich im letzten Kapitel zurück.

72 Vgl. Geertz, Clifford, *Dichte Beschreibung*.

9 Soziale Pathologien – Ergebnisse

In diesem ersten Kapitel diskutiere ich die methodologische Frage, was es genau heißt, soziale Pathologien zu „diagnostizieren". Ich beginne mit einer kurzen Erläuterung, was unter sozialen Pathologien zu verstehen ist und versuche diesen Begriff anhand von fünf wichtigen Typen von sozialen Pathologien konkreter zu bestimmen. Danach gebe ich eine vorläufige Antwort auf die Frage, was „Diagnose sozialer Pathologien" eigentlich heißt. Sie basiert auf Axel Honneths These, dass die Diagnose sozialer Pathologien in der soziologisch informierten Entwicklung einer ethischen Konzeption des guten Lebens besteht.

Die zweite Hälfte widmet sich dem Problem der Begründung von Maßstäben der Diagnose sozialer Pathologien. Das Projekt einer Kritik der instrumentellen Vernunft verdankt sich ursprünglich genau dieser Fragestellung. Im kritischen Teil beschreibe ich zunächst zwei einflussreiche Begründungsmodelle – das prozeduralistische und das kontrapräsentische – und weise sie zurück. Im konstruktiven Teil dieses Kapitels entwickle ich die These, das die Diagnose sozialer Pathologien ein rekonstruktives Unternehmen ist und erläutere die Vorteile dieses Modells anhand der Unterscheidung zwischen deskriptiven und revisionären Kritikmodellen. Der rekonstruktive Weg wird im Anschluss an John Rawls' Konzeption des Überlegungsgleichgewichts genauer skizziert. Danach präzisiere ich das Modell noch mal mit Walzers Unterscheidung von interner und externer Kritik.

Die Diagnose sozialer Pathologien besteht demnach in der philosophischen *Rekonstruktion* von in sozialen Praktiken und Institutionen und normativen Urteilen verkörperten Normen und Werten[73]. Als ein rekonstruktives Unternehmen geht sie weder bloß *deskriptiv* noch strikt *revisionär* vor und bedarf weder *prozeduralistischer* noch *kontrapräsentischer* Maßstäbe. Daraus folgt auch, dass sie als *re*konstruktive Theorie in einem schwachen Sinn *kontextualistisch* und nicht *universalistisch* orientiert und deshalb auf die *interne Kritik* sozialer Pathologien angewiesen ist. Das Projekt einer *Kritik der instrumentellen Vernunft* erhebt den Anspruch, diese rekonstruktive Forderung erfüllen zu können.

In den folgenden beiden Kapiteln gehe ich aus handlungs- und rationalitätstheoretischer Perspektive auf den Begriff instrumenteller Rationalität ein, der die Grundlage für die Analyse des Projekts einer Kritik der instrumentellen Vernunft in den Kapiteln IV, V und VI darstellt.

---

73 Diese stehen freilich, wie Honneth richtig bemerkt, unter einem „genealogischen Vorbehalt", vgl. Honneth, Axel, „Rekonstruktive Gesellschaftskritik unter genealogischem Vorbehalt".

II Zweckrationalität und praktisches Begründen

Wenn die Diagnose sozialer Pathologien auf rationalitätstheoretischen Prämissen basiert, dann hängt ihr Gelingen oder Scheitern von der richtigen Identifikation und Beschreibung jenes sozial verkörperten Vernunfttyps ab, der auf dem Prüfstand steht. In der Einleitung hatte ich gesagt, dass es sich dabei um den Typ *instrumenteller Vernunft* handelt.

Das Thema „instrumentelle Rationalität" wird aus zwei unterschiedlichen Forschungsperspektiven beleuchtet; beide haben ihre Stärken und Schwächen und können (oder müssen) daher wechselseitig voneinander lernen. Die gesellschaftstheoretische Tradition, die von Max Weber ausgeht, kann einen höheren Grad an empirischer Infomiertheit und eine größere Sensibilität für die historische Variabilität und die kulturelle Relativität von Vernunftbegriffen für sich in Anspruch nehmen. Die philosophische Rationalitätstheorie von Aristoteles über Hume und Kant bis zur Gegenwart ist an der begrifflichen Flanke am stärksten und hat eine subtilere Analyse unseres Sprachgebrauchs und die Methode der rationalen Rekonstruktion unseres Verständnisses von Rationalität anzubieten. Epistemische Arbeitsteilung ist häufig wünschenswert und unvermeidlich; manchmal kann sie aber dazu führen, dass eine Disziplin Argumente und Fragestellungen einer anderen Disziplin nicht genügend berücksichtigt, obwohl sie es eigentlich sollte. Diese Einäugigkeit soll hier – so gut es geht – vermieden werden.

Die gesellschaftstheoretische Rede von instrumenteller Vernunft ist auf die Klärung ihres Gegenstands angewiesen, wenn sie nicht gegen die Windmühlen begrifflicher Konfusion ankämpfen will. Im folgenden will ich deshalb versuchen, eine kurze Analyse dessen vorzunehmen, was unter „instrumenteller Vernunft" bzw. unter „Zweckrationalität" zu verstehen ist.

1 Zweckrationalität bei Max Weber

Der Terminus *Zweckrationalität* oder, in adjektivischer Form, *zweckrational*, wurde von Max Weber in die Diskussion eingeführt, um eine bestimmte Form der Handlungsorientierung zu kennzeichnen. Die Unterscheidungen, die Weber entwickelt, sind kein Selbstzweck, sondern sollen die handlungstheoretische Grundbegrifflichkeit liefern, die später zur Unterscheidung unterschiedlicher Formen der Vergesellschaftung und Vergemeinschaftung, sozialer Ordnungen, Institutionen usw. benötigt wird. Weber gibt kurz hintereinander zwei Definitionen von Zweckrationalität, die sich auf den ersten Blick zu widersprechen scheinen, letztlich aber als alternative Formulierung der selben handlungstheoretischen These verstanden werden können.

„Zweckrational“ und „Zweckrationalität“ sind keine Begriffe der Alltagssprache. Die philosophische Analyse dieser Begriffe kann sich deshalb nicht auf die Analyse ihres von kompetenten Sprechern einer Sprache faktisch praktizierten Gebrauchs verlassen, um sich einen Zugang zum Problem der Zweckrationalität zu verschaffen. Dennoch spricht viel dafür, dass wir sowohl unser eigenes Handeln als auch das Handeln von vertrauten wie fremden Personen nach dem Modell der Zweckrationalität zu verstehen versuchen, insofern sich Zweckrationalität in einem weiten Sinn als *Absichtlichkeit* auffassen lässt.

In §2. von Wirtschaft und Gesellschaft heißt es: „Wie jedes Handeln kann auch das soziale Handeln bestimmt sein 1. zweckrational: durch Erwartungen des Verhaltens von Gegenständen der Außenwelt und von anderen Menschen und unter Benutzung dieser Erwartungen als „Bedingungen“ oder als „Mittel“ für rational, als Erfolg, erstrebte und abgewogene eigene Zwecke“[74]. Strenggenommen geht diese Definition etwas zu weit, denn die These, dass sich der zweckrational Handelnde am erwarteten Verhalten anderer Personen *und* von Gegenständen der Außenwelt orientiert, gilt nicht nur, wie angekündigt, für das „soziale Handeln“, sondern eben auch für die kausale Intervention in die „Außenwelt“, also für teleologisches Handeln im Allgemeinen. Im zweiten Anlauf zu einer Definition zweckrationalen Handelns präzisiert Weber seinen Vorschlag insofern, als er 1. genauer angibt, was unter jenem „erwarteten Verhalten“ von anderen Akteuren und Gegenständen zu verstehen ist und 2. eine negative Charakterisierung von Zweckrationalität hinzufügt, die auf den übrigen drei Handlungstypen (wertrational, affektuell, traditional) basiert: „Zweckrational handelt, wer sein Handeln nach Zwecken, Mitteln und Nebenfolgen orientiert und dabei sowohl die Mittel gegen die Zwecke, wie die Zwecke gegen die Nebenfolgen, wie endlich auch die verschiedenen möglichen Zwecke gegeneinander rational abwägt: also jedenfalls weder affektuell [...], noch traditional handelt.“[75] Affektuelles, d. h. durch Empfindungen, Gefühle, Emotionen etc. bedingtes und traditionales, d. h. auf Routine und Gewohnheit beruhendes Handeln sind nach Weber ohnehin Grenzfälle, bei denen nicht immer klar ist, ob der Begriff des „Handelns“ auf ein gegebenes Verhalten überhaupt anwendbar ist. Niesen, stolpern und sich erschrecken scheinen ebensowenig Handlungscharakter zu haben wie die einzelnen, zur zweiten Natur gewordenen Bewegungen, die beim Fahrradfahren ausgeführt werden. Umgekehrt gilt auch, dass durch und durch zweckrationales Handeln empirisch gesehen selten vorkommt, geschweige denn, dass es die Regel wäre.

Die erste und die zweite Definition scheinen deshalb nicht identisch zu sein, weil Weber in der ersten Definition nur von der rationalen Abwägung der Mittel in Bezug auf die erstrebten Zwecke spricht, in der zweiten aber den Aspekt der Abwägung zwischen „verschiedenen möglichen Zwecken“ an-

---

74 Weber, Max, *Wirtschaft und Gesellschaft*, 12.

75 Weber, Max, *Wirtschaft und Gesellschaft*, 13.

spricht. Die „ethische" Fragestellung, wie man zwischen der Verfolgung verschiedener Ziele entscheidet, scheint hier zum Bereich der Zweckrationalität hinzugezählt zu werden. Weber stellt diese kognitivistische Lesart jedoch richtig: „Die Entscheidung zwischen konkurrierenden und kollidierenden Zwecken und Folgen kann dabei ihrerseits wertrational orientiert sein: dann ist das Handeln nur in seinen Mitteln zweckrational"[76]. Unter „Wertrationalität" oder „wertrationalem Handeln" versteht Weber ein Handeln, dass vom Glauben an den unbedingten, d. h. nicht beliebig abwägbaren und kalkulierbaren Eigenwert von Handlungen und Sachverhalten bestimmt ist. Die Quelle dieses Eigenwerts können religiöse, ästhetische, moralische oder politische, jedenfalls aber „letzte" Wertorientierungen sein, die vom Handelnden nicht mehr zur Disposition gestellt werden. Nur in dem Fall, in dem die Entscheidung zwischen konkurrierenden und konfligierenden Zwecken *nicht* wertrational getroffen wird, kann noch von zweckrationalem Handeln oder von rationalem Handeln überhaupt gesprochen werden. Stattdessen kann eine solche Entscheidung z. B. durch höherstufige Überlegungen gefällt werden: wenn ich alles, was ich in Köln machen kann, auch in Düsseldorf machen kann (und noch mehr), dann sollte ich nach Düsseldorf fahren. Eine wertrationale Entscheidung dagegen wird nicht auf der Basis abwägender Vernunft getroffen; vielleicht meidet „man" Düsseldorf als Köln-Liebhaber einfach.

Die vier Handlungsorientierungen, die Weber unterscheidet, lassen sich entlang einer Rationalitätsskala mit zunehmendem Rationalitätsgrad anordnen. Zweckrationales Handeln stellt den Idealfall maximal rationalen Handelns dar, bei wertrationalem, traditionalem und affektuellem Handeln nimmt der Grad der Rationalität (in dieser Reihenfolge) kontinuierlich ab. Eine unerwünschte Konsequenz dieser These ist, dass der bei weitem größte Teil unseres alltäglichen Handelns den Rationalitätstest nicht oder nicht vollständig besteht. Der Teil unserer Handlungen, der auf *faktisch* und bewusst durchgeführten, durch und durch rationalen Kosten-Nutzen-Rechnungen beruht, ist verschwindend gering. Umgekehrt ist fast jede unserer Handlungen von unseren Emotionen beeinflusst, von Routinen gestützt und an Werten orientiert. Die Konsequenz, all unser lebenspraktisches Handeln als irrational qualifizieren zu müssen, ist aber teuer erkauft. Wer diesen hohen Preis nicht zu zahlen bereit ist, kann darauf mit einem Begriff rationalen Handelns reagieren, der weiter gefasst ist als der Webersche. Danach kann ein Verhalten schon dann als rational gelten, wenn der Akteur *auf Nachfrage* einen (z. B. zweckrational strukturierten) Handlungsgrund angeben kann. Sein Steuer herumzureißen, wenn man auf ein plötzlich auftauchendes Hindernis zufährt, ist sicher kein Verhalten, dessen *Entstehung* sich zweckrational erklären ließe. Das bedeutet, dass die Durchführung der Handlung nicht auf einer bewusst vollzogenen und reflexiv zugänglichen zweckrationalen Überlegung basiert. Trotzdem scheint „Weil ich dem

---

76 Weber, Max, *Wirtschaft und Gesellschaft*, 13.

Rehkitz ausweichen wollte" durchaus eine gute und vernünftige Antwort auf die Frage „Warum hast Du das Steuer herumgerissen?" zu sein. Der Begriff rationalen Handelns lässt sich so weit fassen, dass er auch Fälle von dieser Art mit zu integrieren vermag; einer solchen Konzeption zufolge bedeutet „einen Akt als eine *Handlung* zu behandeln [...], ihn als etwas zu behandeln, für das es grundsätzlich angemessen ist, nach einem *Grund* zu fragen."[77] Es muss sinnvoll sein, nach einem Grund überhaupt zu fragen. Auf die Frage, warum sie gestolpert sei, wird eine Person dagegen nicht – und deswegen liegt hier kein Handeln vor – mit einem *Grund*, sondern mit der Angabe einer bloßen *Ursache* antworten, etwa damit, dass sie mit der Umzugskiste in der Hand die erste Treppenstufe übersehen habe. Rationales – begründbares – Handeln hat etwas mit Zwecken und Mitteln zu tun; keines von beidem war beim Stolpern im Spiel und keines von beidem trägt etwas zur kausalen Erklärung des Stolperns bei. Umgekehrt heißt das freilich nicht, dass Handlungsbegründungen, bei denen von Zwecken und Mitteln die Rede ist, niemals etwas zur kausalen Erklärung einer Handlung beitragen können. Webers berühmte Definition von „Soziologie" beugt genau diesem Missverständnis vor: „Soziologie [...] soll heißen: eine Wissenschaft, welche soziales Handeln deutend verstehen und dadurch in seinem Ablauf und seinen Wirkungen ursächlich erklären will."[78] „Deutendes Verstehen" und „ursächliches Erklären" gehen hier Hand in Hand.

2 Erklären, Verstehen und praktisches Schließen

Zwecke sind die Sachverhalte, die herbeigeführt, vermieden oder aufrechterhalten werden sollen, Mittel sind die Handlungen oder die Handlungsinstrumente, die zur Realisierung der Zwecke beitragen. Die zwei Komponenten, aus denen zweckrationales Handeln besteht, werden für gewöhnlich als die zwei Prämissen eines praktischen Syllogismus analysiert. Die Beschäftigung mit dieser spezifischen Form von auf Handlungen bezogenen Schlussfolgerungen geht auf Aristoteles zurück und wurde im 20. Jahrhundert von Gertrude Anscombe rehabilitiert[79]; seitdem ist diese Form der Darstellung praktischer Überlegungen zu einer der wichtigsten handlungstheoretischen Konzeptionen geworden.

Insbesondere scheint der praktische Syllogismus eine Möglichkeit zu bieten, den wichtigen Unterschied zwischen dem bloßen *Erklären* physikalischer Ereignisse und dem *Verstehen* menschlicher Handlungen zu machen. Menschliche Handlungen sind zwar häufig, wenn auch nicht immer, mit physikalisch

---

77 Brandom, Robert, *Expressive Vernunft*, 358.

78 Weber, Max, Wirtschaft und Gesellschaft, 1.

79 Vgl. Anscombe, Gertrude E. M., *Absicht*, 91ff.

beschreibbaren Ereignisketten verbunden, die sich in Raum und Zeit abspielen. Jenseits dieses rein physischen Aspekts scheint es aber einen zu Unterschied zu machen, ob man seinen Arm zum Hitler-Gruß hebt oder um an einer Auktion teilzunehmen. Dieser Unterschied liegt in der Dimension des Sinns, den eine Person und die Personen in ihrer Umwelt mit ihrem Handeln verbinden.

Im Alltag ist die Frage, warum jemand so oder so gehandelt hat, oft missverständlich, insofern nicht klar ist, ob der Fragende a) eine Erklärung dafür verlangt, warum geschehen ist, was geschehen ist oder ob er b) wissen möchte, warum eine Person so gehandelt hat, wie sie gehandelt hat. Im ersten Fall verlangt derjenige, der die Frage gestellt hat, nach einer Handlungs*erklärung*, im zweiten Fall nach einer Handlungs*begründung*. Genauer gesagt ist unsere lebensweltliche Rede über Handlungen und ihre „Gründe" (in diesem weiten Sinn) nicht eigentlich missverständlich, sondern vielmehr genuin *zweideutig*; die Angabe von „Gründen" für eine Handlung erfüllt im Alltag fast immer eine echte Doppelfunktion, insofern sie beide Komponenten in sich vereint: die *kausale* Komponente, wie es zu dem Verhalten V gekommen ist, und die *rationale* Komponente, wieso eine Person Handlung H vollzogen hat[80], d. h. wieso es für die Person rational war, H zu vollziehen.[81]

Viele Philosophen gehen davon aus, dass solche Handlungsbegründungen die Form eines praktischen Syllogismus haben; dessen allgemeines Schema sieht wie folgt aus:

(PS)

P1 Person P hat Zweck Z

P2 P hält Handlung H für ein Mittel, Z zu erreichen

K P tut H

Um ein Beispiel zu geben:

---

80 Dies wird vor allem von Davidson, Donald, „Handlungen, Gründe und Ursachen" und Williams, Bernard, „Interne und externe Gründe" betont, aber auch von Elster, Jon, „Rationale Handlungserklärung". Im folgenden spreche ich schlicht von „Handlungsbegründungen".

81 Nach McDowell sind Erklärungen Weisen, sich einen Sachverhalt verständlich (intelligible) zu machen; dieses Ziel lässt sich auf zweierlei Art erreichen: entweder man macht sich die Dinge verständlich, indem man darlegt, dass sie so sind, wie sie rationaler Weise sein sollten (as they rationally ought to be); oder man macht sie sich verständlich, indem man zeigt, dass die Dinge *generell* so passieren wie in diesem konkreten Fall (how things generally tend to happen), Vgl. McDowell, John, „Functionalism and Anomalous Monism", 328f.

(PS')

P1 Klaus (P) möchte den Stress von der Arbeit vergessen (Z)

P2 Klaus glaubt, dass es ein angemessenes Mittel
zu diesem Zweck ist, ein Bier zu trinken (H)

K Klaus trinkt ein Bier

Praktische Syllogismen bestehen aus drei Elementen. Erstens, einer *konativen* Prämisse (P1), die den angestrebten Zweck, die verfolgte Absicht oder den zu erfüllenden Wunsch angibt, zweitens, einer *deskriptiven* Prämisse, die mithilfe einer deskriptiven Überzeugung das zu ergreifende Mittel zum in der ersten Prämisse angegebenen Zweck spezifiziert und schließlich drittens, der praktischen Konklusion.

Nach Georg Henrik von Wright erfüllt dieses Schema die hermeneutischen Anforderungen an eine teleologische Handlungserklärung, bei der zur Erklärung eines Tuns nicht auf allgemeine (Natur-)Gesetze rekurriert werden muss, sondern die intentionale Dimension menschlichen Handelns berücksichtigt werden kann. Der Grund, warum Handlungsbegründungen nicht nach dem Vorbild naturwissenschaftlicher Erklärungen modelliert werden können, hängt mit der Natur „reiner" wissenschaftlicher Erklärungen zusammen. Die frühe analytische Philosophie des Logischen Empirismus zeichnete sich u. a. durch den Versuch aus, die Möglichkeit einer alle – oder wenigstens im Prinzip alle – natürlichen und kulturellen Bereiche abdeckenden Einheitswissenschaft im physikalischen Vokabular aufzuzeigen[82]. Insbesondere die traditionell als „Geisteswissenschaften" bezeichneten Disziplinen, die menschliche Kulturprodukte in ihrer historischen Einzigartigkeit zum Gegenstand haben, scheinen sich aber der Integration in dieses Programm zu entziehen.[83] Um dennoch zeigen zu können, dass das wissenschaftstheoretische Programm des Logischen Empirismus tatsächlich durchführbar ist, müsste sich plausibel machen lassen, dass sich das für naturwissenschaftliche Methoden charakteristische Erklärungsmodell auch in der geisteswissenschaftliche Domäne des *verstehenden Erklärens* von Handlungen, insbesondere also in den Geschichtswissenschaften, bewähren kann. Genau dies bestreitet von Wright, indem er an Überlegungen William Drays zur analytischen Geschichtsphilosophie anknüpft[84].

---

82 Vgl. die programmatischen Texte in Schleichert, Hubert, *Logischer Empirismus – der Wiener Kreis.*

83 Diese Überzeugung verbirgt sich z. B. hinter der berühmt gewordenen Unterscheidung von *nomothetischen* von *idiographischen* Wissenschaften bei Windelband, Wilhelm, „Geschichte und Naturwissenschaft".

84 Vgl. Dray, William, *Laws and Explanation in History.*

Das Standardmodell wissenschaftlicher Erklärung ist Hempels covering-law-Modell, nach dem ein Ereignis, ein Zustand oder ein anderer erklärungsbedürftiger Sachverhalt (das *Explanandum*) genau dann als wissenschaftlich erklärt gelten kann, wenn er aus zwei erklärenden Prämissen (die zusammengenommen das *Explanans* bilden) logisch folgt. Erklärungen dieser Form heißen dementsprechend auch *deduktiv*-nomologisch[85]. Das Explanans besteht aus a) einem allgemeinen Naturgesetz (covering law) und b) besonderen Randbedingungen (singuläre Antecedensbedingungen), aus denen sich der zu erklärende Sachverhalt deduzieren lässt. Die Tatsache, dass dieser Faden gerissen ist, lässt sich durch die Angabe der Tragkraft des Fadens (eine Kombination von Naturgesetzen) zusammen mit der Tatsache erklären, dass ein Gewicht an den Faden gehängt wurde (eine Reihe von Randbedingungen), das die angegebene Tragkraft übersteigt; der Explanandum-Satz „Dieser Faden ist gerissen" folgt dann logisch aus den Prämissen.

Drays Argument gegen die Möglichkeit, dieses Erklärungsmodell auf Handlungsbegründungen im Allgemeinen und historische Handlungserklärungen im Besonderen zu übertragen, versucht, einen naheliegenden Ausweg zu umgehen. Historische Erklärungen stützten sich sehr wohl auf allgemeine Gesetze, diese seien nur entweder a) zu komplex und die Situation in der Regel zu unübersichtlich, als dass sie in eine vollständige nomologische Erklärung aufgenommen werden könnten oder b) in der Regel zu trivial, als dass sie der Historiker erwähnenswert fände. Nach Dray, auf den sich von Wright hier stützt, zeigt eine genauere Untersuchung der Forderung, (historische) Handlungen durch Gesetze zu erklären, dass dieses Vorhaben prinzipiell undurchführbar ist.

Der Eintritt der Vereinigten Staaten in den Zweiten Weltkrieg steht, das wird niemand leugnen wollen, in irgendeinem Zusammenhang mit dem japanischen Angriff auf Pearl Harbor im Jahr 1941. Um diesen Eintritt deduktiv-nomologisch erklären zu können, bedarf es nun eines allgemeinen Gesetzes, das im Modell die Rolle des *covering law* übernimmt; ein solches Gesetz muss die Eigenschaften, genauer: die sprachliche Form aufweisen, die für Kausalgesetze generell konstitutiv ist: Kausalgesetze sind allquantifizierte Sätze, die kontrafaktische Konditionale abstützen. Für den Pearl Harbor-Fall lässt sich ein solches Gesetz aber nicht konstruieren. Man wäre gezwungen so etwas wie „jede Nation verhält sich unter den-und-den Bedingungen so-und-so" als Kandidat für ein entsprechendes Gesetz vorzuschlagen, womit letztlich gesagt wäre, dass jede Nation, die sich *in genau der gleichen Situation* befindet, wie die USA und ihre militärische Führung im Jahr 1941, sich genau gleich verhalten würde – womit die Allgemeinheitsbedingung für Naturgesetze verletzt wäre. Letztlich wird hier nämlich nicht mehr über *alle* Gegenstände eines bestimm-

85 Zum folgenden vgl. Hempel, Carl Gustav, *Philosophie der Naturwissenschaft.*

ten Bereichs geredet, sondern nur noch über *einen*. Ein Gesetz aber, dass nur für einen Fall gilt, ist gar kein Gesetz.[86]

All das schließt freilich nicht aus, dass auch Handlungen eine kausale Vorgeschichte haben oder dass Handlungen „Ursachen" in einem noch unspezifischen Sinn haben können. Wenn man das Schema des praktischen Syllogismus als das Standardmodell von Handlungsgründen akzeptiert, kommt es darauf an, ob man den Übergang von den Prämissen in PS zur Konklusion als eine logische oder als eine kausale Verbindung begreift. Die erste Variante, nach der der Übergang bloß begrifflicher Natur ist, nennt von Wright *intentionalistisch*, die zweite *kausalistisch*[87]. Das klarste Bekenntnis zu einer „kausalistischen" Handlungstheorie und zugleich die Standardanalyse praktischen Begründens stammt von Davidson.[88] Dieser teilt mit von Wright die Überzeugung, das Handlungserklärungen keine nomologische Struktur haben und nicht auf Gesetzesaussagen beruhen, versucht aber trotzdem dafür zu argumentieren, dass Handlungsbegründungen in Form eines praktischen Syllogismus als ein Spezialfall kausaler Erklärungen verstanden werden können.

3 Primäre Gründe

Gründe und Ursachen scheinen, ganz gleich, ob es sich um Gründe und Ursachen für Handlungen oder für Überzeugungen handelt, miteinander unverträglich zu sein. Dies ist auf den ersten Blick auch plausibel, denn in der Regel lässt uns die bloße Angabe einer Ursache für eine Handlung oder eine Überzeugung unbefriedigt zurück. Auf die Frage „Warum glaubst Du, dass es Gott gibt?" zu antworten, man sei eben im 17. Jahrhundert in Italien geboren und dort sei dieser Glaube sehr verbreitet, mutet seltsam an, und diese Antwort würde sicherlich eine Nachfrage der Art „Und, ist das alles?" provozieren. Ähnlich absurd scheint es, auf die Frage, warum man etwas Bestimmtes getan habe, etwa warum man intensiv Sport treibe, zu antworten, die wöchentliche Lektüre eines Boulevard-Magazins habe einen durch subtile Manipulation dazu verleitet, einem unerreichbaren Schönheitsideal nachzueifern. Unabhängig davon, wie gut diese Gründe sind, würde man eher eine Antwort erwarten wie die, dass man sich durch seinen Glauben an Gott in einer trostlosen Welt aufgehoben und beschützt fühle oder dass man sich durch sportliche Aktivitäten gesund halten wolle. Es ist mit unserem Selbstverständnis als Vernunftwesen und dem damit verbundenen Anspruch unvereinbar, in unserem Denken und

---

86 Vgl. Wright, Georg Henrik v., Erklären und Verstehen, 33ff.

87 Vgl. Wright, Georg Henrik v., Erklären und Verstehen, 92ff.

88 Vgl. Davidson, Donald, „Handlungen, Gründe und Ursachen".

Handeln ausschließlich dem kontingenten Spiel externer Ursachen unterworfen zu sein.[89]

Dennoch sieht es so aus, als fielen Gründe und Ursachen manchmal zusammen. Der strahlende Sonnenschein ist sowohl die Ursache als auch der Grund dafür, dass die Cafés voll, die Parks gut besucht und die Museen leer sind. Das ‚*oder*' bei ‚Gründe *oder* Ursachen' ist kein Entweder-Oder.[90]

Donald Davidson versucht, diesen Befund für die Handlungstheorie fruchtbar zu machen. Gründe sind Antworten auf Warum-Fragen, die, wenn es um Handlungen geht, schematisch etwa so lauten: „Warum hast Du x getan?" oder womöglich „Warum habe ich x getan?". Die Antwort darauf wird typischer Weise mit einem „Weil ..." beginnen; weder der Warum-Frage noch der Weil-Antwort sieht man es an, ob sie *kausal* oder *rational* gemeint sind oder ob sie vielleicht beide Aspekte in sich vereinen.

Nach Davidson muss die Angabe eines Handlungsgrundes sowohl die kausale Warum_k-Frage als auch die rationale Warum_r-Frage beantworten. Die Gegner einer kausalen Handlungstheorie dagegen bestreiten, dass die Angabe einer Ursache als Antwort auf eine Warum_r-Frage dienen kann; kausalen Erklärungen scheint – wie im obigen Fall des Stolperns oder der kontingenten Umstände von Ort und Zeit der eigenen Geburt – das spezifisch rationale, eine Handlung nicht nur erklärende, sondern auch *rechtfertigende* Element zu fehlen: „Manche Philosophen sind, nachdem sie gemerkt haben, daß nichtteleologische Kausalerklärungen das von den Gründen gelieferte Rechtfertigungselement nicht zum Vorschein kommen lassen, zu dem Schluß gelangt, daß der anderswo gültige Begriff der Ursache auf die Beziehung zwischen Gründen und Handlungen nicht zutreffen kann, und daß es im Falle der Gründe das Rechtfertigungsmuster ist, das für die erforderliche Erklärung sorgt."[91] Davidson hat allerdings völlig recht, wenn er ergänzt: „Aber angenommen, wir räumen ein, daß Handlungen, wenn man sie erklärt, durch Gründe allein gerechtfertigt werden, dann folgt daraus nicht, daß die Erklärung nicht auch – und notwendig – kausal ist".

Im Alltag verlangen wir von einer Handlungsbegründung mindestens, dass sie uns zeigt, dass es aus der Sicht des Handelnden etwas gab, was „für die Handlung sprach."[92] Ein Verhalten wird damit als eine Handlung ernstgenommen und der Handelnde als ein vernünftiges Wesen interpretiert, oder, wie David-

89 Dies ist der Sinn der These Kants, man müsse unterstellen, dass man in seinen Urteilen von Gründen geleitet sei und nicht „anderwärts her eine Lenkung empfange", vgl. Kant, Immanuel, *Grundlegung zu Metaphysik der Sitten*, 448.

90 Deswegen bezeichnet Andrea Kern die Entgegensetzung von Normativität und Kausalität (sprich: Gründen und Ursachen) zu Recht als eine „falsche Dichotomie", vgl. Kern, Andrea, *Quellen des Wissens*, 159ff.

91 Davidson, Donald, „Handlungen, Gründe und Ursachen", 27.

92 Davidson, Donald, „Handlungen, Gründe und Ursachen", 27.

son es nennt, eine Handlung wird *rationalisiert.* Für gewöhnlich wird der Begriff „rationalisieren“ freilich in ganz anderer Weise gebraucht. Er wird meistens dann benutzt, wenn es darum geht, ein bestimmtes Tun *nachträglich* in einem vernünftigen Licht *erscheinen* zu lassen, etwa wenn jemand aus unbewussten oder unkontrollierbaren Motiven handelt und danach – vielleicht aus Scham vor sich und seinen Mitmenschen – einen mehr oder minder plausiblen Grund sucht, den es für sein Tun gegeben hätte, auch wenn es nicht der Grund war, aus dem er tatsächlich gehandelt hat. Genau dieser Fall zeigt, dass es Begründungen gibt, die in einer nur vordergründigen oder zufälligen Beziehung zur begründeten Handlung stehen. Um eine „echte“, gelungene Handlungsbegründung von einer nur *prima facie plausiblen* Handlungsbegründung zu unterscheiden bedarf es deshalb des Warum$_k$-Elements, das uns zeigt, dass der Grund im richtigen Verhältnis zur begründeten Handlung steht und dass die Handlung aus genau diesem Grund vollzogen wurde: in jenem Fall ist „etwas Wesentliches unberücksichtigt geblieben, denn es kann sein, daß man einen Grund für eine Handlung hat und diese Handlung auch ausführt, ohne daß dieser Grund derjenige ist, weshalb man die Handlung vollzogen hat. Wesentlich für die Beziehung zwischen einem Grund und einer durch ihn erklärten Handlung ist die Vorstellung, daß der Handelnde die Handlung ausgeführt hat, *weil* er diesen Grund hatte.“[93]

Die Art der Begründung, die nach Davidson diese kausal-rationale Doppelrolle zu spielen imstande, wird durch einen praktischen Syllogismus geliefert, den Davidson in dem Fall, dass er eine wahre Antwort auf eine Warum$_k$-Frage gibt (d. h. dass er nicht nur der Forderung nach Rechtfertigung sondern auch der nach Erklärung nachkommt), den *primären Grund* einer Handlung nennt. Primäre Gründe sind die echten Handlungsgründe, die eine Handlung nicht nur verständlich machen und in einem vernünftigen Rahmen plazieren, sondern wirklich dafür verantwortlich sind, dass sie zustandekommt.

Ein primärer Grund besteht aus einer sog. Proeinstellung und einer passenden Überzeugung, wobei freilich, wie häufig bemerkt wird, der Ausdruck ‚Proeinstellung‘ in einem überaus weiten Sinn verwendet wird. Er umfasst „Wünsche, Begehren, Impulse, Reize“ und außerdem „eine große Vielfalt von moralischen Ansichten, ästhetischen Grundsätzen, ökonomischen Vorurteilen, gesellschaftlichen Konventionen, von öffentlichen und privaten Zielen und Werten“[94], also den gesamten Bereich dessen, was ein Akteur für irgendwie schätzenswert, wertvoll oder erstrebenswert hält, oder noch allgemeiner: „es schwebt ihm [dem Akteur, H. S.] etwas vor, was er fördern oder zustande bringen will.“[95] All das kann als erste Prämisse in einem praktischen Schluss stehen. Im oben genannten Beispiel für einen praktischen Syllogismus hat

---

93 Davidson, Donald, „Handlungen, Gründe und Ursachen“, 28.

94 Davidson, Donald, „Handlungen, Gründe und Ursachen“, 20.

95 Davidson, Donald, „Beabsichtigen“, 125.

Klaus die Proeinstellung, den Stress von der Arbeit zu vergessen. Streng genommen hat er sogar mindestens zwei Proeinstellungen, eine direkte und eine indirekte: die direkte, den Stress von der Arbeit vergessen, und die indirekte, ein Bier zu trinken, die durch die direkte hervorgerufen oder nahegelegt wird. Unter diesen Umständen ist es für Klaus *zweckrational*, ein Bier zu trinken und er hat – wenigstens vorläufig – einen guten Grund, seinem Wunsch Folge zu leisten und die Konklusion des oben konstruierten PS in eine Handlung zu transformieren. Gleichzeitig ist es aber plausibel, und im Kontext alltäglicher Rede mutet dies in keiner Weise paradox an, dass Klaus' zweckrationaler Handlungsgrund auch kausal für seinen Barbesuch verantwortlich war.

Von Davidson kann man lernen, dass man kein zu enges Verständnis von „Zweckrationalität" zugrundelegen sollte: Zwecke sind schlicht das, was jemand *vorhat*, und Mittel sind das, was jemand dafür unternimmt. Im nächsten Abschnitt möchte ich diese These genauer fassen und dafür argumentieren, dass man gezwungen ist, über die traditionelle Auffassung von Zweckrationalität hinauszugehen und den Rahmen einer Konzeption praktischen Schließens ganz verlassen zu müssen.

4 Die elliptische Struktur praktischer Gründe

Der Vorschlag, der bisher zur Diskussion steht, lautet: die formale Struktur einer zweckrationalen, auf die Zuordnung von Mitteln zu Zwecken konzentrierten Überlegung entspricht der eines praktischen Syllogismus. Ein praktischer Syllogismus gibt eine Antwort auf die Frage danach, warum jemand so gehandelt hat, wie er gehandelt hat. Dieser Vorschlag ist auf den ersten Blick zwar plausibel, auf den zweiten Blick aber sieht man, dass er mit einigen unsere sprachlichen Intuitionen betreffenden Einwänden zu kämpfen hat.

Es ist nämlich bemerkenswert, dass wir auf die tagtäglichen Fragen nach unseren Handlungsgründen de facto *niemals* mit einem praktischen Syllogismus – oder, wie man hier schon ergänzen kann: mit einem *vollständigen* praktischen Syllogismus – antworten. Tatsächlich ist es so, dass in fast allen Fällen z. B. die Angabe des Zwecks, den man verfolgt, völlig ausreicht: „– Warum ziehst Du Deine Schuhe an? – Ich will spazieren gehen." Die Behauptung, praktische Syllogismen gäben die Art wieder, in der wir lebensweltlich unsere Handlungen rechtfertigen, führt nicht zu einer präzisierten Darstellung unserer Begründungspraktiken, sondern zu deren Karikatur: „–Warum nimmst Du Dein Portemonnaie mit? –Weil ich noch etwas einkaufen möchte und der Überzeugung bin, dass das Mitführen von Geld ein geeignetes Mittel zu diesem Zweck ist." Davidson drückt diese Einsicht so aus: „Ein primärer Grund besteht aus einer Überzeugung und einer Einstellung, doch im allgemeinen ist es müßig, sie beide zu nennen. Wenn der andere mir sagt, er lasse der Fock Spiel, weil er meint, das werde das Hauptsegel daran hindern, nach hinten wegzuschlagen, dann braucht man mir nicht zu sagen, daß er verhindern will, daß das Hauptsegel nach hintern wegschlägt; und wenn er sagt, er zeige mir einen Vogel, um mich zu kränken, ist es witzlos, hinzuzufügen, daß er mich zu kränken glaubt, indem er mir einen Vogel zeigt."[96] Sowohl P1 als auch P2 sind von Fall zu Fall verzichtbar, weil die Angabe des Mittels oder des Zwecks in der Regel schon ausreicht, um verstanden zu werden.

Eine naheliegende und weitverbreitete Reaktion auf diesen Befund besteht darin, unsere ausdrücklichen Begründungen als die elliptische Version dessen zu verstehen, was wir uns unausgesprochen in vollständiger Form denken. Das würde bedeuten, dass „Weil ich noch etwas einkaufen möchte..." nur deshalb als Handlungsgrund überzeugt, weil der PS von Sprecher und Hörer implizit um die „fehlende" zweite Prämisse ergänzt wird. Die elliptische Struktur praktischer Begründungen wird so zu einem Oberflächenphänomen unserer sprachlichen Praxis erklärt und alle Handlungsbegründungen als vollständige praktische Syllogismen angesehen, deren zweite Prämisse nur nicht genannt wird, weil sie zu trivial ist, weil es (nach Grice's Maxime der Quantität) zuviel Zeit kosten würde etc.

Eine alternative Analyse der elliptischen Struktur praktischer Gründe hat Robert Brandom vorgelegt.[97] Beispiele wie

(1) Ich bin Bankangestellter und gehe zur Arbeit, also werd' ich wohl eine Krawatte tragen.[98]

zeigen, dass praktisches Schließen häufig so funktioniert, dass schon von einer einzelnen doxastischen Prämisse zu einer praktischen Konklusion übergegangen wird. Diese Gepflogenheit lässt sich wie gesagt so verstehen, dass die Anerkennung von (1) die implizite Anerkennung einer unterdrückten Prämisse der Art

(2) Bankangestellte müssen eine Krawatte tragen.

verrät. Diese Deutung ist aber nicht zwingend und leitet sich, so Brandom, aus dem Vorurteil her, dass nur *formal gültige Folgerungen* als gute Folgerungen

---

96 Davidson, Donald, „Handlungen, Gründe und Ursachen", 24.

97 Vgl. Brandom, Robert, *Expressive Vernunft*, 357ff.

98 Die Wendung „werd'" wird von Brandom eingeführt, um den Unterschied zwischen einer Festlegung auf ein Handeln („werd'" im Sinn von „habe vor" oder „mache mich daran") und einer Prognose („werde" wie in „Ich werde wahrscheinlich über 90 Jahre alt") zu markieren.

gelten können. Da (1) keinen formal gültigen Schluss darstellt, muss es also eine unterdrückte Prämisse geben, die (1) bei expliziter Nennung zu einer formal gültigen Inferenz machen *würde*.

Brandoms Strategie ist nun die, anhand von verschiedenen Beispielen die (angeblich) unterdrückte Prämisse auf ein für Handlungen im Allgemeinen relevantes Vokabular zu untersuchen, dem dann eine expressive Funktion zugeordnet wird; dieses Vokabular erweist sich in allen Fällen als ein spezifisch normatives Vokabular. Dazu gehören Wendungen wie „möchte", „sollte", „will", „verpflichtet", „wünsche mir" usw., also das ganze Arsenal an Einstellungen und Wertungen, die Davidson zu den Proeinstellungen rechnet. Normativ ist dieses Vokabular deshalb, weil es die Gemeinsamkeit teilt, sich durch eine andere *direction of fit* als die (doxastische) Überzeugungsprämisse auszuzeichnen[99]:

↑ P1 Bankangestellte müssen eine Krawatte tragen.

↓ P2 Ich bin Bankangestellter und gehe zur Arbeit.

↑ K Also werd' ich eine Krawatte tragen.

P1 und K sagen nicht, was passiert, sondern was passieren soll. Sie können nicht im selben Sinn wie P2 wahr oder falsch sein, weil sich „die Welt" (nämlich die der Bankangestellten und Krawatten) nach ihnen zu richten hat, nicht umgekehrt.

Aus Sicht einer Theorie, die nicht nur formal gültige Inferenzen als solche anerkennt, die überhaupt gültig sind, kann die Schlussfolgerung, die in (1) steckt, als eine *material* richtige Inferenz betrachtet werden. Dementsprechend wäre mit dem Schluss von P2 auf K bereits alles in Ordnung; P1 spielt eine andere Rolle als die einer unterdrückten Prämisse, indem es nämlich die *expressive* Funktion übernimmt, anzuzeigen, dass der Übergang von der deskriptiven Prämisse zur praktischen Konklusion *gebilligt wird*.

Der Begriff einer material richtigen Inferenz wird von Brandom in der Folge von Sellars anhand von Beispielen eingeführt, bei denen die Richtigkeit einer Schlussfolgerung nicht vom enthaltenen logischen Vokabular (wie „und", „nicht", „wenn ... dann", „alle", „einige"), sondern von der Bedeutung der vorkommenden nicht-logischen Ausdrücke abhängt: der Schluss von

99 Die folgende Darstellungsweise übernehme ich von Searle, John, *Rationality in Action*, 243. Searle bezeichnet die beiden möglichen „directions of fit" als „upward" (normativ) und „downward" (deskriptiv); dieser Unterschied in der „Passensrichtung" wird mithilfe der Pfeile illustriert.

(3) „Marburg liegt nördlich von Frankfurt"

auf

(4) „Frankfurt liegt südlich von Marburg"

ist gültig aufgrund der Bedeutung der Ausdrücke „südlich" und „nördlich". Es ist nicht notwendig, diese Folgerung nur deshalb als akzeptabel anzusehen, weil man eine unterdrückte Prämisse annimmt (etwa die konditionale Prämisse „Wenn a südlich von b liegt, dann liegt b nördlich von a"). Das Konditional übernimmt vielmehr die Funktion, die implizite Richtigkeit der Nord-Süd-Inferenz *explizit* zu machen.

Nach Brandom liegt in (1) ein analoger Fall vor. Das normative Vokabular wie „sollte", „bezwecke" oder „wünsche" erlaubt es, etwas in eine explizit sprachliche Form zu gießen, was ansonsten nur schweigend gebilligt oder nicht gebilligt werden könnte. Und so wie das Konditional, das die inferentielle Artikulation von „südlich von" und „nördlich von" explizit macht, macht die normative Aussage darüber, was Bankangestellte zu tun angehalten sind, die Erlaubnis, von P2 zu K überzugehen, explizit und mithin diskursiv verhandelbar. Dieses Modell liefert eine überzeugende Interpretation der elliptischen Struktur praktischer Begründungen, ohne die Konzeption praktischen Schließens ganz aufgeben zu müssen. Außerdem zeigt es, dass die normative Prämisse in einem praktischen Schluss nicht notwendigerweise von einem Satz ausgefüllt werden muss, der bloß Neigungen, desires o. ä. enthält. Es reicht aus, wenn irgend eine normative (↑ P) Komponente im Spiel ist.

5 Die Fähigkeit der Zweckrationalität

Die Fähigkeit praktischen Schließens ist die Kernkompetenz, die Wesen, die über instrumentelle Vernunft verfügen, von Wesen unterscheidet, für die das nicht gilt. Instrumentelle Vernunft oder Zweckrationalität kann man ganz allgemein als die Fähigkeit auffassen, die Mittel, die von einer normativen Einstellung (Zwecksetzungen, Normen, Wertungen, Absichten, Wünsche) vorgegeben werden, rational zu wählen. Unter diese Definition fallen das Tragen von Krawatten relativ zu der Kleiderordnung, die für Bankangestellte gilt, das Aufspannen eines Schirms relativ zu dem Wunsch, trocken zu bleiben, die Benutzung einer Bohrmaschine relativ zu dem Zweck, ein Regal aufzuhängen usw.

Die Fähigkeit der Zweckrationalität verlangt vier elementare Grundfähigkeiten, nämlich:

1. die Fähigkeit, normative Einstellungen mit world-to-word direction of fit zu haben, z. B. Zwecke. Hierzu gehört letztlich auch die Fähigkeit, zwischen zwei unvereinbaren Zielen das „wertvollere" zu wählen (Webers „Abwägung zwischen konkurrierenden Zwecken").

2. die Fähigkeit, doxastische Einstellungen mit word-to-world direction of fit zu haben (etwa Überzeugungen, Meinungen etc.).

3. die Fähigkeit, die relativ zur normativen Einstellung *richtige* Zuordnung der Mittelüberzeugung vorzunehmen. Diese Fähigkeit verlangt Urteilskraft und Erfahrung, da sie vom Besitz empirisch orientierten Wissens über „die Welt" abhängt. Ohne ein solches Wissen ist kein erfolgreiches Handeln (d. h. ein Handeln, das zur tatsächlichen Realisierung des verfolgten Zwecks führt) möglich. Hierzu gehört auch die Fähigkeit, konkurrierende Mittel gegeneinander abzuwägen und sich für das bessere zu entscheiden. Es gibt in den allermeisten Fällen mehr als ein Mittel, um einen Zweck zu erreichen; so kann man sowohl mit dem Auto als auch mit dem Fahrrad zur Uni fahren und sich, je nach dem, was schneller geht, gesünder oder ökologisch sinnvoller ist, für das eine oder andere entscheiden. Unter 3. Fällt auch, wie Weber betont, die Fähigkeit, die wahrscheinlich eintretenden Nebenfolgen des eigenen Handelns – so weit diese überblickt werden können – in seine Überlegungen mit einzubeziehen. Dies ist vor allem dann wichtig, wenn gilt, dass das Eintreten bestimmter Nebenfolgen andere, womöglich stärker präferierte Zwecke vereiteln würde. In diesem Fall ist es irrational, das Mittel zu wählen, das zu jenen unerwünschten Nebenfolgen führen würde. Es mag sein, dass ich den Wunsch habe, dass es etwas mehr Sitzplätze für alte Menschen in der U-Bahn gäbe und die Überzeugung, dass es ein geeignetes Mittel wäre, eine hinreichend große Menge von Passagieren zu töten. Da ich nicht nur eine, sondern mehrere normative Einstellungen gleichzeitig haben kann, werde ich mich (sofern ich diese Überlegung überhaupt vollziehen sollte) gleichwohl gegen die Verwendung jenes radikalen Mitels entscheiden, weil ich es für falsch halte, so etwas zu tun, nicht verurteilt und eingesperrt werden möchte usw.

4. die Fähigkeit, Taten folgen zu lassen. In Brandoms Sprache: Handeln können „hängt von verläßlichen Dispositionen ab, unterscheidend auf das Anerkennen bestimmter Arten von Festlegungen zu reagieren, also auf die Übernahme deontischer Einstellungen und die daraus folgende Veränderung des Kontostandes, indem die verschiedensten Sachverhalte herbeigeführt wer-

den."[100] Einfacher ausgedrückt: „Ein kompetenter Akteur reagiert unter geeigneten Umständen auf das Eingehen der Festlegung, den Lichtschalter zu betätigen, mit dem Betätigen des Lichtschalters."[101] Wer seine dunkle Wohnung betritt und die entsprechende Überzeugung erwirbt, ist auf das Betätigen des Lichtschalters festgelegt und wird auf diese Festlegung mit den entsprechenden Handlungen reagieren. Wer diese Festlegung nicht anerkennt, kann sich der expressiven Ressourcen des normativen Vokabulars bedienen, das zur Verfügung steht. In diesem Fall kann die Folgerung von „Es ist dunkel" auf „Ich werd' das Licht anmachen" mithilfe des Satzes „Ich mag es lieber dunkel" oder „Es sollte dunkel bleiben" usw. explizit bestritten werden.

6 Gründe als Tatsachen?

Die These, dass sich praktische Vernunft in instrumenteller Rationalität erschöpft, entstammt dem Humeschen Paradigma praktischer Vernunft, das von vielen als die philosophische „Standardtheorie"[102] praktischer Rationalität betrachtet wird. Für dieses Paradigma ist eine Auffassung praktischer Gründe konstitutiv, die Searle so zusammenfasst: „Actions, where rational, are caused by beliefs and desires."[103] Dass Handlungen von „Überzeugungen" und „Wünschen" verursacht werden, reicht freilich nicht aus, um eine bloß psychologische These über die tatsächliche Motivation menschlichen (oder, in diesem Fall, vielleicht sogar tierischen) Handelns von einer These darüber, was ein Handeln rational macht, zu unterscheiden. Searle ergänzt deshalb: „Beliefs and desires function both as causes and as reasons for our actions, and rationality is largely a matter of coordinating beliefs and desires so that they cause actions ‚in the right way'." Grob und in aller Kürze gesprochen entspricht dies dem Begriff von Zweckrationalität, den ich weiter oben versucht habe zu entwickeln.

Jonathan Dancy bezeichnet die zentrale These der Standardtheorie als ‚DBR thesis' und charakterisiert diese so: „If its being the case that *p* is a good reason for *A* to ϕ, this is because there is some *e* such that *A* actually desires *e* and, given that *p*, ϕ- ing subserves the prospect of *e*'s being realized (or continuing to be realized)."[104] Ein naheliegendes Argument gegen die ‚DBR thesis' ist das, was Dancy das „Simple Argument" nennt. Es verweist auf die schlichte Tatsache, dass häufig absurde, dumme oder einfach nicht sehr ver-

---

100 Brandom, Robert, *Begründen und Begreifen*, 110.

101 Brandom, Robert, *Expressive Vernunft*, 346.

102 Vgl. Nida-Rümelin, Julian, *Strukturelle Rationalität* und Searle, John, *Rationality in Action.*

103 Searle, John, *Rationality in Action*, 8.

104 Dancy, Jonathan, *Practical Reality*, 28.

nünftige Handlungen von ‚desires' nahegelegt werden. Das ‚Simple Argument' lautet entsprechend: „A desire to ϕ cannot itself give us any reason to ϕ . For if ϕ –ing is silly or even just not very sensible, wanting to ϕ does not make it less silly or a bit more sensible."[105] Das Gegenteil scheint sogar richtig zu sein: „In general only irrational and nonrational actions are caused by beliefs and desires."[106] Searle illustriert dies am Beispiel einer Person, die in einem Reastaurant nach ihrer Bestellung gefragt wird und darauf – als Anhänger der ‚DBR thesis' – wie folgt antwortet: „Look, I am a determinist, che sarà, sarà. I will just wait and see what I order! I will wait to see what my beliefs and desires cause."[107] Man könnte dies die *che sarà, sarà-Theorie praktischer Rationalität* nennen.

Auf diese beiden Einwände kann man zunächst zwei Gegeneinwände formulieren.

1. Das ‚Simple Argument' setzt ein Kriterium dafür voraus, was als „silly" oder „just not very sensible" zu zählen hat. Humesche und Neohumesche Theorien praktischer Rationalität haben aber stark revisionäre Implikationen und beanspruchen zu zeigen, dass es eben nicht so einfach ist und dass der *common sense* häufig unrecht damit hat, ein Verhalten als „silly" oder gar irrational anzusehen. Nach Hume ist das in den meisten Fällen eben gerade keine Frage, auf die man von der Vernunft eine Antwort erwarten dürfte. Antworten können hier nur unsere eigenen jeweiligen Wünsche und Neigungen, und die sind kontingent. Wir sind im Irrtum, wenn wir glauben, dass es objektive Kriterien für praktische ‚sillyness' gibt, und darüber versucht Hume uns aufzuklären.

2. Searle vertritt eine nicht sehr wohlwollende Lesart der desire/belief-Theorie. Denn wenn man dasselbe Beispiel, das er benutzt, nur geringfügig anders beschreibt, wirkt es überhaupt nicht mehr so absurd wie in seiner eigenen Version, dass der Akteur sich auf der Basis von *beliefs* und *desires* entscheidet. Die Person, die im Restaurant sitzt, und überlegt, was sie bestellen soll, wird nämlich sehr wohl überlegen, was sie zu essen *wünscht* und dann, wenn sie zu einer Entscheidung gekommen ist, das nach Auffassung ihrer *Überzeugungen* hier angebrachte Mittel wählen (nämlich bestellen), um ihren Wunsch Wirklichkeit werden zu lassen.

Primär geht es mir aber, da ich selber nicht für eine belief/desire-Theorie plädiere, nicht darum, diese Theorie in Schutz zu nehmen. Mir geht es vielmehr darum, die Motivation dafür aufzuzeigen, nach einer radikal anderen Konzeption von Handlungsgründen zu suchen. In jüngerer Zeit haben dies Rüdiger

---

105 Dancy, Jonathan, *Practical Reality*, 32.

106 Searle, John, *Rationality in Action*, 12.

107 Searle, John, *Rationality in Action*, 14.

Bittner und Jonathan Dancy versucht, die beide für eine externe, „weltliche" (Bittner) Konzeption praktischer Gründe eintreten.

Beispiel (1), in dem aus „Ich bin Bankangestellter und gehe zur Arbeit" *direkt* auf „Also werd' ich eine Krawatte tragen" geschlossen wird, zeigt, dass die Prämisse einer praktischer Begründung häufig nicht mal in der Nennung eines Zwecks, sondern in der bloßen Feststellung einer Tatsache besteht. Bittner gibt eine Fülle von Beispielen, die die Vielfalt von Gründen, aus denen Handelnde etwas tun, demonstrieren sollen:

- Helmut stellt die Mülltonne raus, weil es Mittwoch ist.

- Danke, ich esse kein Fleisch.

- Arnold war in großer Form, und so blieb ich länger.[108]

Strittig ist nun, wie die Tatsache, dass lebensweltlich Handlungsbegründungen im Gewand von Tatsachenfeststellungen auftreten, zu interpretieren ist und wie man sich demnach ein Handeln „aus Gründen" vorzustellen hat: „We normally try to explain an action by showing that it was done for good reason, or at least for what might reasonably have been thought to be a good reason at the time. But psychological states of the agent are the wrong sorts of things to be good reasons."[109] Die weithin geteilte „psychologistische" These, die hier angegriffen wird, speist sich aus der Voraussetzung, dass Gründe *Prämissen* in *Begründungen* sein können müssen, und diese müssen propositional, mithin sprachlich strukturiert sein, was für externe Zustände „in der Welt" nicht gilt. Trotzdem behauptet Dancy, „that intuitively it seems to be not so much propositions as states of affairs that are our good reasons. It is her being ill that gives me reason to send for the doctor, and this is a state of affairs, something that is part of the world, not a proposition."[110] Wünsche und Überzeugungen dagegen sind propositionale Einstellungen, deren Gehalt sich in einem „dass"-Satz wiedergeben lässt. Bittner zieht daraus die Konsequenz, Gründe als Zustände, Ereignisse oder Tatsachen zu betrachten, auf die Handlungen eine Reaktion (response) sind.

Da ich aus Platzgründen nicht in aller Ausführlichkeit auf diese These eingehen kann, will ich drei mögliche Gegenargumente präsentieren, die zuungunsten einer externen Konzeption von Handlungsgründen dafür sprechen, ein Handeln aus Gründen nach dem weiter oben vorgestellten Modell zu analysieren.

---

108 Vgl. Bittner, Rüdiger, *Doing Things for Reasons*, § 5.

109 Dancy, Jonathan, *Practical Reality*, 106.

110 Dancy, Jonathan, *Practical Reality*, 114.

1. Wie gesagt treten praktische Schlüsse häufig in elliptischer Form auf: eine Prämisse wird meistens weggelassen. Diesen alltagssprachlichen Befund machen sich die Vertreter einer externen Konzeption von Gründen zunutze. Die Antwort auf die Frage: „Warum packst du Geschenke ein?" lautet z. B. „Weil bald Weihnachten ist", und dies ist ein „state of affairs", kein „belief". Im Gegenteil: es gibt zwar auch Fälle, in denen ein *belief* ein echter Handlungsgrund ist, etwa dann, wenn jemandem eine psychiatrische Behandlung anempfohlen wird, weil er *glaubt*, von Außerirdischen entführt worden zu sein. Hier ist ein Glaube gleichzeitig auch ein Grund, aber dies sind Ausnahmen.

Was aber passiert, wenn die Antwort „Weil bald Weihnachten ist" dem Fragenden „nichts sagt", z. B. weil er aus einer anderen Kultur stammt und einfach nicht weiß, was Weihnachten ist und was zu dieser Zeit üblich ist? In diesem Fall kann es durchaus nötig sein, eine vertiefte Handlungsbegründung zu geben, bei der die vormals elliptische Form des Grundes vervollständigt wird. Die Frage: „Warum verhalten sich die Mitglieder dieses zentralaustralischen Stammes so und so?"[111] ist mit „Weil bald die trockene Jahreszeit beginnt" für viele Fragende einfach unzureichend beantwortet. Wer nicht weiß, was das für die Stammesmitglieder bedeutet, wird nicht sehen, inwiefern das eine ein Grund für das andere sein kann. Eine gute Antwort müsste sich auf die religiösen Überzeugungen, die für die Arunta mit dem *intichiuma*-Fest verbunden sind, stützen, erklären, welche Praxis welchen Zweck, welche Zeremonie welchen Sinn und welches rituelle Verbot welche Tradition hat. Diese *hermeneutische Dimension* von Handlungsbegründungen kann die Gründe-als-Tatsachen-Theorie nicht integrieren. Anders gesagt: „wenn wir fragen, warum jemand in bestimmter Weise gehandelt hat, verlangen wir eine bestimmte Interpretation. Sein Verhalten erscheint seltsam, fremdartig, übertrieben, witzlos, untypisch, zusammenhanglos, oder womöglich können wir noch nicht einmal eine Handlung darin erkennen. Wenn wir einen Grund erfahren, verfügen wir über eine Interpretation, eine Neubeschreibung seines Tuns, wodurch es in ein vertrautes Bild eingefügt wird."[112]

2. Um seine These, das Gründe „states of affairs" sind, zu illustrieren, gibt Dancy das oben zitierte Beispiel eines Vaters, der den Arzt kommen lässt, weil seine Tochter krank ist. Das Beispiel soll zeigen, dass der Grund, den der Vater für sein Handeln hat, eben die *Tatsache* ist, dass seine Tochter krank ist. Angenommen jedoch, seine Tochter ist gar nicht wirklich krank, sondern gibt nur vor, krank zu sein, etwa weil sie einer drohenden Klausur ausweichen will, von der sie eine schlechte Note zu erwarten hat. In diesem Fall müsste man konsequenter Weise sagen, dass der Vater *keinen Grund* für sein Handeln hatte (denn der relevante Sachverhalt bestand ja nicht, war also keine Tatsache). Der Vater *glaubte* nur, einen Grund zu haben, aber: zu glauben, dass man ei-

---

111 Vgl. Durkheim, Emile, *Die elementaren Formen des religiösen Lebens*, 441ff.

112 Davidson, Donald, „Handlungen, Gründe und Ursachen", 28.

nen Grund hat, und wirklich einen Grund zu haben, sind zwei verschiedene Dinge. Bittner ist ausdrücklich bereit, diese Konsequenz zu ziehen: „Wenn es kein aufziehendes Gewitter gibt, das ein Grund sein könnte, aus dem er zu dem Haus hinaufgeht, und wenn die Meinung, ein Gewitter ziehe auf, auch nicht ein solcher Grund ist, scheint der Schluß unvermeidlich, dass es keinen Grund gibt, aus dem Heinrich zu dem Haus auf dem Hügel hinaufgeht."[113] In vergleichbaren Situationen – und diese tauchen tagtäglich auf – ist das, was eine Person tut, entweder a) kein Handeln (denn „Handeln" heißt, etwas aus einem Grund zu tun) oder b) einfach irrational. Es ist aber hochgradig kontraintuitiv, das Verhalten des besorgten Vaters als irrational zu bezeichnen, nur weil er sich von seiner schauspielerisch talentierten Tochter hat täuschen lassen.

3. Entgegen dem eigenen Anspruch kommt auch die Theorie, die Gründe als Tatsachen begreifen möchte, nicht ohne mentale Zustände aus. Diese müssen nämlich berücksichtigt werden, wenn es darum geht zu erklären, was eine Tatsache zu einem Handlungsgrund macht und eine andere nicht: „Zustände oder Ereignisse verdanken also ihre Stellung als Gründe, aus denen jemand etwas tut, Zügen des jeweiligen Handelnden, also etwa daß er dieses will und jenes weiß."[114] Dass heute der 23. Dezember ist, ist für mich einfach kein Grund, Geschenke einzupacken, wenn ich nicht weiß, dass heute der 23. Dezember ist, wenn ich meinen Kindern, meinem Partner und meiner Mutter eine Freude machen möchte, wenn ich die Tradition, Weihnachten zu feiern, nicht für wertvoll halte usw.

Es gibt noch einen weiteren Grund dafür, warum die Begründung von Wünschen, Zwecken oder Zielen das eigentlich interessante Thema in der Theorie praktischer Rationalität ist. Ein Wesen, dessen Repertoire an propositionalen Einstellungen so dürftig ist, dass es nur über *Überzeugungen* verfügt, wäre ein Wesen, das einfach nicht handeln könnte. Wahrscheinlich würde ein solches Wesen den Begriff „Handeln" noch nicht einmal verstehen. (Vielleicht würde ein Pragmatist sogar einwenden, dass ein Wesen, das nicht Handeln kann, noch nicht mal über Überzeugungen verfügen kann.)

Gleichwohl ist es empfehlenswert, das zentrale Problem praktischer Vernunft nicht auf die Begründung von *Wünschen* einzuschränken. Man kann – und man sollte – den Unterschied zwischen bloßen Überzeugungen, die Wahrheitsbedingungen haben, und dem, was ein Wesen zum Handeln befähigt, abstrakter fassen, indem man auf den Unterschied in der jeweiligen „Passensrichtung" (*direction of fit*) hinweist. Überzeugungen, Meinungen, Glauben, Wissen usw. haben eine *downward direction of fit*, Wünsche, Zwecke, Ziele, Normen und Werte eine *upward direction of fit*. (Ersteres wird häufig auch *word-to world direction of fit*, Letzteres entsprechend *world-to-word direction of fit* genannt: Überzeugungen

---

113 Bittner, Rüdiger, *Doing Things for Reasons*, §201.

114 Bittner, Rüdiger, *Doing Things for Reasons*, §191.

haben sich nach der Welt, die Welt aber hat sich nach unseren Zwecken und Wünschen zu richten.) Was Ziele, Normen usw. miteinander teilen ist einfach die Eigenschaft, normativ zu sein, d. h. die Unterscheidung von „richtig" und „falsch" (im Unterschied zu „wahr" und „falsch") anwendbar zu machen. In der Theorie praktischer Rationalität geht es um die Begründung all dessen, was zu diesem Reich des Normativen gehört, einem Reich, das seinerseits eine Provinz des Raums der Gründe ist.

7 Zwecke und Nebenfolgen

Jede Handlung hat Folgen. Da man nicht den Fehler machen sollte, Handlungen mit Körperbewegungen zu identifizieren, gilt das auch für Unterlassungshandlungen. Sowohl deren lebensweltliche als auch juristische Beurteilung zeigen, dass Folgen einer unterlassenen Handlung häufig von höchster Wichtigkeit sind. Das ändert nichts daran, dass die Standardfälle von Handlungen in der Regel mit Körperbewegungen verbunden sind; die zentralsten und ersten Handlungsprädikate werden am Beispiel elementarer poietischer Handlungen eingeübt und dann Schritt für Schritt um komplexere Beschreibungsmittel erweitert.

Ich betrachte die These, dass Handlungen Folgen haben, als analytisch wahr. Das bedeutet, dass diese These keine empirischen Gegenbeispiele zulässt. Wenn sich eine Handlung H und eine Handlung Nicht-H in ihren Folgen in keiner Weise unterschieden *hätten*, dann wäre es entweder *dieselbe* oder *gar keine* Handlung.

Nicht alle Handlungsfolgen sind dem Akteur bewusst und häufig wissen wir nicht genau, welche Folgen unser Handeln haben wird. Innerhalb der nicht epistemisch zugänglichen Handlungsfolgen kann man zwischen zwei Klassen unterscheiden: unbeabsichtigten und unantizipierten Nebenfolgen.

Der Entdecker des ersten industriell herstellbaren Kunststoffs Bakelit konnte nicht ahnen, welche Folgen seine Zufallsentdeckung haben würde. Das Resultat seiner experimentellen Tätigkeit war vielleicht höchst willkommen, aber trotzdem unantizipiert. Handlungsfolgen, die bloß unbeabsichtigt sind, können dem Handelnden als ein erwartbarer Effekt seiner Handlung durchaus bewusst sein. Wer mit dem Auto zur Arbeit fährt, mag sich im Klaren darüber sein, dass er damit Einfluss auf die Atmosphäre und den Inhalt seines Portemonnaies nimmt, auch wenn er dies nicht direkt beabsichtigt. Wenn es eine Möglichkeit gäbe, die gleichen beabsichtigten Folgen ohne jene unbeabsichtigten Folgen herbeizuführen, würde er sie wahrscheinlich wählen.

Aus dieser Einsicht hat Niklas Luhmann eine allgemeine und tiefgehende Kritik an der handlungstheoretischen Fruchtbarkeit des Begriffs der Zweckrationalität entwickelt, die ihn schließlich zu einer noch allgemeineren und noch tiefergehenden Kritik an der Fruchtbarkeit handlungstheoretischer Überlegungen selbst geführt hat.

Eines der zentralen Schlagworte Luhmanns ist ‚Reduktion von Komplexität'.[115] Damit ist die theoriestrategische Entscheidung verbunden, das gesamte traditionelle Handlungstheoretische Vokabular auf seine Funktion für diese Komplexitätsreduktion hin abzuklopfen. Was Komplexität handlungstheoretisch bedeutet, kann man sich intuitiv klar machen: in jeder gegebenen Situation stehen jedem beliebigen Akteur prinzipiell unendlich viele Handlungsmöglichkeiten zur Verfügung. Diese Konfrontation mit der Komplexität „der Welt" würde zu einer unerträglichen kognitiven Überforderung führen, wenn Akteure nicht Mechanismen entwickelt hätten – Routinen und Gewohnheiten, Wertorientierungen, selektive Wahrnehmung – die es ihnen ermöglichen, den unabschließbaren Horizont prinzipiell offenstehender Alternativen zu einem handhabbaren Feld faktisch relevanter Handlungsoptionen schrumpfen zu lassen. Es ist für endliche Wesen schlicht unmöglich, praktische Überlegungen auf der Basis einer Abwägung zwischen *allen* möglichen Alternativen anzustellen.

Das Gleiche gilt für Handlungsfolgen, die sich kausal verzweigen und sich nicht einmal annähernd in vollem Umfang epistemisch zugänglich machen lassen. Sofern vorangegangene zweckrationale Handlungen die erfahrungsmäßige Grundlage für die Wahl späterer Handlungsmöglichkeiten und die tatsächlich eintretenden Folgen einer Handlung die Grundlage für deren Beurteilung sein soll, bedarf es auch einer Reduktion von Komplexität, die nach Luhmann der Zweckbegriff leistet: „Der Zweckbegriff bezeichnet diejenige Wirkung bzw. den Komplex von Wirkungen, die das Handeln rechtfertigen sollen, also stets nur einen Ausschnitt aus dem Gesamtkomplex der Wirkungen."[116] Bestimmte Folgen als Zwecke auszuzeichnen und bestimmte andere als vernachlässigbare Nebenfolgen einzustufen bedeutet, einen Ausschnitt aus dem Gesamt faktischer Folgen zu *rechtfertigen*; diese Rechtfertigung strahlt auf die Ausführung der Handlung und den Akteur selbst zurück: „Die Zwecksetzung besagt, daß der Wert der bezweckten Wirkungen ungeachtet der Werte oder Unwerte der Nebenwirkungen bzw. der aufgegebenen Wirkungen anderer Handlungen zu begründen vermag. Der Mittelbegriff erfaßt dieselbe Wertrelation von der anderen Seite der benachteiligten Werte aus. Er geht von den Ursachen aus, die zum Erreichen einer bezweckten Wirkung geeignet sind, und besagt, daß die Wertimplikationen der Folgen dieser Ursachen außerhalb

---

115 Auf diesen schwierigen Begriff und seine Rolle in Luhmanns Werk wird hier nicht eingegangen.

116 Luhmann, Niklas, *Zweckbegriff und Systemrationalität*, 44. Zu diesem „Scheuklappeneffekt" des zweckrationalen Vokabulars vgl. Hesse, Heidrun, *Ordnung und Kontingenz*.

des Zwecks vernachlässigt werden dürfen."[117] Zwecke üben eine legitimierende Wirkung auf beabsichtigte Folgen aus.

Aus all dem folgt freilich nicht, dass der Begriff zweckrationalen Handelns völlig unbrauchbar wäre. Es mag zwar sein, dass die makrosoziologische Erklärungskraft eines strikt handlungstheoretischen Vokabulars begrenzt ist; das bedeutet aber nicht, dass dieses Vokabular im Ganzen ad acta gelegt werden muss. Für die Analyse der Rationalität individueller Akteure ist das Konzept instrumenteller Rationalität nach wie vor unverzichtbar.

8 Zweckrationalität – Ergebnisse

Dieses Kapitel diente dem Ziel, die handlungs- und rationalitätstheoretische Überzeugungskraft des klassischen, von Max Weber geprägten Begriffs der Zweckrationalität zu überprüfen. Dabei stellte sich heraus, dass die klassische Analyse dieses Begriffs mithilfe des praktischen Syllogismus, wie sie von Georg Henrik von Wright und Donald Davidson vorgenommen wurde, zwar revisionsbedürftig, aber nach wie vor maßgebend ist. Mit Brandoms Analyse der Struktur praktischer Begründungen lässt sich das Konzept praktischen Schließens so verbessern, dass es gegen die Einwände der Vertreter einer Theorie externer Gründe, die Handlungsgründe als Tatsachen verstehen, in Schutz genommen werden kann. Die Anwendbarkeit auf größere soziale Zusammenhänge ist zwar, wie Luhmann mit Einschränkungen gezeigt hat, nicht immer sinnvoll. Für die Handlungsrationalität individueller Akteure stellt es dennoch das angemessene Modell dar.

Das folgende Kapitel ist der Frage gewidmet, was die These (KIV) (3) motiviert. Dabei stellt sich heraus, das praktische Begründungen mit einem „Regressproblem praktischer Rationalität" konfrontiert sind, das Zweifel an der Existenz einer genuin praktischen Vernunft aufkommen lässt. Auf diesen „inhaltlichen Skeptizismus bezüglich praktischer Vernunft" (Korsgaard) soll dann in Kapitel IV eine angemessene Reaktion entwickelt werden.

---

117 Luhmann, Niklas, *Zweckbegriff und Systemrationalität*, 44.

III Das Regressproblem praktischer Rationalität

1 Das Humesche Problem

Ich erinnere kurz an das Schema des praktischen Syllogismus, wie es im vorangehenden Kapitel in modifizierter Form verteidigt wurde:

(PS)

P1 Person P hat Zweck Z

P2 P hält Handlung H für ein Mittel, Z zu erreichen

K P tut H

Das Beispiel, das ich dort verwendet habe, war:

(PS')

P1 Klaus (P) möchte den Stress von der Arbeit vergessen (Z)

P2 Klaus glaubt, dass es ein angemessenes Mittel
zu diesem Zweck ist, dieses Bier B zu trinken (H)

K Klaus trinkt B

Praktische Syllogismen bestehen wie gesehen aus drei Elementen. Erstens, einer *konativen* Prämisse (P1), die den angestrebten Zweck, die verfolgte Absicht oder den zu erfüllenden Wunsch angibt, zweitens, einer *deskriptive* Prämisse, die mithilfe einer deskriptiven Überzeugung das zu ergreifende Mittel zum in der ersten Prämisse angegebenen Zweck spezifiziert und schließlich drittens, der praktischen Konklusion. Das Problem, das daraus resultiert, bezeichne ich als „Humesches Problem":

(HP)

Wie lässt sich die konative Prämisse eines praktischen Syllogismus begründen? Und lässt sie sich *überhaupt* begründen?

Sollte die zweite Frage verneinend beantwortet werden, findet man sich auf der Seite David Humes wieder, der in besonders illustrativer und provokativer Weise die Konsequenzen aus dieser These zu ziehen bereit war. Nach Hume gilt: „'Tis not contrary to reason to prefer the destruction of the whole world to the scratching of my finger. 'Tis not contrary to reason for me to chuse my total ruin, to prevent the least uneasiness of an Indian or person wholly unknown to me". Hier kommt es vor allem auf den Zusatz „not contrary to *reason*" an. Es ist auch nach Hume natürlich nicht *gleichgültig*, ob man sich am Finger verletzt oder ob die ganze Welt zugrunde geht. Die Pointe seiner These ist nur, dass es keine *rationalen* Kriterien dafür gibt, warum man das eine dem anderen vorziehen sollte. Es bleibt eine Frage von ihrerseits nicht rational einholbaren Wünsche und Zwecksetzungen, welchen Zustand man zuungunsten des anderen bevorzugt.

2 Das Giftmischer-Problem

Ein guter Teil der modernen Moralphilosophie kann als der Versuch angesehen werden, das Humesche Problem zu lösen und eine bejahende Antwort auf die darin enthaltene Frage nach der Begründbarkeit von Zwecksetzungen zu geben. So lässt sich z. B. die praktische Philosophie Kants grundsätzlich als ein Projekt charakterisieren, das zeigen soll, dass es eine Vernunft jenseits derjenigen Humes gibt, die sich in ihrer Rolle als „slave of the passions" erschöpft.

Theorien praktischer Rationalität im allgemeinen und die Kants im besonderen beschäftigen sich mit dem Problem der Begründung oder auch der Rationalität von Handlungen. Dies ist der allgemeinere, noch nicht moralisch konnotierte Sinn der kantischen Frage „Was soll ich tun?". Nach Kant, der sich hier mit Hume völlig einig ist, haben viele Handlungsbegründungen eine Wenn-dann-Struktur. Diese Struktur macht Kant an folgendem berühmten Beispiel klar: „Die Vorschriften für den Arzt, um seinen Mann auf gründliche Art gesund zu machen, und für einen Giftmischer, um ihn sicher zu töten, sind insofern von gleichem Wert, als eine jede dazu dient, ihre Absicht vollkommen zu bewirken"[118]. Sowohl der Arzt als auch der Giftmischer befolgen in ihrem Handeln auf empirisches Wissen gestützte, gleichsam technische Regeln, die als solche – noch unabhängig von der Frage, wozu sie eingesetzt werden – von gleichem Wert sind. Beide handeln – das wird schwer zu leugnen sein – in einem bestimmten Sinn *rational.*

Eine wichtige Aufgabe praktischer Rationalität, die diese für unser aller tägliches Leben zu erfüllen hat, besteht demnach darin, *hypothetische Imperative* zu formulieren. Hypothetische Imperative sind Handlungsregeln in Wenn-dann-Form, deren Antecedens einen vorausgesetzten Zweck Z und deren Konsequenz die Vorschrift enthält, die geeignete Handlung H relativ zu Z auszuführen: *wenn* Du Z willst, *dann* tue H.

---

118 Kant, Immanuel, *Grundlegung zur Metaphysik der Sitten*, 415.

In Anlehnung an dieses Beispiel kann man das Humesche Problem deshalb auch als „Giftmischer-Problem" bezeichnen:

(GP)

Erschöpft sich praktische Rationalität in der Zuordnung von H zu Z (bei beliebigem Z)?

Die daran anschließende und von der Formulierung in GP schon suggerierte Frage wäre dann, ob nicht doch rationale Kriterien zur Verfügung stehen, um zwischen verschiedenen, womöglich sogar konfligierenden Zwecken zu wählen, oder um bei Kants Beispiel zu bleiben: ob es eine vernünftige Möglichkeit gibt, zu entscheiden, ob man lieber Arzt oder Giftmischer sein möchte.

Kant hält diese Form hypothetisch-praktischer Rationalität für selbstverständlich und wendet nicht viel Mühe auf, um zu begründen, dass es sie wirklich gibt. Gleichzeitig ist Kant aber einer der prominentesten Vertreter der These, dass unsere praktische Vernunft sich nicht in der Formulierung konditionaler Handlungsanweisungen erschöpft. Man sieht aber an dem Begründungsaufwand, den Kant auf sich zu nehmen hat, um dieses stärkere Zutrauen in unsere praktische Vernunft zu begründen, dass dieser zusätzliche Typus praktischer Rationalität, um den es ihm geht, nicht so unangefochten dasteht wie jener erste.

Von welcher Art die praktische Rationalität, oder, um noch kantischer zu sprechen, die praktische Vernunft sein muss, die den Bereich unseres praktischen Vernunftvermögens um den wesentlichen Teil ergänzt, ist offensichtlich; es ist schlicht die Form praktischer Rationalität, die nicht nur *hypothetische*, d. h. nicht bloß relativ zu einem vorausgesetzten Handlungszweck gültige, sondern *un*bedingte Handlungsanweisungen geben kann. Diese Handlungsanweisungen nennt Kant *kategorisch*.

3 Drei Dimensionen praktischer Vernunft

Theorien praktischer Rationalität fragen danach, wie Handlungen und Gründe zusammenhängen. Diese Formulierung ist freilich sehr allgemein; etwas präzisieren lässt sie sich dadurch, dass man verschiedene Aspekte von Handlungen analytisch auseinanderhält und dann danach fragt, welche dieser Aspekte rationalisierungsfähig sind und welche nicht.

Da jede Handlung an die Existenz eines handelnden Akteurs gebunden ist und man diesen deshalb zunächst unerwähnt lassen kann, schlage ich für den Anfang vor, fünf Handlungsaspekte zu unterscheiden[119]:

1. Bedingungen

Jeder Akteur handelt unter konkreten Bedingungen, die nicht zu seiner Disposition stehen. Dazu gehören die Zeit und der Ort der Geburt einer Person, sich daraus ergebende sozialisatorische Einflüsse, ihre natürliche und kulturelle Umgebung und überhaupt alle äußeren Umstände, die ggf. Einfluss auf das Handeln haben können.

2. Mittel

Ein Teil dieser Handlungsbedingungen kann vom Akteur beeinflusst, modifiziert, ausgewählt oder verändert werden und als Handlungsmittel dienen. Zu den Handlungsmitteln gehören gekaufte Fahrkarten ebenso wie alle Arten von Werkzeugen und auch isolierte Einzelhandlungen selbst. So ist der Gang zum Supermarkt ein Mittel relativ zum Zweck, sich sein Abendessen zuzubereiten usw.

3. Zwecke

Handelnde Personen handeln aus bestimmten Bedingungen heraus, aus denen sie Mittel wählen, um bestimmte Zwecke zu erreichen. Zwecke sind im Allgemeinen Sachverhalte, die herbeigeführt oder aufrechterhalten werden sollen.[120] Es ist nicht ganz klar, welchen Status diese These hat, vieles spricht aber dafür, dass es sich um eine begriffliche These handelt: wo sich keine Antwort auf die Frage nach einem verfolgten Zweck geben lässt, ist es fraglich, ob ein gegebenes Verhalten oder ein Ereignis überhaupt als Handlung angesehen werden kann. Streng genommen gibt es also kein vollständig nichtteleologisches Handeln.[121]

---

119 Im Folgenden orientiere ich mich an Talcott Parsons' „action frame of reference", vgl. ders., *The Structure of Social Action*, 731ff.

120 Vgl. Janich, Peter, *Logisch-pragmatische Propädeutik*.

121 Vgl. dazu auch Gosepath, Stefan, *Aufgeklärtes Eigeninteresse*, 343: „Jeder Mensch hat (faktisch) Ziele. Mit jeder Handlung ist aus analytischen Gründen eine Absicht verbunden, d. h. mit jeder Handlung wird etwas gewollt, entweder der Vollzug der Handlung oder ein durch sie zu erreichendes Ziel."

4. Werte

Werte spielen für das Handeln sowohl eine einschränkende als auch eine ermöglichende Rolle. Einerseits schränken sie den Spielraum der Zwecke ein, die verfolgt und der Mittel, die ergriffen werden können, andererseits zeichnen sie einen bestimmten mehr oder minder klar definierten Horizont von Zwecken und Mitteln vor, aus dem sich der Handelnde mit langfristigen Plänen und kurzfristigen Zielsetzungen versorgen kann.

5. Normen

Allgemeine Normen dagegen haben negativen Charakter. Sie kommen überhaupt erst dann zur Geltung und werden handlungsleitend, wenn der Komplex von Werten, Zwecken und Mitteln einer handelnden Person mit moralischen (oder rechtlichen) Grundsätzen in Konflikt gerät. In diesem Fall kann eine Person z. B. zu der Einsicht gelangen, dass die Handlungen, die sich aus der Anerkennung der je eigenen Werte ergeben würden, mit höherstufigen Normen unvereinbar und deshalb zu unterlassen sind. So können die Werte, ein gläubiger Mensch oder ein erfolgreicher Unternehmer sein zu wollen, in einer gegebenen Situation von dem Prinzip übertrumpft werden, anderen Menschen keinen vermeidbaren Schaden zufügen zu dürfen.

Aus diesen fünf Aspekten, unter denen jede Handlung allgemein betrachtet werden kann, ergeben sich drei praktische Grundfragen; diesen Grundfragen lassen sich wiederum drei mögliche Dimensionen praktischer Vernunft zuordnen[122].

Die erste Frage betrifft die Angemessenheit von Mitteln relativ zu Zwecken, die zweite die Angemessenheit von Zwecken relativ zu Werten und die dritte die Angemessenheit von Werten relativ zu Normen. Im ersten Fall handelt es sich um eine Angemessenheit im empirischen Sinn, die sich an der Wahrscheinlichkeit der Realisierung des gesetzten Zwecks durch den Einsatz der gewählten Mittel bemisst, im zweiten und dritten Fall hat ‚Angemessenheit' schon den genuin normativen Sinn von *Zulässigkeit.* Die Kollision von Zwecken und Werten erzeugt kein bloßes *Erfolgs*problem, so wie es die Wahl eines ungeeigneten Mittels tut. Eine Person, die einen Zweck verfolgt, der sich nicht mit den gleichzeitig von derselben Person als bindend anerkannten Werten verträgt, scheitert nicht an der empirischen Realisierung eines Wertes, sondern bewegt sich schon im Bereich des normativ Unzulässigen.

Pragmatische Fragen sind die allgemeinere, lebensweltliche Variante von technischen Fragen, bei denen „es [...] um eine rationale Wahl der Mittel bei gege-

---

122 Vgl. Habermas, Jürgen, „Vom pragmatischen, ethischen und moralischen Gebrauch der praktischen Vernunft".

benen Zwecken oder um die rationale Abwägung der Ziele bei bestehenden Präferenzen [geht]. [...] Es geht allein um geeignete Techniken, sei es der Fahrradreparatur oder der Behandlung von Krankheiten, um Strategien der Geldbeschaffung, um Programme für die Ferienplanung oder die Berufswahl"[123]. Habermas weist hier zu Recht darauf hin, dass praktische Fragen und somit diejenigen, deren Beantwortung wir uns von unserer praktischen Rationalität wünschen, als lebensweltliche Probleme auf uns zukommen und sich uns gleichsam „aufdrängen". Praktischen Problemen, ganz gleich, ob sie die Rationalität von Mitteln, Werten oder Normen betreffen, können wir in der Regel nicht – oder nur um den Preis des generellen Handlungsverzichts[124] – ausweichen.

Es wäre phänomenologisch hochgradig unplausibel, die persönliche Auseinandersetzung mit *ethischen* Fragen an eine rationale Mittelwahl anzugleichen und als Fall einer zweckrationalen Problemstellung beschreiben zu wollen. In „existenziellen" Situationen, in denen folgenschwere Lebensentscheidungen getroffen werden müssen, geht es nicht darum, dieser oder jener Absicht nachzugehen, sondern um das, was für mich als Mitglied einer Gemeinschaft intrinsisch wertvoll ist. Ob ich eine Familie gründen möchte oder nicht, für welches Studium und welchen Beruf ich mich entscheide oder ob ich mich durch religiöse Werte verpflichtet fühle, sind ethisch-praktische Fragen, die nach Habermas nur unter Rekurs auf sog. „starke Wertungen" entschieden werden können: „„„Starke" Präferenzen nennen wir [...] die Wertungen, die nicht nur zufällige Dispositionen und Neigungen, sondern das Selbstverständnis einer Person, die Art der Lebensführung, den Charakter berühren; sie sind mit der je eigenen Identität verwoben"[125].

Die ethische Dimension der praktischen Vernunft, in der es um individuelle und kollektive Selbstverständnisse geht, wird schließlich noch einmal überboten von dem verpflichtenden Charakter, den unsere *moralischen* Urteile haben. Während pragmatische Probleme aus einer primär egozentrischen Perspektive bewältigt und auch ethische Fragen noch aus der durch und durch partikularen Sicht konkret situierter Lebensformen behandelt werden, lässt sich der moralische Standpunkt nicht ohne Begriffe wie ‚Verallgemeinerbarkeit' oder ‚Unparteilichkeit' beschreiben. Moralische Begründungen beziehen sich auf das, was im Interesse aller liegt, was sich widerspruchsfrei verallgemeinern lässt oder was für jedermann von Vorteil ist.

---

123 Habermas, Jürgen, „Vom pragmatischen, ethischen und moralischen Gebrauch der praktischen Vernunft", 102.

124 Es bleibt natürlich fraglich, ob dies ein gangbarer Weg ist.

125 Habermas, Jürgen, „Vom pragmatischen, ethischen und moralischen Gebrauch der praktischen Vernunft", 103. Zur Herkunft dieser Konzeption vgl. Taylor, Charles, „Was ist menschliches Handeln?".

Aus diskurstheoretischer Sicht entfaltet sich unsere praktische Vernunft in den soeben kurz skizzierten drei Dimensionen, insofern sich in jedem der drei Fälle die Rationalität der behandelten Fragen auf die Rationalität der entsprechenden – pragmatischen, ethischen oder moralischen – Diskurse zuruckführen lässt. Allein, die Rationalität der zweiten und dritten Dimension, und das heißt hier: der zwingende Charakter von ethischen und moralischen Gründen steht gerade zur Debatte.

4 Das Kontingenz-Problem

Je nach dem, welche Dimension praktischer Rationalität als eine echte Form praktischer *Rationalität* angesehen wird, lassen sich vier theoretische Optionen unterscheiden, die entlang einer Skala angeordnet werden können, die von eher optimistischen zu eher pessimistischen Einstellungen gegenüber der Leistungsfähigkeit praktischer Vernunft reicht (k=kontingent, r=rational):

1. Starker Vernunftoptimismus:
Bedingungen (k) - Mittel (r) - Zwecke (r) - Werte (r) - Normen (r)

Ein starker Vernunftoptimismus in Bezug auf die Reichweite praktischer Vernunft hält alle Aspekte menschlichen Handelns bis auf dessen zufällige Bedingungen für prinzipiell rationalisierungsfähig. Klarerweise nehmen die Vertreter dieser Position erhebliche Beweislasten auf sich. Unter Bedingungen nachmetaphysischen Denkens scheint es fast aussichtslos zu sein, insbesondere partikulare Werte, die sich in Konzeptionen des guten Lebens spiegeln, als nichtkontingent auszuzeichnen.

2. Schwacher Vernunftoptimismus:
Bedingungen (k) - Mittel (r) - Zwecke (k) - Werte (k) - Normen (r)

Vertreter universalistischer und kognitivistischer Ethiken sind typische Proponenten eines schwachen Vernunftoptimismus. Paradigmatisch lässt sich diese Position in Kants praktischer Philosophie wiederfinden, der bekanntlich hypothetische Imperative (Mittel) und den kategorischen Imperativ (Normen) für die zwei Seiten unserer praktischen Vernunft hält, die Maximen aber, die wir verfolgen (Zwecke im weitesten Sinn) und die Vorstellung davon, worin „Glückseligkeit" (Werte) besteht, als empirisch, mithin kontingent („zufällig") einstuft.

3. Schwacher Vernunftpessimismus:
Bedingungen (k) - Mittel (r) - Zwecke (k) - Werte (k) - Normen (k)

Ein wenn auch nur schwacher Vernunftpessimismus in Bezug auf praktische Vernunft macht insofern Schwierigkeiten, als es sich dabei strenggenommen um eine Position handelt, die die Existenz einer genuin praktischen Rationalität überhaupt leugnet[126]. Die Rationalität von Mitteln relativ zu Zwecken, die der idealtypische Vertreter dieser Position für allein möglich hält, basiert auf empirischem Wissen über kausal bewirkbare Zusammenhänge und kann deshalb zum Bereich theoretischer Vernunft gezählt werden. Zu einem praktischen Grund wird eine Mittelüberzeugung erst, wenn sie mit einer zusätzlichen Komponente, einem Wunsch, der erfüllt, oder einem Zweck, der erreicht werden soll, kombiniert wird.

4. Starker Vernunftpessimismus:

Bedingungen (k) - Mittel (k) - Zwecke (k) - Werte (k) - Normen (k)

Radikale Vernunftkritiker vertreten einen starken Vernunftpessimismus, der sogar die Möglichkeit einer rationalen Entscheidung zwischen verschiedenen Mitteln in Zweifel zieht. Für einen konsequenten Vernunftskeptiker gibt es keinen prinzipiellen Unterschied zwischen Schamanismus und Schulmedizin[127], der Glaube an diese oder jenen lässt sich nicht rational begründen, sondern beruht auf Dezision, den kontingenten Umständen, in einer bestimmten Kultur aufgewachsen zu sein oder einem ethnozentrischen Vorurteil. Rechtfertigung ist kontextvariant; was als „guter Grund" gilt, entscheidet sich nach „unseren", unteilbaren Kriterien[128]. Der radikale Vernunftkritiker stellt also nicht nur in Frage, dass sich unsere praktische Rationalität so weit erstreckt, wie wir es im alltäglichen Handeln unterstellen, sondern geht noch weiter: er behauptet, dass es letztlich überhaupt keine Rationalität gibt, die diesen Namen auch verdient. Man kann das Problem instrumenteller Vernunft deshalb auch als „Kontingenz-Problem" bezeichnen:

(KP)

Welche der genannten Aspekte menschlichen Handelns sind rational begründbar, welche sind kontingent?

---

126 Vgl. Korsgaard, Christine, „Scepticism about Practical Reason".

127 Es ist nicht ganz klar, ob diese extreme Position tatsächlich von irgend jemanden vertreten wird, Andeutungen in diese Richtung gibt es aber z. B. bei Paul Feyerabend, vgl. Feyerabend, Paul, *Wider den Methodenzwang*.

128 Vgl. Rorty, Richard, „Solidarität oder Objektivität?".

Begründungen – sowohl von Überzeugungen, Wissensansprüchen etc. (theoretische Rationalität) als auch von Zwecken, Wünschen oder Normen (praktische Rationalität) – haben eine *iterative Struktur*. Gründe sind stets selbst begründungsfähig und man hat immer die Möglichkeit, grammatisch sinnvoll „Warum?" zu fragen und damit weitere Gründe einzufordern. Diese allgemeine Einsicht in die Struktur unserer epistemischen Praktiken scheint dem Skeptiker Tür und Tor zu öffnen. Denn wenn Gründe stets selbst begründungsbedürftig sein sollten, dann ist schwer zu sehen, wie es jemals möglich sein kann, unsere Überzeugungen mithilfe von Gründen in Wissen bzw. unser Verhalten mithilfe von Gründen in rationale Handlungen zu transformieren. Der – epistemologische wie praktische – Skeptiker beharrt darauf, dass jede Begründungskette zu einem von drei gleichermaßen unerwünschten Ergebnissen führen muss (diese These bezeichne ich im Anschluss an Hans Albert als Münchhausen-Trilemma (MT)):

(MT)

Jede Begründung führt entweder

a) zum infiniten Regress,

b) zum (dogmatischen) Abbruch der Begründungskette oder

c) zu einer vitiös zirkulären Begründung.[129]

---

129 Dieses Problem wird sowohl im Kontext des Skeptizismus als auch von Kritischen Rationalisten diskutiert, vgl. Popper, Karl, *Logik der Forschung*, Albert, Hans, *Traktat über kritische Vernunft* oder ein beliebiges Buch zur Erkenntnistheorie, etwa Williams, Michael, *Problems of Knowledge*, Baumann, Peter, *Erkenntnistheorie* oder Ernst, Gerhard, *Einführung in die Erkenntnistheorie*.

Ein kurzer Einschub: Vielleicht geht die Analogie nicht ganz so weit. Vieles spricht dafür, dass man es im Feld praktischer Begründungen nicht mit einem Begründungs*tri*lemma, sondern bloß mit einem *Di*lemma zu tun hat, bei dem bloß infiniter Regress und willkürlicher Abbruch der Begründungskette drohen. Es ist schwer zu sehen, wie es möglich sein sollte, *zirkuläre* praktische Begründungen zu liefern; das liegt daran, dass die Gründe, die wir für unser Handeln liefern, auf Nachfrage immer *tiefer* werden und, was ihre Wichtigkeit und Bedeutung angeht, schon bald nicht mehr auf der selben Ebene liegen. Man geht zur Bank, weil man Geld abheben möchte, man möchte Geld abheben, weil man einen netten Abend mit Freunden verbringen möchte, man möchte einen netten Abend mit Freunden verbringen, weil man usw. Es ist nicht so, dass man sich irgendwann am Anfang wiederfindet und den identitätsstiftenden Wunsch, ein geselliger und kommunikativer Zeitgenosse zu sein, damit rechtfertigt, dass man dann häufiger einen guten Grund habe, Geld abzuheben.

Der Skeptiker geht von einer an sich trivialen Einsicht aus. Es gehört nämlich zum Kern unserer epistemischen Praxis, in der Wissen beansprucht und zugewiesen wird, Gründe für das zu geben, was beansprucht, und Gründe für das zu fordern, was zugewiesen wird. Indem der Skeptiker dieses alltägliche Phänomen unserer epistemischen Praxis konsequent zu Ende denkt, scheint er zeigen zu können, dass eben diese Praxis *im Ganzen* zusammenbricht, wenn man sie auf die Spitze treibt. Da der Skeptiker nicht zimperlich ist, vertritt er starke Thesen: er behauptet nichts weniger als dass wir *niemals* über Wissen verfügen oder dass wir *niemals* aus guten Gründen handeln.

Der „Skeptiker" ist freilich nur eine literarische Figur; es gibt niemanden, der eine skeptische „Theorie" vertritt. Die richtige Sicht auf skeptische Argumente besteht darin, ihren instrumentellen Charakter zu erkennen. Es gibt keine skeptische „Doktrin", weil skeptische Hypothesen nur dazu da sind, jemanden zum Philosophen zu machen. Skeptische Argumente machen keine positiven Aussagen, sondern sind bloß das *Mittel*, um jemanden zur philosophischen Reflexion zu bewegen.

Das Problem instrumenteller Vernunft kann in Analogie zum erkenntnistheoretischen Skeptizismus als Regressproblem praktischer Rationalität formuliert werden. Jede Handlung besteht zunächst in der Wahl eines Mittels:

(1) M

Auf die Rückfrage, warum er dieses Mittel gewählt habe (?M), kann der Handelnde mit der Angabe seines Zwecks (Z) (oder einer anderen „Pro-Einstellung" etc.) antworten. Die Tatsache, dass er diesen Zweck verfolgt, fungiert als ein vorläufiger, erster Schritt der Rechtfertigung (~›) für die Wahl des entsprechenden Mittels:

(2) Z ~› ?M

Damit scheint die Handlung fürs erste begründet zu sein. Klarerweise kann in Bezug auf den verfolgten Zweck aber wieder nach einer Begründung gefragt werden (?Z). Dieser kann dann unter Rekurs auf eine höherstufige Zielsetzung gerechtfertigt werden:

(3) Z_2 ~› ?Z_1 ~› ?M

Skeptische Argumentationen sind, ganz gleich, ob sie sich auf Überzeugungen oder auf Handlungen beziehen, lebensweltlich gesehen natürlich hochgradig artifiziell. Im Alltag dürfte es in der Regel ausreichen, die Überzeugung, dass der Bus kommt, durch entsprechende Wahrnehmungen zu rechtfertigen und den Besuch eines Restaurants dadurch, dass man Hunger hatte und etwas zu sich nehmen wollte. Wer aber bereit ist, sich von lebensweltlichen Selbstverständlichkeiten zu distanzieren und sich die Frage nach den Gründen seines Handelns wirklich zu stellen, wird schließlich bei allgemeinen Grundsätzen, Lebensplänen oder Wertvorstellungen (W) an ein Ende gelangen. Wenn man dort angekommen ist, fällt es schwer, noch weiter zu gehen. Welche erhellenden Begründungen könnte man schon dafür liefern, warum man ein guter Vater sein möchte, warum man Kunst liebt oder warum man einer befriedigenden und sinnvollen Arbeit nachgehen möchte:

(4) $W \rightsquigarrow ?Z_n \ldots \rightsquigarrow ?Z_2 \rightsquigarrow ?Z_1 \rightsquigarrow ?M$

Der teleologische Regress endet damit in den „starken", identitätsstiftenden Wertungen einer Person. Um mit Wittgenstein zu sprechen: das Begründete hängt, mitsamt den Gründen, in der Luft.

Es gibt eine grundsätzliche Möglichkeit, auf die hier angesprochene Regressproblematik zu reagieren, die ich in Anlehnung an die entsprechende erkenntnistheoretische Problemstellung als *fundamentalistische Antwort* bezeichne. Die iterative Struktur von Begründungen, d. h. die Tatsache, dass für jeden Grund selbst wieder Gründe verlangt werden können, legt die Suche nach einem „Regressstopper" nahe: einem irgendwie gearteten Fundament, in dem (praktische oder theoretische) Begründungen zu einem Ende kommen können. Dieses Fundament kann seinerseits entweder die Rolle eines

a) selbst *nicht rechtfertigungsbedürftigen* und/oder *-fähigen* Fundaments spielen oder

b) die eines Fundaments, das selbst *endgültig begründbar* oder *selbstrechtfertigend* ist.[130]

a) Im ersten Fall erübrigt sich die Frage nach einer weitergehenden Begründung; das Problem besteht hier nur darin, den ungerechtfertigten Rechtfertiger für praktische Begründungsketten richtig zu *identifizieren* und zudem korrekt zu beschreiben. Dies ist der Weg, den Aristoteles selbst einschlägt: „Nehmen wir jetzt wieder unser Thema auf und geben wir, da alles Wissen

130 Beispiele aus dem erkenntnistheoretischen Kontext wären: a) unmittelbare Wahrnehmung, sinnliche Erfahrung, das „Gegebene" etc. (die empiristische Alternative), b) evidente Vernunftwahrheiten, das „cogito", synthetische Urteile a priori, intellektuelle Anschauung etc. (die aprioristisch-rationalistische Alternative).

und Wollen nach einem Gute zielt, an, welches man als das Zielgut [...] bezeichnen muß, und welches im Gebiete des Handelns das höchste Gut ist. Im Namen stimmen hier wohl die meisten überein: Glückseligkeit nennen es die Menge und die feineren Köpfe, und dabei gilt ihnen Gut-Leben und Sich-gut-Gehaben mit Glückselig-Sein als eins."[131] Glückseligkeit kann nach Aristoteles deshalb als Fundament praktischer Begründungen dienen, weil alle dieses letzte Ziel des Handelns *faktisch* immer schon anstreben. Man muss niemanden, wie auch Kant gesehen hat, zum Streben nach Glückseligkeit *rational* motivieren, weil jeder ohnehin schon danach strebt und motiviert ist, ein gutes Leben zu führen.

Das Regressproblem praktischer Rationalität wurde in aller Klarheit zuerst von Aristoteles formuliert: „Jede Kunst und jede Lehre, desgleichen jede Handlung und jeder Entschluß, scheint ein Gut zu erstreben, weshalb man das Gute treffend als dasjenige bezeichnet hat, wonach alles strebt"[132]. Die allgemeine handlungstheoretische These, dass jedes absichtsvolle Verhalten um einer bestimmten Sache oder einer Tätigkeit willen vollzogen wird, hat nach Aristoteles die Konsequenz, dass wir „nicht alles wegen eines anderen uns zum Zwecke setzen – denn da ginge die Sache ins Unendliche fort, und alles menschliche Begehren wäre leer und eitel"[133]. Ein infiniter Regress im Feld praktischer Begründungen wird von Aristoteles also ausgeschlossen; er tut das freilich ohne Argument, denn es wird einfach vorausgesetzt, dass nicht alles menschliche Begehren „leer und eitel" sein kann – was aber sicher nicht selbstverständlich ist.

b) Kants begriffliche Analyse dessen, was ein kategorischer Imperativ enthalten muss, kann ebenfalls als ein Lösungsversuch für das Regressproblem gelesen werden. Das Grundproblem praktischer Vernunft wird von Kant als die Frage nach einem nicht-kontingenten Regressstopper für praktische Begründungsketten formuliert: allgemein gesprochen sind Imperative Handlungsanweisungen, d. h. sie geben eine Antwort auf die Frage „Was soll ich tun?". Die Menge der möglichen Antworten auf diese Frage zerfällt in zwei Untergruppen, bedingte und unbedingte Antworten. Der kategorische Imperativ ist schlicht definiert als diejenige Handlungsanweisung, die keinen praktischen Begründungsregress mehr nach sich zieht, weil sie nicht – wie im Fall hypothetischer Imperative – auf kontingente Zwecksetzungen rekurriert.

Es gibt viele verschiedene Wege, Fall b) auszugestalten. Sowohl das „Sittengesetz" als auch ein handlungs- oder regelutilitaristisch gedeutetes Nutzenprinzip oder eine transzendentralpragmatisch gerechtfertigte diskursive Prozedur

---

131 Aristoteles, NE 1095a.

132 Aristoteles, NE 1094a.

133 Aristoteles, NE 1094a.

kann die Funktion eines letztbegründeten praktischen Fundaments übernehmen und die Beweislast schultern, die vom Regressproblem praktischer Begründungen ausgeht. Alle diese Vorschläge sind freilich massiven Anfechtungen ausgesetzt, die es zweifelhaft erscheinen lassen, ob sich der gesuchte nicht-kontingente Regressstopper überhaupt finden lässt.

Auf der anderen Seite steht die starke, auf unserer lebensweltlichen Praxis beruhende Intuition, dass Handlungen und die Zwecksetzungen und Wertorientierungen, die sie leiten, durchaus mit Gründen als mehr oder weniger rational oder sogar als irrational eingestuft werden können. Zwischen der skeptischen Extremposition, dass praktische Begründungen letztlich unmöglich sind einerseits, und der fundamentalistischen Antwort, dass es praktische Letztbegründungen gibt andererseits, gibt es immer noch eine Menge Spielraum für eine differenzierte Konzeption praktischer Rechtfertigung, der es sowohl gelingt, die vorgebrachten philosophischen Einwände ernstzunehmen als auch, unseren Alltagsintuitionen über die Kritikfähigkeit von Handlungen gerecht zu werden. Ich will mich dem Problem im folgenden nicht aus einer moralphilosophischen, sondern aus einer rationalitätstheoretischen Perspektive nähern.

6 Das Regressproblem praktischer Rationalität – Ergebnisse

In diesem Kapitel untersuche ich, worin ein „Skeptizismus bezüglich praktischer Vernunft“[134] besteht: darunter verstehe ich nicht den *lokalen* Skeptizismus, der bloß einige unserer Überzeugungen über die Reichweite und Leistungsfähigkeit praktischer Vernunft revidieren will, sondern den *globalen* Skeptizismus, der die – immer noch – provokante These aufstellt, dass es gar keine praktische Vernunft gibt. Für diese These gibt es zwei Lesarten, die beide auf dasselbe hinauslaufen. Eine, nach der es keine genuin *praktische* Vernunft gibt und alles, was mit Vernunft zu tun hat, in den Bereich von (deskriptiven) Überzeugungen gehört. Eine andere, nach der es keine genuin praktische *Vernunft* gibt und alles, was mit der Ausführung und Beurteilung von Handlungen zu tun hat, keine Frage von universellen „rational constraints“ ist, sondern von kontingenter Dezision, subjektivem Belieben, Emotionen, Wünschen, Vorlieben etc. Diese Form des Skeptizismus bezieht sich auf die Frage, ob eine Begründung für oder eine rationale Kritik von

---

134 Dies ist das, was Korsgaard „inhaltlichen Skeptizismus“ (content scepticism) bezüglich praktischer Vernunft nennt, vgl. Korsgaard, Christine, „Scepticism about Practical Reason“. Davon unterscheidet sie den „motivationalen“ Skeptizismus, der nur bezweifelt, dass die Vernunft eine intrinsische Quelle der Motivation von Handlungen sein kann.

Wünschen, Normen, Zielen, Werten, Zwecken[135] etc. möglich ist – und wenn ja, wie sie möglich ist und was die Kriterien zur Unterscheidung von rationalen und nicht-rationalen Zwecken sind.

Begründungen haben eine iterative Struktur und führen direkt in einen Begründungsregress, dem das Konzept praktischer Rationalität auf einen Schlag zum Opfer zu fallen scheint. Im nächsten Kapitel entwickle einen Begriff instrumenteller Rationalität, an dem sich a) ablesen lassen soll, wie es zu diesem Problem kommt, und der b) eine Lösung dieses Problems ermöglicht.

---

135 Der Einfachheit halber spreche ich im Folgenden manchmal bloß von Wünschen oder bloß von Zwecken o. ä.

IV Von instrumenteller über prudentielle zu struktureller Rationalität

Philosophieren ist eine – in dem ungefährlichen, mehr platonischen als hegelianischen Sinn – „dialektische" Angelegenheit. Sie spielt sich zwischen Gegnern ab, oder, wie Hallvard Lillehammer es ausdrückt: „Philosophers hunt in packs"[136]. Philosophen jagen im Rudel, und diese Rudel bekriegen einander. Mit Argumenten, versteht sich.

Eine der wichtigsten Maximen, die man sich zu eigen machen sollte, ist deshalb, seine Gegner, oder besser: die Thesen seiner Gegner, möglichst stark zu machen, damit philosophische Argumentationen nicht ins Leere gehen. Das bedeutet vor allem, keine Strohmänner zu konstruieren, um diese dann umso leichter erledigen zu können. Alles andere ist nicht nur hermeneutisch außerordentlich unproduktiv, sondern auch heuristisch ein Problem, weil es den *eigenen* Lernprozess behindert.

Die moderne Rationalitätstheorie lässt sich zu einem großen Teil durch eine solche Gegnerschaft charakterisieren. Der Gegner, der dabei am häufigsten zum Gegenstand von Kritik und Abgrenzung wird, ist die lange Zeit und wahrscheinlich – trotz allem – auch heute noch einflussreiche Humesche Theorie praktischer Vernunft, die die Rationalität von Handlungen und die Struktur praktischer Gründe nach dem desire-belief-Modell analysiert: „The idea is that rational descision making is a matter of selecting *means* that will enable us to achieve our *ends*. The ends are entirely a matter of what we desire."[137] Die Kritik an dieser Theorie ist immer mit der Gefahr konfrontiert, die desire-belief-Theorie zu einem bloßen Strohmann zu machen, dessen Interpretation häufig so absurde Konsequenzen zutage fördert, dass man sich fragt, wie sich überhaupt *jemals irgendjemand* von dieser Theorie hat überzeugen lassen können. Eine solche, hermeneutisch nicht ganz „faire" Interpretation vertritt z. B. John Searle, von dem folgendes Beispiel stammt: „Suppose you get into a restaurant, and the waiter brings you the menu. You have a choice, let's say, between veal chops and spaghetti; you cannot say: ‚Look, I am a determinist, che sarà, sarà. I will just wait and see what I order. I will wait to see what my beliefs and desires cause.'"[138] Wenn diese Theorie tatsächlich von jemandem vertreten würde, könnte man sie die *che sarà sarà-Theorie praktischer Rationalität* nennen.

Das Beispiel ist freilich so gewählt, dass einem dessen Absurdität sofort ins Auge fällt. Es widerspricht einer fundamentalen, zuerst von Kant explizit auf den Begriff gebrachten Intuition, nach der es mit unserem Selbstverständnis

---

136 Lillehammer, Hallvard, *Companions in Guilt*, 1.

137 Searle, John, *Rationality in Action*, 1.

138 Searle, John, *Rationality in Action*, 14.

als Vernunftwesen unvereinbar ist, in unserem Urteilen und Handeln vollständig von externen Ursachen bestimmt zu sein. Deswegen schreibt Searle auch ‚you cannot say'; es macht schlicht keinen Sinn, über sich selbst so zu reden, als sei man ausschließlich dem kontingenten Spiel natürlicher Ursachen unterworfen. Diese Tatsache wäre mit dem Anspruch, überhaupt begründet zu urteilen und zurechenbar zu handeln, unvereinbar. Und diesen Anspruch möchten wir nur ungern zurückziehen.

Ein zweiter Blick auf die Situation zeigt indes, dass sie so einfach nicht ist. Denn selbstverständlich machen wir unsere Bestellung auf der Basis dessen, was wir *wünschen* (desire), und wenn ich keine Lust auf Spaghetti habe, werde ich eben Kalbfleisch bestellen. Und selbstverständlich würde ich gar nicht bestellen, wenn ich nicht *glauben* (belief) würde, dass diese Bestellung mir den ersehnten Teller *veal chops* verschaffen würde. In irgendeiner Form sind unsere *desires* und *beliefs* hier sehr wohl im Spiel; man muss die Theorie nicht noch simpler darstellen, als sie ohnehin schon ist.

Weit aussichtsreicher ist der Versuch, eine Theorie praktischer Rationalität zu kritisieren, indem man zeigt, dass sie entweder zu starke oder zu schwache Kriterien für Rationalität formuliert. Im ersten Fall könnte es sein, dass eine Theorie zu viele Fälle, in denen wir ein Handeln intuitiv als rational beurteilen würden, nicht als rational einzustufen imstande ist. Im zweiten, umgekehrten Fall dagegen kann eine Rationalitätstheorie daran scheitern, dass sie viele offensichtlich irrationale Handlungen auf kontraintuitive Weise doch noch als rational qualifiziert. Beides ist – wenn möglich – zu vermeiden.

1 Substantielle und relative Rationalität

Zu „instrumenteller Vernunft" und den korrespondierenden Handlungsgründen zähle ich die Formen von Rationalität, die auf Werte, Ziele, Zwecke, Normen oder Wünsche bezogen sind und eine Wenn-Dann-Struktur aufweisen.

Die beiden Bedingungen dafür, etwas als „instrumentelle Vernunft" (IV) bezeichnen zu können, lauten deshalb

(IV)

(1) Instrumentelle Vernunft hat eine konditionale Struktur

und

(2) Instrumentelle Gründe rekurrieren auf normative Entitäten

im oben skizzierten, allgemeinen Sinn, der auch Präferenzen, Zwecke usw. umfasst. Beides zusammengenommen führt zu dem Problem, ob es eine nur relative Begründung von Normen gibt oder ob sich „absolute" Kriterien für die Rechtfertigung oder die rationale Kritik von Normen (immer noch verstanden als Oberbegriff für Zwecke, Ziele, Wünsche etc.) geben kann.[139]

Relative Handlungsrationalität zeichnet sich dadurch aus, dass sie auch zuschreibbar ist, wenn der Zuschreiber selbst die Handlung tatsächlich für falsch oder kritikbedürftig hält. Rational in diesem Sinn ist eine Handlung immer relativ zu den Meinungen und Absichten des Handelnden. Das Murmeln von Gebeten, um eine schwere Krankheit zu heilen, lässt sich auch aus der externen Perspektive eines Beobachters als rational bezeichnen, selbst wenn der Beobachter den Glauben an die heilende Wirkung von Gebeten nicht teilt. Solange die Person die Krankheit heilen möchte und Beten für ein vielversprechendes Mittel zu diesem Zweck hält, kann man nicht von irrationalem Verhalten sprechen, selbst wenn sein Tun de facto keinerlei (oder nicht den richtigen) kausalen Einfluss auf den Zustand des Kranken haben sollte. Relative Rationalität ist nur eine *formale* Eigenschaft von Überzeugungen und Handlungen[140]: „Wenn wir in dieser Weise (im Sinne instrumenteller Rationalität) von Meinungen und Wünschen als Gründen einer Person für eine Handlung reden, können wir nicht verlangen, dass sie wahr oder richtig sind. „Wahr" und „richtig" sind objektive Prädikate, „rational" ist dagegen eine subjektives. Die Zuschreibung hängt von den Meinungen und Zielen des Handelnden ab. Die Falschheit der Meinungen oder die Verfehltheit der Wertsetzungen oder Wünsche hindern die Meinung oder den Wunsch nicht, der Person einen formal-rationalen Handlungsgrund zu liefern."[141]

Genau dies gilt für den Begriff absoluter, „substantieller" Rationalität nicht.[142] Hier sind es keine formalen Kriterien der gerade angesprochenen Art, die ausreichen, um eine Handlung als rational – im „fettgedruckten" (Tugendhat) Sinn von rational – einstufen zu können. Die starke Variante dieser Theorie verpflichtet sich auf die These, dass die Vernunft selbst in der Natur, der Geschichte oder politischen Institutionen objektiv verkörpert ist. Nach diesem Verständnis sind es nicht wir, die den Mantel der Rationalität über die Nackt-

---

139 Zu dieser Unterscheidung vgl. Gosepath, Stefan, *Aufgeklärtes Eigeninteresse*, 209ff.

140 Dies ist ein Begriff von Rationalität, der sogar noch schwächer ist als der Humesche: nach Hume handelt man schon dann irrational, wenn a) Wünsche von nichtexistierenden Gegenständen oder Sachverhalten hervorgerufen werden oder b) wenn man auf der Basis falscher Überzeugungen (etwa über kausale Verknüpfungen) handelt. Ich denke, es spricht viel dafür, in beiden Fällen nicht von echter Irrationalität zu sprechen, sondern bloß den weiteren Begriff der „Kritikbedürftigkeit" anzuwenden. Irrational handelt ein Akteur nämlich erst dann, wenn er *wider besseres Wissen* auf die Weise a) oder b) handelt.

141 Gosepath, Stefan, *Aufgeklärtes Eigeninteresse*, 223.

142 Vgl. Gert, Bernard, „Substantielle Rationalität".

heit der Welt werfen[143], die Welt selbst ist es, die unabhängig von uns über eine intrinsisch vernünftige Struktur verfügt.

Man ist nicht gezwungen, den Begriff substantieller Rationalität in diesem extrem starken Sinn zu verstehen. Für den Vertreter einer Theorie absoluter Rationalität reicht es schon aus, wenn er zeigen kann, dass es eine „letzte" Begründung dafür gibt, genau diese Wünsche zu adoptieren, genau diese Zwecke zu verfolgen, genau diesen Zielen nachzugehen oder die Geltung genau dieser Normen anzuerkennen. Dies ist der inhaltliche Kern der ‚fundamentalistischen Antwort'.

2 Die Normativität instrumenteller Vernunft

Einer der anspruchsvollsten Versuche aus jüngerer Zeit, zu zeigen, dass sich praktische Rationalität nicht in der instrumentellen Rationalität vernünftiger Mittelwahl erschöpfen kann, stammt von Christine Korsgaard. Korsgaard hat ein komplexes Argument dafür vorgelegt, dass das instrumentelle Prinzip „that practical reason requires us to take the means to our ends"[144] nicht allein stehen kann („cannot stand alone"[145]).

Vertreter einer Theorie relativer Rationalität argumentieren häufig für deren starke Version, nach der es *überhaupt keine* Frage der Vernunft ist, welche Zwecke man verfolgt; das instrumentelle Prinzip wäre dann nicht bloß *ein* Erfordernis praktischer Vernunft, sondern die *einzige* Beschränkung, die die Vernunft unseren auf das Handeln gerichteten Überlegungen aufzwingt. Das genau diese Sicht der Dinge inkohärent ist, ist Korsgaards Beweisziel.[146]

Um dieses Ziel zu erreichen, macht Korsgaard ein Dilemma auf, dem kein Instrumentalist – und vor allem nicht Hume, in Auseinandersetzung mit dem sie ihr Argument ausbuchstabiert – entkommen können soll: das instrumentelle Prinzip kann entweder nicht die Rolle eines *Rationalitäts*prinzips spielen (womit der Instrumentalist seine eigenen Ansprüchen unterboten hätte), oder aber, wenn es das doch leisten können soll, dann kann es nicht das einzige Prinzip praktischer Rationalität sein. Entweder das instrumentelle Prinzip ist gar keine normative Forderung oder eine normative Forderung, die gleichsam automatisch über sich selbst hinausgeht.

---

143 Dieses Bild stammt von Brandom, Robert, *Expressive Vernunft*, 97.

144 Korsgaard, Christine, „The Normativity of Instrumental Reason", 215.

145 Korsgaard, Christine, „The Normativity of Instrumental Reason", 220.

146 Korsgaard selbst spricht hier von In*kohärenz*, was sie eigentlich zu zeigen beabsichtigt ist aber, dass Humesche Theorien praktischer Rationalität in*konsistent* sind, weil ihr Anspruch, eine *Rationalitäts*theorie zu liefern, mit den Implikationen unverträglich ist, die Korsgaard ihnen nachweisen will.

Korsgaard macht Gebrauch dem transzendentalen Argument, nach dem die Bedingung der Möglichkeit, über instrumentelle Vernunft zu verfügen, darin besteht, über mehr als instrumentelle Vernunft zu verfügen, oder in Korsgaards eigenen Worten: „The conclusion [...] ist hypothetical: the argument shows that *if* there are any instrumental requirements, then there must be unconditional requirements as well. Conversely, if there are unconditional requirements to adopt certain ends, then there are also requirements to take the means to those ends“[147]; beide Erfordernisse sind „mutually dependent“.

Dieses Argument lässt sich zunächst so verstehen. Wer behauptet, dass praktische Rationalität nicht mehr als instrumentelle Rationalität ist und nicht mehr als konditionale Begründungen von Handlungen mittels hypothetischer Imperative für möglich hält, vertritt eine inkonsistente Position, denn er muss mindestens den einen kategorischen Imperativ „Handle instrumentell rational!“ anerkennen, und dieser kann nicht selbst nur konditionale Gültigkeit beanspruchen. Es kann nicht von den Zwecken und Wünschen einer Person abhängig gemacht werden, ob das instrumentelle Prinzip gilt oder nicht.

Viel gewonnen ist damit freilich nicht, denn das eigentliche Ziel, nämlich zu zeigen, dass es kategorisch verpflichtende Normen oder Zwecke gibt, die unbedingt zu respektieren oder unbedingt verfolgenswert sind, ist damit nicht erreicht. Konkrete Handlungen lassen sich immer noch nur relativ zu konkreten Zielen begründen. Selbst der „harte“ Instrumentalist kann zugestehen, dass das instrumentelle Prinzip kategorisch verpflichtet, ohne damit von seinem *content scepticism* im geringsten abrücken zu müssen. Diese Form von „kategorischer“ Rationalität hätte sich so weit davon entfernt, was Kant der Vernunft noch zugetraut hätte, dass sie mit hypothetischer Rationalität effektiv zusammenfiele.

Das Argument, das Korsgaard wirklich vertritt, ist in Wahrheit komplexer. Es geht von der zentralen – und überzeugenden – These aus, dass sich die Angemessenheit eines Rationalitätskriteriums danach bemisst, ob es *verletzt* werden kann. Da Rationalitätsprinzipien normativ gehaltvoll sein und einen präskriptiven Charakter haben sollen, muss es möglich sein, einem Rationalitätsprinzip *zuwider* zu handeln. Wo es kein ‚falsch‘ gibt, gibt es auch kein ‚richtig‘;[148] „for how can you be guided by the [...] principle when anything you do counts as following it?“[149]. Wenn diese Bedingung von einer alleinstehenden instrumentellen Vernunft nicht erfüllt werden kann, hätte man ein starkes Argument für einen anspruchsvolleren Vernunftbegriff gewonnen.

---

147 Korsgaard, Christine, „The Normativity of Instrumental Reason“, 252.

148 Dies ist natürlich Wittgensteins Punkt in *Philosophische Untersuchungen*, § 201.

149 Korsgaard, Christine, „The Normativity of Instrumental Reason“, 229.

Korsgaards erster argumentativer Schritt hin zu diesem Ziel hat die folgende Struktur:[150]

(1)

P1	(IP) Ergreife die Mittel zu deinen Zwecken
P2	Ein Zweck ist das, was eine Person am stärksten will
P3	Was eine Person am stärksten will, ist das, was sie tun *wird*
P4	(IP) Ergreife die Mittel zu den Zwecken, die Du verfolgen *wirst*
P5	IP kann nicht verletzt werden
P6	Rationalitätsprinzipien müssen verletzt werden können
K	IP ist kein Rationalitätsprinzip

P1 enthält die relativ unkontroverse Standardformulierung des instrumentellen Prinzips: take the means to your ends. P2 und P3 führen die Kriterien dafür ein, wann etwas als Zweck einer Person bezeichnet werden kann. Die These lautet hier, dass das einzige verfügbare Kriterium dafür das ist, was die Person de facto tut: „The problem is coming from the fact that Hume identifies a person's *end* as what he wants most, and the criterion of what the person wants most appears to be what he actually does. The person's ends are taken to be revealed in his conduct"[151]. Hume hat ein naturalistisches, oder genauer: behaviouristisches Verständnis davon, was es heißt, einen Zweck zu haben, und daraus folgt direkt, dass das IP nicht als eine „normative Forderung" (normative requirement) oder „Anleitung" (guide) fungieren kann: „If we don't make a distinction between what a person's end is and what he actually pursues, it will be impossible to find a case in which he violates the instrumental principle"[152]. Unter dieser Voraussetzung scheint es klar zu sein, dass „whatever you do is the means to the end which you are going to pursue"[153]. Das IP wäre kein normatives Prinzip mehr, sondern ein Naturgesetz, dem ein menschlicher Wille genauso unweigerlich zu folgen gezwungen wäre, wie der „heilige Wille" Kants dem Sittengesetz.

Wer die ‚Normativität instrumenteller Vernunft' dennoch retten möchte, dem bleibt nach Korsgaard nur die Alternative, das IP anders zu verstehen; die

150 Es geht mir im folgenden nicht darum, die Argumente formal einwandfrei darzustellen. Übersichtlichkeit und Lesbarkeit gehen hier vor Gültigkeit.

151 Korsgaard, Christine, „The Normativity of Instrumental Reason", 230.

152 Korsgaard, Christine, „The Normativity of Instrumental Reason", 230.

153 Korsgaard, Christine, „The Normativity of Instrumental Reason", 229.

Folge davon ist, dass es nicht mehr „alleine stehen" kann und gleichsam von innen über sich selbst hinaus geht:

(2)

P1 (IP) Ergreife die Mittel zu Deinen Zwecken

P2 Ein Zweck ist das, was eine Person am stärksten will

P3 Was eine Person am stärksten will ist, was die Person *wirklich* will

P4 Was eine Person wirklich will ist das, was sie *rationaler Weise* will

P5 Was eine Person rationaler Weise will ist selbst keine Frage, die in den Bereich von IP fällt

K IP ist nicht das einzige Prinzip praktischer Vernunft

Beide Argumente zusammen ergeben für den Instrumentalisten das Dilemma, dass das IP entweder gar kein normatives Prinzip oder aber nicht das einzige normative Prinzip ist. Auf der Suche nach einem Kriterium zur Unterscheidung zwischen dem, was eine Person tatsächlich tut und dem, was ihr „wahrer" Zweck ist, wird Korsgaard zu P4 geführt: „we could make a distinction between actual desire and rational desire, and say that a person's ends are not merely what he wants, but what he has reason to want. Or, we could make a more psychological distinction between what a person thinks he wants or locally wants and what he 'really wants'."[154] Um diese Unterscheidung machen zu können, scheint man Kriterien zu benötigen, die die Verfolgung bestimmter Zwecke als rational auszeichnen, und dieser Schritt reicht schon aus, um über eine praktische Vernunft, die rein instrumentellen Charakter hat, hinauszugehen, denn „in order to distinguish rational desire from actual desire, it looks as if we need to have some rational principles determining which ends are worthy of preference or pursuit."[155] Manche Ziele wären es wert, dass man sie verfolgt, manche nicht.

Korsgaards Argumentation besteht aus zwei Argumenten, die aufeinander aufbauen; das erste Argument zeigt, dass das IP kein Rationalitätsprinzip ist, weil es zusammen mit der Verletzbarkeitsbedingung die Normativitätsbedingung für Rationalitätsprinzipien nicht erfüllt. Das zweite Argument führt eine alternative Lesart des IP vor und zeigt, dass in dieser Lesart die Normativitätsbedingung zwar erfüllt ist, die Rationalitätsskepsis des Instrumentalisten aber nicht aufrechterhalten werden kann. Das zweite Argument basiert insofern auf dem ersten, als nur die Überzeugungskraft des ersten überhaupt den Ruf nach einer alternativen Interpretation des IP aufkommen lässt. Denn

---

154 Korsgaard, Christine, „The Normativity of Instrumental Reason", 230.

155 Korsgaard, Christine, „The Normativity of Instrumental Reason", 230.

wenn man eine plausible Deutung instrumenteller Vernunft vorlegen könnte, der es gelänge, den immanenten Übergang des IP zu anspruchsvolleren Formen praktischer Rationalität zu vermeiden, bedürfte es des zweiten Arguments gar nicht.

Um das Beweisziel des ersten Arguments (K2) zu erreichen hängt nun alles von P3 in Argument (1) ab, nach der gilt: „Hume's theory [...] has no resources for distinguishing a person's ends from what he actually pursues."[156] Den Grund für diese Knappheit an begrifflichen Ressourcen bei Hume sieht Korsgaard darin, dass diesem nur die folgende Alternative zur Verfügung steht – und diese führt direkt in das oben skizzierte Dilemma: „If the instrumental principle is the only principle of practical reason, then to say that something is your end is not to say that you have reason to pursue it, but at most to say that you are *going* to pursue it (perhaps inspired by desire)."[157]

Dass es hier nur zwei Alternativen gibt, wird von Korsgaard freilich einfach behauptet; tatsächlich meinen wir alltagssprachlich mit ‚Zweck' (end) jedoch weder das eine noch das andere, weshalb die alltagssprachliche Verwendung dieses Begriffs auch nicht in das von Korsgaard angestrebte Dilemma führt. Ein Zweck ist weder das, was jemand zu tun einen unabhängigen guten Grund hat (reason to pursue) oder was jemand vernünftiger Weise tun sollte, genausowenig ist ein Zweck aber das empirische Faktum, dass durch die kausale Intervention eines Akteurs in die Welt am Ende *tatsächlich*, ob beabsichtigt oder nicht, hervorgebracht wird (going to pursue, actually pursue). Ein Zweck ist etwas, was eine Person vorhat, eine Handlung, die sie in die Tat umsetzen möchte, ein Sachverhalt, der herbeigeführt werden soll, etwas, wovon eine Person möchte, dass es als Erfolg einer eigenen Handlung geschieht. Wenn man ‚Zweck' so versteht, ist es auch nicht mehr mysteriös, wie jemand fehl darin gehen kann, die Mittel zu einem Zweck zu ergreifen. Andererseits ist es nicht so, dass eine Person nur dann einen Zweck haben kann, wenn sie gleichzeitig einen guten, vernünftigen Grund für die Verfolgung dieses Zwecks hat. Zwecke sind zunächst einmal *selber Gründe* und begründen die Mittelwahl einer handelnden Person. Die Alternative *reason to pursue sth./going to pursue sth.* ist schlicht falsch gestellt, und deswegen ist es auch das angebliche Dilemma.

Trotzdem hat Korsgaard recht mit der These, dass eine instrumentelle Theorie praktischer Rationalität in vielen Fällen Schwierigkeiten damit hat zu erklären, was ein offensichtlich rationales Verhalten zu einem solchen macht und was uns zur Anwendung des Rationalitätsprädikats berechtigt. Insbesondere die notorisch schwierigen Probleme willensschwachen oder „kurzsichtigen" Handelns lassen sich aus der Perspektive einer zu simpel angelegten Theorie nicht als irrational – oder nicht bestmöglich rational – klassifizieren: „Absent a

156 Korsgaard, Christine, „The Normativity of Instrumental Reason", 233.

157 Korsgaard, Christine, „The Normativity of Instrumental Reason", 223.

principle determining which ends we should prefer, such as the principle of prudence, a person will follow his stronger desire and will not be irrational for doing so. The point is not that it is *rational* for him to follow his stronger desire because it is stronger. The point is that he is rational in the only remaining sense–he is [...] following the instrumental principle."[158] Das Verhalten einer Person, die aus Angst vor Spritzen nicht zum Zahnarzt geht, erscheint uns – und der Person selbst vermutlich auch – als hochgradig irrational. Dieser starken Intuition wird das IP nicht ohne weiteres gerecht: „The instrumental principle says nothing about our ends, so it is completely unequipped to say either that we ought to desire our overall good or that we ought to prefer it to more immediate or local satisfactions."[159] Die ‚lokale Befriedigung', eine Spritze vermieden zu haben, ist zwar (wenigstens auf den ersten Blick) auch ein erstrebenswertes Ziel. Da dieses Ziel aber auf Kosten des lebenslangen Vorteils gesunder Zähne geht, wäre es irrational, es vorzuziehen. Für Fälle dieser Art muss eine Rationalitätstheorie aufkommen können.

3 Kognitive Psychotherapie

Zwecke oder Präferenzen können als rational angesehen werden, wenn sie – wenigstens grundsätzlich – im Licht von Gründen gerechtfertigt oder im Licht von Gegengründen revidiert werden können. Diese „Zugänglichkeit" für Gründe macht Zwecke und Wünsche zu Mitgliedern im normativ verfassten *space of reasons*. Wie diese Revision von Zwecken und Wünschen genau funktioniert, ist aber weiterhin eine offene Frage.

Mit ihrem Versuch, die Normativität instrumenteller Vernunft zu begründen, erreicht Korsgaard nur indirekt das angestrebte Ziel. Es gelingt ihr zwar nicht, den Instrumentalismus in das angepeilte Dilemma zu führen, trotzdem kann sie zeigen, dass eine Theorie, die keine Unterscheidung zwischen vernünftigen und unvernünftigen Zwecksetzungen zulässt, kontraintuitive Konsequenzen hat. Bevor ich dazu übergehe, die Rolle prudentieller Gründe für die rationale Kritik von Wünschen und Zwecken genauer zu untersuchen, möchte ich noch einen anderen Vorschlag diskutieren, der dasselbe zu leisten imstande sein soll: nämlich Richard Brandts Kriterium rationaler Wünsche, das auf seinem Konzept „kognitiver Psychotherapie" beruht: „I shall call a person's desire, aversion, or pleasure 'rational' if it would survive or be produced by careful 'cognitive psychotherapy' for that person."[160] Das Kriterium lautet, dass nur die Wünsche als rational gelten dürfen, die die besagte Prozedur unbeschadet überstanden haben und in ihrem Verlauf nicht aufgegeben werden

158 Korsgaard, Christine, „The Normativity of Instrumental Reason", 227.

159 Korsgaard, Christine, „The Normativity of Instrumental Reason", 231.

160 Brandt, Richard B., *A Theory of the Good and the Right*, 113.

mussten. ‚Kognitiv' heißt diese „Psychotherapie" deshalb, weil es ihr nicht um die Verminderung seelischen oder emotionalen Leidens und die Behandlung psychischer Störungen mit Krankheitswert geht, sondern weil sie durch vernünftige Argumentation und Präsentation der Fakten die *Rationalität* von Wünschen[161] sicherstellen will: „the aim is to show that some intrinsic desires and aversions would be present in some persons if relevant available information registered fully, that is, if the persons repeatedly presented them to themselves, in an ideally vivid way, and at an appropriate time, the available information which is relevant in the sense that it would make a difference to desires and aversions if they thought of it."[162] Die „ideal lebhafte Weise", in der die kognitive Psychotherapie durchgeführt werden muss, besteht vor allem in der wiederholten und zum richtigen Zeitpunkt (bei maximaler Aufmerksamkeit, in direkter Nähe zur erlebten Präsenz des Wunsches usw.) vollzogene Präsentation der jeweils relevanten Fakten.

Brandt nennt vier Beispiele für ‚mistaken desires' und zeigt auf, wie sie durch rationale Kritik „therapiert" werden können:

1. Abhängigkeit von falschen Meinungen

Ein Wunsch übersteht das Verfahren kognitiver Psychotherapie nicht und kann mithin als irrational qualifiziert werden, wenn er auf falschen Meinungen beruht. Es ist irrational, auf den Liebhaber meiner Frau eifersüchtig zu sein, wenn es einen solchen nicht gibt. Gleiches gilt für die Furcht vor Gott oder dem Monster unter meinem Bett. Desweiteren ist es irrational, physisch oder logisch unmögliches zu wollen. Der Wunsch, über das I.G. Farben-Haus in Frankfurt zu springen, die Vergangenheit zu ändern, zu beweisen, dass 5+2=8 ist oder der Miss Germany-Wunsch nach Weltfrieden sind allesamt irrational.[163]

2. Künstliche oder ideologische Entstehung

Ein Wunsch oder Zweck kann als rational akzeptabel gelten, wenn er auch dann noch beibehalten wird, wenn die wünschende Person vollständig und

---

161 Brandt spricht in der Regel von ‚desires' oder auch ‚preferences' (vgl. Brandt, Richard B., „The Rational Criticism of Preferences" und Brandt, Richad B., „Rational Desires"); seine Überlegungen lassen sich aber problemlos auf den gesamten Bereich dessen ausdehnen, was in irgendeiner Form praktische Relevanz hat.

162 Brandt, Richard B., *A Theory of the Good and the Right,* 111.

163 Irrational sind in diesen Beispielen nur konkrete, *handlungsbezogene* Wünsche. Wenngleich man auch nicht *wirklich* wollen kann, über den Poelzig-Bau zu springen, kann man doch sagen: „Ich *wünschte*, ich könnte den gestrigen Tag ungeschehen machen...". Außerdem kann es Fälle geben, in denen ein *aktuell* unrealisierbarer Wunsch, doch als *Ideal* fungieren kann, das sich anstreben lässt.

„ideally vivid“ über die Genese ihres Wunsches (oder ihrer Aversion) informiert ist. ‚Künstlich' kann die Entstehung solcher Wünsche genannt werden, wenn sie nicht aus der echten Konfrontation mit den relevanten Situationen oder Sachverhalten erwachsen sind: „The production of these instrinsic desires/aversions is artificial if they could not have been brought about by experience with actual situations which the desires are for and the aversions against.“[164] Ein weißer Erwachsener hat vielleicht die rassistische Überzeugung, dass alle Neger hinterlistig, feig und faul sind[165] und möchte deshalb nichts mit ihnen zu tun haben. Tatsächlich hat er diese Überzeugung erworben, weil seine Eltern Rassisten waren und ihn gelehrt haben, dass nur Menschen mit heller Haut etwas taugen. Da der wirkliche Umgang mit Menschen anderer Hautfarbe niemals zum Erwerb dieser Überzeugung geführt hätte, können die entsprechenden Wünsche und Aversionen rational kritisiert werden; sie beruhen auf „falschen“ Entstehungsbedingungen.[166]

Das Verfahren der Ideologiekritik macht sich eine ähnliche Argumentationsstrategie zunutze.[167] Ideologische Wünsche oder Präferenzen sind solche, die nur unter bestimmten sozialen Bedingungen entstehen, die den Subjekten des Wünschens aber nicht bewusst sind und die sie ggf. ablehnen würden. Der Wunsch, auf eine bestimmte Weise auszusehen oder das Streben nach bestimmten Gütern und einer damit verbundenen Lebensform kann ideologischen Charakter haben. Wenn die ideologische Genese dieser Wünsche erst einmal freigelegt ist, können die so entstandenen Wünsche – jedenfalls prinzipiell – aus der Distanz einer kritischen Prüfung unterworfen und womöglich aufgegeben werden.[168]

3. Unzulässige Verallgemeinerung

Wünsche und Abneigungen sind irrational und deshalb kritikbedürftig und -fähig, wenn sie auf einer unzulässigen Verallgemeinerung beruhen: es ist irrational, sich vor Hunden zu fürchten, nur weil man *einmal* in früher Kindheit von einem schlecht erzogenen Terrier gebissen wurde, denn diese Erfahrung ist – statistisch gesehen – nicht typisch.

---

164 Brandt, Richard B., *A Theory of the Good and the Right*, 117.

165 Das Beispiel stammt aus Ödön von Horvaths Jugendbuch-Klassiker „Jugend ohne Gott“.

166 Stefan Gosepath gibt das Beispiel, in dem der starke Wunsch nach einer Flasche Cola durch eine manipulierte Kinovorführung hervorgerufen wird, in der eines der 24 Bilder pro Sekunde durch eine Abbildung einer Cola-Flasche ausgetauscht wird. Vgl. Gosepath, Stefan, *Aufgeklärtes Eiegninteresse*, 369f. Soweit ich weiß, ist das Funktionieren dieser Technik ein *urban myth*.

167 Vgl. Geuss, Raymond, *Die Idee einer kritischen Theorie*.

168 Hierher gehört auch das von Jon Elster analysierte Problem sog. „adaptiver Präferenzen“, vgl. Elster, Jon, „Saure Trauben“.

4. Obsolete Bewertung

Es ist irrational, Wünsche und Neigungen beizubehalten, wenn die Bedingungen, zu denen diese rationaler Weise „gepasst" haben, nicht mehr gegeben sind. Brandt gibt das Beispiel eines wohlhabenden Professors, der, ohne Vater zur Zeit der Wirtschaftskrise aufgewachsen, immer noch Kleidung aus zweiter Hand und Brot vom Vortag kauft. Die von Brandt vorgeschlagene kognitive Psychotherapie könnte ihn vielleicht nicht von seinen Gewohnheiten und dem schlechten Gefühl, dass für ihn damit verbunden ist, Geld auszugeben, heilen; trotzdem ist es sehr wahrscheinlich, dass auch der sparsame Professor selbst einsehen wird, dass sein Handeln durch seine gegenwärtige Situation nicht mehr gerechtfertigt ist.

Der Ausdruck „kognitive Psychotherapie" klingt im Zusammenhang einer Theorie der Rationalität fremd und unpassend.[169] Manche Autoren bevorzugen deshalb schlicht „Aufklärung", um den Aspekt bewusst vollzogener, vernünftiger Reflexion gegenüber wiederholter Konditionierung zu betonen. Dieses terminologische Unbehagen trifft aber nicht den Kern der Sache.

Ein weit wichtigerer Einwand gegen Brandts Kriterium rationaler Wünsche und Zwecke ist die Tatsache, dass seine Methode vernünftiger Aufklärung und Kritik letztlich nicht über eine Theorie praktischer Rationalität à la Hume hinauszugehen imstande ist. Um dies zu leisten, müsste man den spezifischen Skeptizismus bezüglich *praktischer* Vernunft zurückweisen können. Dies gelingt Brandt nicht, denn seine ‚kognitive Psychotherapie' richtet sich in allen vier Fällen gegen den kognitiven Aspekt menschlichen Handelns und macht ein Handeln dann kritisierbar, wenn es auf falschen (im Gegensatz zu wahren) Überzeugungen und nicht auf falschen (im Gegensatz zu *richtigen*) Zwecken und Präferenzen beruht. Von hier aus führt kein Weg zu einer Theorie *praktischer* Vernunft.

4 Selbstbindung

Die berühmteste anthropologische These überhaupt stammt von Aristoteles, der den Menschen als *animal rationale* bestimmte und dafür viel Kritik hat einstecken müssen. Aristoteles' Kritiker, die hinter seiner Definition meist ein rationalistisches Vorurteil am Werk sahen, haben freilich übersehen, dass die Eigenschaft der Rationalität nur die spezifische Differenz des Menschen angibt: das *genus proximum* bleibt immer noch *animal*, Tier, und den Menschen als Tier zu bezeichnen verrät sicherlich kein übertriebenes Vertrauen in die Macht der Vernunft, sondern eher gesunden Menschenverstand.[170]

169 Vgl. Kusser, Anna, „Rational by shock".

170 Vgl. die Beiträge in Schnädelbach, Herbert, *Zur Rehabilitierung des animal rationale.*

Eine noch bescheidenere Definition findet sich bei Kant, der die scheinbar starre Eigenschaft des Menschen, vernünftig und sprachbegabt zu sein, auf eine bloße Anlage zur Vernunft reduziert: der Mensch ist dadurch kein *animal rationale* mehr, sondern nur noch ein *animal rationabile*[171]. Er hat die *Disposition*, vernünftig zu sein, und kann diese Disposition in sich und seiner kulturellen und sozialen Umwelt zur Entwicklung bringen. Rationalität gibt es nicht geschenkt – man muss sie sich verdienen.

Die Einschränkung, die Kant damit macht, enthält eine noch realistischere, nüchternere Sicht auf die Dinge und viel intellektuelle Redlichkeit; der Mensch ist und bleibt ein krummes Holz und der Philosoph, der sich mit dem Thema „Rationalität" beschäftigt, darf diese Tatsache nicht aus den Augen verlieren. Unsere Vernunft wird permanent bedroht und häufig übertrumpft von jenem „Anderen" der Vernunft, von dem Kant dennoch glaubte, es müsse der Wunsch eines jeden vernünftigen Menschen sein, völlig frei davon zu sein.

Dass Menschen in ihrem Handeln nicht immer und nicht mal in der Regel rational sind, muss jede Rationalitätstheorie berücksichtigen. Andererseits sind handelnde Personen auch nicht bloß der Spielball fremder, unvernünftiger Mächte, die sie nicht kontrollieren können. Da Menschen zwischen Rationalität und Irrationalität hin- und hergerissen sind, braucht man einen Begriff „unvollständiger Rationalität"[172], dem die Einsicht zugrundeliegt, dass Menschen zwar nicht vollkommen rational sind, indirekt aber Techniken entwickeln und ausüben können, die ihnen rationales Handeln inmitten der Anfechtungen der Irrationalität ermöglichen.

Unvollständige Rationalität besteht darin, „schwach zu sein und davon zu wissen"[173] – so wie Odysseus, der wusste, dass er dem Gesang der Sirenen nicht würde widerstehen können und sich auf der Grundlage dieser Einsicht prophylaktisch auf seine bevorstehende Irrationalität einstellen konnte, um schließlich das gleiche Ergebnis zu erzielen, das er erreicht hätte, wenn er nicht – wie alle anderen – vom Gesang der Sirenen verführbar gewesen wäre: „Odysseus war nicht gänzlich rational, denn ein rationales Wesen hätte nicht zu diesem Mittel greifen müssen; er war aber auch nicht einfach der passive und irrationale Spielball seiner wechselnden Wünsche und Bedürfnisse, denn er konnte mit indirekten Mitteln das gleiche Ziel erreichen, das eine rationale Person auf direkte Weise realisiert hätte."[174]

Es gehört zu den fundamentalen Eigentümlichkeiten menschlicher Rationalität, langfristige Pläne verfolgen zu können und Vorkehrungen dafür zu tref-

---

171 Vgl. Kant, Immanuel, *Anthropologie in pragmatischer Hinsicht*, 673.

172 Vgl. Elster, Jon, „Unvollständige Rationalität".

173 Elster, Jon, „Unvollständige Rationalität", 67.

174 Elster, Jon, „Unvollständige Rationalität", 67.

fen, dass das, was langfristig für gut gehalten wird (Korsgaards ‚overall good'), auch wirklich in die Tat umgesetzt werden kann. Elster analysiert diese Fähigkeit anhand eines weiteren berühmten Beispiels: Pascals Wette. Pascal liefert ein entscheidungstheoretisches Argument für die Rationalität des Glaubens an Gott unter der Bedingung, dass seine Existenz unbeweisbar ist. Die Crux an seinem Argument aber ist – und das sieht Pascal selbst – dass es zwar intellektuell überzeugend sein mag, allein diese Tatsache aber nicht ausreicht, um einen lebendigen Glauben in jemandem zu erzeugen, der vorher nicht geglaubt hat. Pascals Empfehlung lautet nun, sich selbst im Namen einer höherstehenden Rationalität von der eigenen Rationalität in Glaubensfragen zu befreien, indem man sich in religiöser Praxis übt. Die Teilnahme an religiösen Ritualen und Zeremonien, das Lesen heiliger Texte, der Umgang mit religiösen Menschen, all das führt nach Pascal Schritt für Schritt zum gewünschten Ergebnis. Man erzeugt den gewünschten lebendigen Glauben, wenn es auf rationalem Weg schon nicht geht, eben auf kausalem Weg durch konsequente Selbstmanipulation. Der Preis, den man dafür zahlt, ist zwar, mit Pascals eigenen Worten ausgedrückt, dass man nach und nach „verdummt"; all das zählt freilich trotzdem nicht als irrationales Verhalten, denn unter der Voraussetzung, dass das Wettenargument überzeugt, ist es *unvollständig rational*, sich selbst wie Odysseus mit schlichten kausalen Mitteln zum rationalen Handeln zu bewegen.

Diese „zweitbeste Rationalität" ist für Menschen unverzichtbar, weil sie in der Regel nicht über genügend Apathie (als Stärke betrachtet) verfügen, um ihrer Vernunft das letzte Wort über ihre Taten einzuräumen. Den allgemeinen Mechanismus, den Menschen entwickelt haben, um dieses Problem zu umgehen, nennt Elster *Selbstbindung* (precommitment). Damit eine Handlung als ein Akt der Selbstbindung eingestuft werden kann, müssen nach Elster folgende Bedingungen erfüllt sein:[175] eine Handlung ist ein Akt der Selbstbindung (SB), wenn

(SB)

(1) zu einem Zeitpunkt t_1 die Bedingungen geschaffen werden, um die Wahrscheinlichkeit zu erhöhen, dass man eine bestimmte Handlung zu einem Zeitpunkt t_2 *nicht* ausführen wird.

Elster spricht an dieser Stelle davon, dass eine bestimmte *Entscheidung* zu t_2 durch den Akt der Selbstbindung verhindert werden soll. Diese Beschreibung ist insofern nicht ganz passend, als es ja nicht darum geht, eine *freie Entscheidung* zu behindern, sondern die Umstände so einzurichten, dass in dem Fall, in dem gerade *keine* freie Entscheidung mehr getroffen werden kann, trotzdem

175 Im folgenden variiere ich Elsters eigene Formulierungen ein wenig, um den Punkt für meine Zwecke noch klarer zu machen.

das Richtige getan wird. Deswegen spreche ich hier nicht vom Treffen einer Entscheidung, sondern von der beobachtbaren Seite von Entscheidungen, dem Ausführen einer Handlung zu t_2. Es ist so, dass unser „intuitiver Begriff von Selbstbindung zu fordern scheint, daß wir unseren Willen zeitweise auf eine externe Struktur übertragen; daß wir einen kausalen Prozeß in der äußeren Welt einrichten, der nach einiger Zeit zu seiner Quelle zurückkehrt und unser Verhalten beeinflußt".[176]

Eine Handlung zählt desweiteren *nicht* als Akt der Selbstbindung, wenn

(2) die Handlung zu t_1 eine Änderung in der Menge der Möglichkeiten bewirkt, die zu t_2 verfügbar sein werden, und die neue realisierbare Menge die alte einschließt.

Die zweite Bedingung soll verhindern, dass zu viele Fälle – etwa alle Handlungen des Sparens und Investierens – schon als Selbstbindung zählen. Akte der Selbstbindung müssen *spezieller* sein und die zukünftig verfügbaren Möglichkeiten kausal *beschränken*.[177] Hier ist es wichtig, darauf zu achten, dass es um eine Beschränkung der faktischen Handlungsoptionen zu t_2 geht und nicht um eine Beschränkung *aller* zukünftigen Möglichkeiten, denn *in the long run* bewahrt sich Odysseus natürlich dadurch, dass er und seine Männer nicht am Felsen zerschellen, einen riesigen Horizont möglicher Handlungsalternativen, die ihm im Fall seines Todes nur noch bedingt zur Verfügung stehen würden. Zu t_2 allerdings, in dem Moment, in dem Odysseus den Gesang hört, verringert seine Vorkehrungsmaßnahme die Menge seiner Möglichkeiten.

Die dritte Bedingung lautet:

(3) Der Widerstand gegen die Handlung zu t_1 darf nicht größer sein als die Kraft, die man aufbieten müsste, um die unerwünschte Handlung zu t_2 zu verhindern.

Diese Bedingung schließt das aus, was ich „zirkuläre Selbstbindung" nennen würde. Die Ausführung der Selbstbindungshandlung zu t_1 darf für den Handelnden keine größere Hürde darstellen als es die Selbstüberwindung zu t_2 wäre. Ein Nikotinkaugummi darf nicht so ekelhaft schmecken, dass es mehr

176 Elster, Jon, „Unvollständige Rationalität", 74.

177 Elsters drittes Kriterium, das Hervorrufen eines „kausalen Prozesses in der äußeren Welt", überspringe ich hier, weil es in (1) und (2) schon enthalten ist. Außerdem lasse ich sein fünftes Kriterium ganz aus, weil es mir nicht sehr erhellend zu sein scheint.

Willenstärke erfordern würde, ihn zu sich zu nehmen, als ohne Hilfsmittel mit dem Rauchen aufzuhören. Eine zirkuläre Selbstbindungshandlung setzt – abgesehen davon, dass sie „psychologisch“ ausgeschlossen ist – mehr Willensstärke voraus, als sie substituieren soll.

Selbstbindungshandlungen sind durch die Bedingungen (1)-(3) definiert. Innerhalb der Klasse der Selbstbindungshandlungen lassen sich noch weitere Differenzierungen einführen, und zwar insbesondere dahingehend, dass man Selbstbindungshandlungen, die die *Menge* der realisierbaren Handlungen einschränken, von Handlungen unterscheidet, die den *Prozess* der Auswahl einer Handlung aus den gegebenen Möglichkeiten modifiziert. Den ersten Typ könnte man als *externe*, den zweiten als *interne* Selbstbindung bezeichnen.

In einem gewissen Sinn schließt der interne Typ die handlungstheoretische Prämisse aus, nach der Akteure als passive „Opfer“ ihrer Präferenzen betrachtet werden müssen. Damit ist nicht gemeint, dass Menschen nicht häufig das Opfer der Präferenzen sind, die sie einmal haben, sondern dass Menschen häufig Einfluss darauf haben, welche Präferenzen – deren „Opfer“ sie dann immer noch sein können – sie entwickeln. Präferenzen stoßen uns nicht immer einfach zu; häufig genug kann man Einfluss auf ihre Quellen nehmen. Ein Drogensüchtiger hat bestimmte „Präferenzen“ und kann in eine andere Stadt ziehen, um sich dem Einfluss seiner Umgebung und seinen Verbindungen zur Szene zu entziehen (externe Selbstbindung). Andererseits kann sich ein gesunder Mensch von Drogen fernhalten, um den Mechanismus seiner Präferenzbildung zu beeinflussen (interne Selbstbindung), denn wenn man verhindert, dass man jemals Drogen nimmt, verhindert man auch die Drogensucht und die Entwicklung von Präferenzen, die damit typischer Weise verbunden sind.[178]

Die Lektion, die man aus Elsters Analyse rationaler Selbstbindungshandlungen mitnehmen kann, besteht in dem phänomenologischen Befund, dass die Humesche Standardtheorie praktischer Vernunft unvollständige Rationalität nicht erklären kann. Unvollständige Rationalität ist aber immer noch Rationalität, und eine gute Theorie muss mit diesem Phänomen fertig werden können.

---

178 Selbstbindungshandlungen und -strukturen lassen sich aber nicht nur im Bereich individueller Personen, sondern auch bei sozialen Gruppen und sogar Nationen beobachten. Die Bundesrpublik Deutschland hat z. B. eine Verfassung entwickelt, die verhindern soll, dass demokratische Strukturen auf demokratischem Weg abgeschafft werden – was das politische System der Weimarer Republik versäumt hat. Auch dies ist ein Fall, in dem eine antizipierte Irrationalität, die durch Katastrophen natürlicher und kultureller Art o. ä. hervorgerufen werden kann, als Grund für die gegenwärtige Beschränkung der Vielfalt zukünftiger Handlungsoptionen fungiert. Die interne Variante dieses Vorgehens wäre die Einflussnahme auf die Mechanismen der Präferenzbildung bei den Bürgern, etwa durch Erziehung und Bildung.

5 Pläne und praktische Vernunft

Welche Handlungen sind rational, welche sind es nicht? Diese Frage schien sich zunächst dadurch beantworten zu lassen, dass man die Rolle betrachtet, die Wünsche, Präferenzen, Zwecke oder Ziele für die Begründung von Handlungen spielen. Eine erste Antwort auf die Frage nach der Rationalität von Handlungen lautete dann, dass eine Handlung mit dem Prädikat „rational" versehen werden kann, wenn die handelnde Person den Erfolg der Handlung wünscht, bezweckt o. ä.: ein Glas Wasser zu trinken ist rational, wenn und weil ich ein Glas Wasser trinken *möchte* (etwa weil ich Durst habe). Wer Wasser trinkt, ohne es zu wollen, ist irrational oder Opfer eines Irrtums.[179]

Andererseits haben Odysseus und andere, weniger legendäre willensschwache Personen Wünsche, deren Umsetzung wir *nicht* für rational halten. Zwar würde es Odysseus' spontanen Wunsch befriedigen, wenn er und seine Mannschaft sich den Sirenen näherten, es wäre also eine zweckrationale Handlung; insofern ließe sich auch diese Handlung mit Rekurs auf die Wünsche der Beteiligten „begründen". Man sieht aber schon allein daran, dass „begründen" hier in Anführungszeichen gesetzt ist, dass man in diesem Fall nicht so ohne weiteres von guten Gründen zu sprechen geneigt ist. Odysseus' Wunsch scheint einfach irrational zu sein.

Man steht hier vor der paradoxen Situation, dass Handlungen für gewöhnlich durch Zwecke und Präferenzen begründet werden, dass es aber auch Präferenzen zu geben scheint, die diese rechtfertigende Kraft nicht (oder nur auf den ersten Blick) ausüben können. Was die Kriterien sind, die es erlauben, innerhalb von Zwecken und Präferenzen diesen Unterschied zu machen, ist trotzdem noch nicht klar.

Die Lösung, die ich im folgenden für dieses Problem vorschlagen möchte, besteht darin, dass es zwar richtig ist, dass Zwecke und Wünsche die normative Kraft haben, die bloßes Verhalten zum rationalen Handeln macht, dass aber kein Zweck und kein Wunsch *für sich* diese Wirkung entfalten kann. Welche Wünsche und welche Zwecke geeignete Kandidaten für die Rechtfertigung von Handlungen sind, bemisst sich nach ihrem Beitrag zur Realisierung *langfristiger Pläne* und ihrem Platz in dem Netz von Zwecken, Zielen und Normen einer Person. Weiter oben habe ich gesagt, dass in der Begründung von Handlungen starke, identitätsstiftende Werte die Funktion von „Regressstoppern" übernehmen. Hier möchte ich dafür argumentieren, dass sich die gesamte Unterscheidung von „starken" und „schwachen" Wertungen auf die

---

179 Im folgenden wird man sehen, dass das nicht stimmt, denn dieses Theorem kann nicht erklären, wieso es manchmal eben doch vernünftig ist, Wasser zu trinken, obwohl man es nicht will, etwa weil man sich auf eine Operation vorbereiten muss.

Unterscheidung von augenblicklich wirksamen Wünschen und langfristigen Plänen abbilden lässt: Werte *sind* langfristige Pläne biographischen Ausmaßes.

Das erklärt auch, warum Odysseus' augenblicklicher – und höchstwahrscheinlich ziemlich starker – Wunsch, dem Gesang der Sirenen nachzugeben, alles andere als rational war und er genau das Richtige tat, als er sich an den Mast binden ließ. Die Konsequenzen der Realisierung seines Wunsches wären mit dem langfristigen Plan unvereinbar gewesen, zu Penelope und seiner Heimat zurückkehren.

Eine vernünftige Person hat Pläne und wahrscheinlich sogar einen mehr oder minder klar konturierten Lebensplan, ein Plan, der alle anderen Pläne integriert und auf ein oder mehrere „letzte" Ziele hinordnet.[180] Natürlich ist ein Mensch, der seine Zukunft und die Stationen seines Lebens „auf dem Reißbrett" plant, eine Horrorvision. Hier muss man sich daran erinnern, dass ein Plan nicht notwendig das Ergebnis absichtlichen und strategischen *Planens* ist. Menschen sind „geworfener Entwurf" (Heidegger) und damit den kontingenten Bedingungen ihrer biographischen Ausgangslage in ziemlich hohem Maß einfach *ausgesetzt*; diese Ausgangslage gibt ihnen einen Horizont möglicher Lebenspläne vor, aus denen man schließlich einen „gewählt haben wird".[181]

Im folgenden will ich einige wichtige Merkmal von Plänen herausarbeiten, die für die weitere Analyse wichtig sind:

1. Zeitpräferenz

Dass es überhaupt rational ist, zu planen, zeigt, dass eine konsequente Zeitpräferenz irrational ist. Planen heißt Zeitpräferenzen transzendieren. Zur Vernünftigkeit eines Akteurs gehört die „gleichmäßige Beachtung aller Teile unse-

---

180 Vgl. Rawls, John, *Eine Theorie der Gerechtigkeit*, 445ff. Rawls definiert sogar Glückseligkeit im Bezug auf Lebenspläne; nach ihm ist ein Mensch dann glücklich, wenn er „in der [...] erfolgreichen Ausführung eines vernünftigen Lebensplanes begriffen ist, den er unter [...] mehr oder weniger günstigen Bedingungen aufgestellt hat, und wenn er einigermaßen sicher ist, daß er sich ausführen lässt." (447) Dies ist überzeugend, wurde aber offensichtlich nicht immer so gesehen. Man könnte diese Ansicht sogar für spezifisch „modern" und sogar „protestantisch" halten. Denn die religiösen und heidnischen Visionen vom Paradies und vom Schlaraffenland sind ganz wesentlich dadurch gekennzeichnet, dass der Zustand ultimativer Glückseligkeit in der völligen *Unnötigkeit* von Planung und Voraussicht besteht (weil die gebratenen Tauben so oder so geflogen kommen).

Heutzutage ist dieses normative Ideal immer noch wirksam und kommt in der Empfehlung zum Ausdruck, jeden Tag so zu leben „als ob es Dein letzter wäre" oder „für den Augenblick" zu leben, was, genau besehen, unter modernen Bedingungen *romantisch*, mit anderen Worten: durch und durch *unvernünftig* wäre.

181 Natürlich kann man immer noch einen radikalen Sprung vollziehen und nach Tibet gehen.

res Lebens. Bloße verschiedene Stellung in der Zeit, bloßes Früher- oder Spätersein ist an sich kein vernünftiger Grund für stärkere oder schwächere Beachtung."[182] Dies ist natürlich nur die halbe Wahrheit, denn, wie auch Rawls sieht, wissen wir in der Regel mehr über die Gegenwart als über die Zukunft. Pläne werden, je mehr sie die (entfernte) Zukunft betreffen, immer unbestimmter; dies rechtfertigt eine gewissen Zeitpräferenz.. Schon der Plan, zum Mittagessen in die Stadt zu gehen, ist indifferent gegenüber einer Menge Details, die erst ausgestaltet werden müssen, wenn der richtige Zeitpunkt gekommen ist. Es ist deshalb nicht völlig gleichgültig für eine 30-jährige Person, ob ein angestrebtes Ereignis oder Gut zehn oder fünfzig Jahre in der Zukunft liegt. Andererseits ist es nicht besonders clever, seine Altersvorsorge (die man in dreißig Jahren gut gebrauchen könnte) *jetzt* für einen Maserati auszugeben (den man in den kommenden zehn vielleicht dringend, in dreißig Jahren aber nicht mehr so dringend braucht).

2. Hierarchisierung und Partialität

Ein Charakteristikum von Plänen, das eng mit dem ersten Punkt zusammenhängt, ist ihre partielle und hierarchische Struktur.[183] Pläne bestehen, wie man am obigen Beispiel des Plans, zum Mittagessen in die Stadt zu gehen, sieht, aus Teilen, die ineinandergreifen und so – bei erfolgreicher Durchführung – letztlich zur Realisierung eines Plans führen. Selbst im hochgradig durchrationalisierten und professionalisierten, also vom alltäglichen und pragmatisch eingeübten common sense losgelösten Planen (man denke etwa an perfekt durchgeplante große Bauvorhaben) besteht der eine große Plan aus vielen Unterplänen und Unterunterplänen, die ihren funktionalen Beitrag zum Ganzen leisten. Letztere nehmen erst nach und nach konkrete Gestalt an: wann genau welcher Stahlträger wohin transportiert und verbaut werden muss, ist eine Sache späterer, situationsbezogener Überlegung.

Dass Pläne eine hierarchische Struktur haben bedeutet, dass die Teile, aus denen Pläne – und Komplexe von Plänen, die ab einer bestimmten Größe *Projekte* genannt werden können – nicht *gleichberechtigt* sind. Das Nachdenken über vorbereitende Maßnahmen, das Einleiten erster Schritte, der Umgang mit kleineren Problemen usw. macht nur Sinn vor einem *fixen* Hintergrund, der währenddessen nicht beliebig zur Disposition steht.

3. Trägheit und Reflexion

Pläne sind träge: in gewissen Graden widersetzen sie sich ihrer Infragestellung. Zwar ist es durchaus vernünftig, nicht mit dem Kopf durch die Wand zu wol-

---

182 Rawls, John, *Eine Theorie der Gerechtigkeit*, 328.

183 Vgl. Bratman, Michael, *Intention, Plans and Practical Reason*, 28ff.

len und prinzipiell offen für den kritischen Umgang mit eigenen Projekten zu sein. Im Lichte von unantizipierten Problemen und Konflikten kann es deshalb auch rational sein, einen Plan ganz aufzugeben. Grundsätzlich ist es aber *bis auf weiteres* rational, an einmal gefassten Plänen festzuhalten.

Dieser Aspekt wird häufig übersehen. Wenn die Rolle von langfristigen Plänen für praktische Überlegungen untersucht wird, steht in der Regel die *Zukunftsgerichtetheit* unserer Vernunft im Mittelpunkt des Interesses; vernünftig zu sein bedeutet dann, die Tatsache, dass man eine Zukunft hat, in die eigenen Überlegungen mit einzubeziehen. Man ist aber nicht nur gegenüber der eigenen Zukunft, sondern auch gegenüber er eigenen *Vergangenheit* verantwortlich. Nicht in dem Sinn, dass, wer A sagt, auch B sagen *muss*. Aber doch in dem Sinn, dass es für den, der A gesagt hat, nicht immer und in jeder Situation vernünftig ist, A ohne gute Gründe permanent infragezustellen: „The strategy of settling in advance on such partial, hierarchically structured plans, leaving more specific decisions till later, has a deep pragmatic rationale. On the one hand, we need to coordinate our activities both within our own lives and socially, between lives. And we need to do this in ways compatible with our limited capacities to deliberate and process information. Further, given these same limitatios we need a way to allow prior deliberation to shape later conduct.“[184] Für endliche Wesen ist die kognitive Überforderung, die von permanenter Dauerreflexion ausgeht, mit zu hohen Kosten verbunden: „My prior intentions and plans [...] pose problems for deliberation, thereby establishing standards of *relevance* for options considered in deliberation. And they constrain solutions to these problems, providing a *filter* of *admissibility* for options. In these ways prior intentions and plans help make deliberation tractable for limited beings like us. The provide a clear, concrete purpose for deliberation, rather than merely a general injunction to do the best.“[185]

Langfristige Ziele bilden so einen *Hintergrund*, der kurzfristigere Zwecke mit Gründen versorgt und vor dem irrationale Zwecksetzungen als solche identifiziert werden können: „Prior intentions and plans, then, provide a *background framework* against which the weighing of [...] reasons for and against various options is to take place.“[186] Diese allgemeineren Handlungsgründe könnte man *Rahmengründe* (framework reasons) oder *strukturelle* Gründe nennen: „The best thing to say is that intentions [and plans, H. S.] provide special kinds of reasons–framework reasons–whose role is to help determine the relevance and admissibility of options. These reasons do not compete with desire-belief reasons, but rather structure the process of weighing such reasons. Further, this role of intentions in providing a background framework for the weighing of desire-belief reasons is itself grounded in pragmatic considerations concer-

---

184 Bratman, Michael, *Intention, Plans and Practical Reason*, 29.

185 Bratman, Michael, *Intention, Plans and Practical Reason*, 33.

186 Bratman, Michael, *Intention, Plans and Practical Reason*, 33f.

ning the satisfaction of rational desire."[187] Hier ist der Ort, an dem man nach Korsgaards „rational principles determining our ends" zu suchen hat.

6 Der prudentielle Imperativ

Wer sich zum Thema „Rationalität" äußert, äußert sich immer auch zu der Frage, die nach Kant alle Themen der Philosophie – Wissen und Wahrheit, Freiheit, Moral und Glück, Gott und die Schönheit von Natur und Kunst – integriert: Was ist der Mensch? Theorien der Rationalität haben stets anthropologische Implikationen. Die Geschichte der Philosophie, vor allem aber der Naturwissenschaften, zeigt freilich, das es nicht so viele anthropische Monopole gibt, wie man angenommen hatte und dass die Unterschiede zwischen Mensch und Tier nicht so groß sind wie gedacht. Der Besitz einer Seele und von Empfindungsfähigkeit, das Meistern einer Sprache oder die Anerkennung sozialer Konventionen, der Bau und die Verwendung von Werkzeugen und vieles mehr sind oder waren allesamt Kandidaten für Fähigkeiten oder Eigenschaften, die *nur* dem Menschen eigentümlich sein sollten. Inzwischen hat sich freilich herausgestellt, dass in fast allen Bereichen höhere Lebewesen ein Verhalten an den Tag legen, bei dem sich eine anthropomorphe Interpretation geradezu aufdrängt. Searle diskutiert folgendes Beispiel: „During the First World War a famous animal psychologist, Wolfgang Köhler, [...] showed that apes were capable of rational decision making. In a typical experiment he put an ape in an environment containing a box, a stick, and a bunch of bananas high up out of reach. After a while the ape figured out how to get the bananas. He moved the box under the bananas, got the stick, climbed up on the box, reached up with the stick and brought down the bananas."[188] Die Konsequenz, die Searle daraus zieht, ist natürlich nicht so zwingend, wie er es behauptet; sie hat aber immerhin einige Plausibilität für sich: „There is no question that the ape exemplifies one type of rational decision making."[189] Dass es hier „no question" gibt, ist sicher falsch; es würde aber Einiges an Argumentation erfordern, einen naiven Beobachter davon zu überzeugen, dass das, was der Affe hier tut, vollständig von genetischen Programm diktiert ist und in keiner Weise den Charakter sinnvollen, ja: verständigen Tuns trägt. Andererseits: *dass* es gravierende Unterschiede zwischen Mensch und Tier gibt, scheint mindestens so unbezweifelbar. Die richtige Fragestellung muss lauten: es gibt diese Unterschiede – wie sind sie möglich? Und worin bestehen sie?

---

187 Bratman, Michael, *Intention, Plans and Practical Reason*, 34.

188 Searle, John, *Rationality in Action*, 1f.

189 Searle, John, *Rationality in Action*, 2.

Ein erster Vorschlag wäre, die Rationalität des Affen an diesem Punkt enden zu lassen: „there is a very large number of other types of rational decision making that the ape did not, and presumably could not, engage in. The ape could attempt to figure out how to get the bananas now, but he could not attempt to figure out how to get the bananas next week. For humans, unlike the ape, much rational decision making is about the organisation of time beyond the immediate present." Menschen haben, sonst könnten sie weder Techniken der *Selbstbindung* noch des längerfristigen *Planens* entwickeln, die Fähigkeit, sich auf eine entferntere Zukunft zu beziehen und ihr Handeln daran zu orientieren: „the ape cannot consider large chunks of time terminating in his own death. Much human decision making, indeed most major decisions, such as where to live, what sort of career to pursue, what kind of family to have, whom to marry, has to do with the allocation of time prior to death. Death, one might say, is the horizon of human rationality".[190] Obwohl der Tod uns Menschen nur in der Form eines „Ich weiß, dass ..." und nicht in der Form eines „Ich weiß, wann ..." kognitiv vefügbar ist, spielt er doch gleichsam als Fluchtpunkt unserer Überlegungen eine permanente Rolle für unser rationales Handeln.[191] Diese Fähigkeit trägt traditionell den Namen *Klugheit*; ich ziehe es hier freilich vor, von *prudentieller Rationalität* zu sprechen, da der Begriff der Klugheit äußerst vage ist und häufig schlicht mit der geschickten Wahrung eigener Interessen gleichgesetzt wird. Demgegenüber konzentriere ich mich auf einen Aspekt des Begriffs prudentieller Rationalität, den Thomas Nagel in dessen „futurischen Konnotationen" sieht: „In allen diesen Fällen gibt das Gewicht, das *künftigen* Handlungsfolgen beigelegt wird, den Ausschlag: Als unklug gilt, wer sie entweder ignoriert oder sie vernachlässigt zugunsten unerheblicher Faktoren in der Gegenwart."[192]

Elster beschreibt diese wesentliche Eigenschaft menschlicher Rationalität anhand der Fähigkeit von Personen, zu *warten* und *indirekte Strategien* nach dem Schema „Ein Schritt zurück, zwei Schritte vor" anzuwenden. Man nehme an, eine Person sei mit den drei Handlungsoptionen a, b und c konfrontiert, von denen c die beste, erstrebenswerteste etc. und a die schlechteste ist (für den Nutzen der drei Optionen gilt also $c>b>a$). Gleichzeitig gilt, dass von der Option b kein Weg zu c führt; hat man b einmal ergriffen, ist Option c verstellt. Die einzig möglichen Wege führen von a zu b und von a zu c. Beides ist für den Akteur von Vorteil, aber die zweite Variante ist vorteilhafter. Dem Akteur werden die Optionen nacheinander angeboten. Dabei ist er darüber informiert und hat zu beachten, dass $a-b$ zuerst angeboten wird und sich der Weg $a-c$

---

190 Searle, John, *Rationality in Action*, 2.

191 Dies ist der rationale Kern in der mystischen Hülle von Heideggers These, das „Dasein" sei ein „Sein zum Tode".

192 Nagel, Thomas, *Die Möglichkeit des Altruismus*, 53.

erst dann öffnet, wenn *a – b* abgelehnt wurde.[193] Eine rationale Person wird sich natürlich *gegen* die (immer noch vorteilhafte) Option *a – b* entscheiden und damit, indem sie an *a* festhält, einen Schritt zurück machen, um später zwei Schritte vorwärts – von *a* zu *c* – machen zu können. Diese Person wäre *klug*.

All das spricht für einen engen Zusammenhang von Rationalität und Zeit, oder besser: Zeitbewusstsein. Die Berücksichtigung der zeitlichen Ausdehnung und Begrenztheit unseres Lebens wird so nicht nur zu einer spezifisch menschlichen *Fähigkeit*, sondern auch zu einer genuinen *Vernunftanforderung*.

Weiter oben habe ich zwei Aspekte praktischer Vernunft unterschieden, die für die eingeschränkte Rationalität *instrumenteller Vernunft* charakteristisch sind: (IV) (1) die konditionale Struktur instrumenteller Begründungen und (IV) (2) der Rekurs instrumenteller Gründe auf „Normen" (im weitesten Sinn von Zwecken, Zielen, Wünschen, Werten, Präferenzen usw.) im Antecedens des Konditionals (etwa: wenn Z, dann M oder wenn W, dann Z). Für einen *minimalen* Vernunftbegriff, wie er von strikt instrumentalistischen Theorien praktischer Rationalität favorisiert wird, kann man jetzt eine dritte Bedingung aufstellen, die die zeitliche Dimension menschlichen Handelns einbezieht:

(IV)

(3) Instrumentelle Gründe rekurrieren auf *gegenwärtig präsente* Zwecke, Wünsche, Ziele etc.

Erst durch die dritte Bedingung gelangt man zu einem vollständigen Bild „instrumenteller Vernunft". Das Vernunftverständnis, das sich in diesen Bedingungen (IV) (1)-(3) artikuliert, steht auf dem Prüfstand. Die plausibelste Methode der Kritik instrumentalistischer Theorien besteht darin, entweder zu zeigen, dass sie a) gewisse offensichtlich rationale Handlungen nicht als solche klassifizieren können oder b) gewisse offensichtlich irrationale Handlungen als rationale Handlungen einzustufen gezwungen sind. Ein Beispiel für a) liegt schon vor: für eine instrumentalistische Theorie praktischer Rationalität ist es nicht selbstverständlich, dass Selbstbindungshandlungen und Pläne, die es erlauben, an langfristigen Zielen festzuhalten, rational sind.

Fälle vom Typ b) werden von Thomas Nagel als „Pseudomöglichkeiten" einer verkürzten Rationalitätstheorie so beschrieben: „Ein normatives System, das dergleichen als ‚Möglichkeiten' zuläßt, geht nicht allein darin fehl, daß es noch

---

193 Ich habe Elsters Beispiel hier ein wenig modifiziert. Elster selbst diskutiert ein ähnliches Beispiel im Zusammenhang mit der Mutation von Proteinen in einem Organismus, bei dem gezeigt werden soll, dass diese *nicht* nur Anwendung indirekter Strategien fähig sind.

nicht einmal die elementarste Konsistenz unseres Handelns durch die Zeit hindurch verlangt, sondern es erhöht sogar noch das Potential für intrasubjektive Konflikte", die es „methodisch mit dem Siegel der Rationalität versieht."[194] Für diese Fälle hat Nagel die gelungene Bezeichnung von „Intrigen des Subjekts gegen sein eigenes zukünftiges Selbst" gefunden; eine Rationalitätstheorie, die es vernünftig aussehen lässt, wenn sich ein Subjekt selbst Steine in den Weg legt, verfehlt ihren Zweck. Man könnte meinen, dass das für Selbstbindungshandlungen auch gilt. Der Unterschied ist hier, dass die „Konsistenz unseres Handelns durch die Zeit" hindurch nicht torpediert, sondern gewahrt wird.

Nagel entwirft die folgenden drei temporalen Paradoxien (TP), bei denen eine instrumentelle Vernunft, wie sie in (IV) (1)-(3) beschrieben wird, in sich zusammenstürzt[195]:

(TP)

(1) Es ist möglich, dass ich zu t_1 das Eintreten eines Ereignisses zu t_2 bezwecke, von dem ich erwarte, dass ich es zu t_2 nicht mehr bezwecken werde. Also ist es möglich, dass ich jetzt (zu t_1) Grund habe, etwas zu tun, von dem ich weiß, dass ich dann (zu t_2) keinen Grund mehr haben werde, es zu tun.

(2) Es ist möglich, dass ich erwarte, zu t_2 das Eintreten eines Ereignisses zu bezwecken, das ich jetzt nicht bezwecke. Also ist es möglich, dass ich jetzt (zu t_1) *keinen* Grund habe, die eventuell dafür erforderlichen Mittel zu ergreifen oder vorbereitenden Schritte[196] zur Beförderung meines Zwecks (zu t_2) einzuleiten.

(3) Es ist möglich, dass ich zu t_1 etwas bezwecke, wovon ich weiß, dass ich es zu t_2 ungeschehen machen wollen werde.

Der dritte Fall ist kompliziert, denn er schließt Selbstbindungshandlungen – die damit als irrational zu gelten hätten – mit ein. Nagel, der Elsters Studien nicht kennen konnte, hat offenbar nicht mit der Möglichkeit von *rationalen* „Intrigen" eines Subjekts gegen sich selbst gerechnet. Man muss (TP) (3) deshalb ergänzen:

---

194 Nagel, Thomas, *Die Möglichkeit des Atruismus*, 59.

195 Ich orientiere mich hier an Nagels Gegenbeispielen gegen die These, dass nur gegenwärtig präsente Wünsche gute Handlungsgründe sein können, vgl. Nagel, Thomas, *Die Möglichkeit des Altruismus*, 57ff.

196 Nagel spricht hier von „derivativen Gründen".

(3') Es ist möglich, dass ich zu t_1 etwas bezwecke, wovon ich weiß, dass ich es zu t_2 ungeschehen machen wollen werde, wobei gilt, dass die Handlung zu t_2 meinen erwarteten Zwecken und Wünschen zu t_3 bis t_n *nicht* mehr widerspricht als die Handlung zu t_1.

Mit dieser Ergänzung gelingt es, *prudentielle Selbstbindungshandlungen* gegen Nagels Kritik zu immunisieren.

Nagel zeigt anhand dieser drei „Pseudomöglichkeiten", wie sich die simpelste Form instrumenteller Vernunft in *temporale Rationalitätsparadoxien* verstrickt, durch die sie das Kriterium verletzt, das eine gute Rationalitätstheorie unbedingt erfüllen sollte: dass sie nicht offensichtlich irrationale Handlungen systematisch mit dem Etikett des Rationalen versehen darf. Dem engen Zusammenhang von Rationalität und Zeit kommt Nagel mit dem Slogan entgegen: „Ein *erwarteter* Grund ist nichtsdestoweniger ein Grund."[197]

Sein selbstgestecktes Ziel lautet: „Es muß möglich sein, Handlungen und Wünsche als solche und nicht bloß die sie begleitenden Überzeugungen im Namen der Vernunft der Kritik zu unterwerfen."[198] Handlungen, Wünsche und Zwecke können nur dann „im Namen der Vernunft" der Kritik unterworfen werden, wenn sie Kandidaten für Bewohner des Raums der Gründe sind: rationale Handlungen sind Handlungen, für die es gute Gründe gibt; irrationale Handlungen sind Verhaltensweisen, für die es keine guten, sondern nur schlechte Gründe gibt. (Irrationale Handlungen sind *nicht* Verhaltensweisen, für die es *gar keine* Gründe gibt. Als solche wären sie vielmehr *a*rational und gar keine Handlungen mehr, sondern ein kausal ablaufendes Geschehen wie z. B. Stolpern).[199] Angesichts der starken Intuition, dass die unter (TP) (1-3) beschriebenen Handlungen durch und durch irrational sind, bedeutet das, dass man dieser Intuition nur durch die Untersuchung der *formalen Struktur von Handlungsgrunden* gerecht werden kann. Genau dies ist Nagels Strategie.

Ein Handlungsgrund wird von Nagel zunächst als etwas bestimmt, das sprachlich in der Form eines Prädikats ausgedrückt werden kann. Von diesem Prädikat gilt, dass, wenn es auf ein Ereignis oder einen Sachverhalt zutrifft, ein Akteur Grund hat, das jeweilige Ereignis zu befördern (promote) oder den jeweiligen Sachverhalt herbeizuführen. In Nagels Worten: „Wir können [...] festlegen, daß ein jeder Grund ein Prädikat *R* ist derart, daß für alle Personen x und für alle Ereignisse α gilt: Wenn *R* auf α zutrifft, dann hat x einen *Pri-*

197 Nagel, Thomas, *Die Möglichkeit des Altruismus,* 67.

198 Nagel, Thomas, *Die Möglichkeit des Altruismus*, 92.

199 Irrationale Handlungen sind nicht-rational, arationale Handlungen sind nicht rational.

ma-facie-Grund, α zu befördern."[200] Das Prädikat *R* könnte z. B. durch „... entspricht Gottes Wille", α durch „Beten" ersetzt werden; alle Personen haben dann einen Prima-facie-Grund zu beten, weil es Gottes Wille entspricht.

In den Bedingungen (IV) (1-3) ist die Möglichkeit einer normativen „Fernwirkung"[201] von der Zukunft oder der Vergangenheit auf die Gegenwart ausgeschlossen. Von hier aus scheint der einzige gangbare Weg, der noch bleibt, um prudentielles Handeln als einen Spezialfall instrumentell rationalen Handelns darzustellen, der zu sein, ein gegenwärtig wirksames Interesse am eigenen zukünftigen Wohl zu postulieren; diese Option wird von Nagel mit dem Argument zurückgewiesen, dass die Vernünftigkeit prudentieller Rationalität nicht von gegenwärtig wirksamen Wünschen abhängig sein kann, die man auch nicht haben könnte: „Die Hypothese, daß alle Verbindungen zur Zukunft durch Wünsche in der Gegenwart hergestellt werden, behandelt den Akteur zu jedem beliebigen Zeitpunkt nämlich wie einen Insulaner und unterstellt, er müsse, um ein Interesse an der Zukunft nehmen zu können, seine Fühler etwa so ausstrecken wie jemand, der sein Interesse auf die Vorgänge in einem weit entfernten Land richtet."[202] Demgegenüber betont Nagel, dass die „Vorstellung unseres künftigen Glücks [...] keinesfalls eine Idee [ist], die uns einfach so *gefällt*"[203], denn die „Beziehung einer Person zu den zeitlich entfernten Stadien ihres *eigenen Lebens* muß [...] enger sein."[204] Dass wir die Anforderungen prudentieller Rationalität als echte Vernunftanforderungen betrachten, enthüllt ein Verständnis unserer selbst als einer Person, deren Identität über die zeitliche Ausdehnung eines Lebens hinweg kontinuierlich bleibt. Das Leben einer Person ist keine diskrete Abfolge episodärer Einzelstadien.

Wie muss die formale Struktur von Handlungsgründen beschrieben werden, um dieser Konzeption personaler Identität gerecht zu werden? Offensichtlich ist es so, dass sich „der Einfluß von Gründen über die Zeit hinweg geltend machen"[205] können muss, denn wenn dies nicht so wäre, gerieten wir – wie gesehen – in Paradoxien, die mit der systematischen Missachtung der zeitlichen Ausdehnung eines Lebens verbunden sind.

Die Eigenschaft, die Gründe haben müssen, um das Geforderte zu leisten, ist schnell benannt: Gründe müssen *zeitlich neutral* sein. Um diese Eigenschaft präziser charakterisieren zu können, führt Nagel die Unterscheidung zwischen

---

200 Nagel, Thomas, *Die Möglichkeit des Altruismus*, 69. Ein Prima-facie-Grund ist ein Grund, der von anderen Gründen und zusätzlicher Information übertrumpft oder abgeschwächt werden kann.

201 Vgl. Nagel, Thomas, *Die Möglichkeit des Altruismus*, 42.

202 Nagel, Thomas, *Die Möglichkeit des Altruismus*, 56.

203 Nagel, Thomas, *Die Möglichkeit des Altruismus*, 65.

204 Nagel, Thomas, *Die Möglichkeit des Altruismus*, 56.

205 Nagel, Thomas, *Die Möglichkeit des Altruismus*, 66.

datierten und *undatierten* Gründen ein: prudentielle Rationalität setzt das Verständnis von und die Empfänglichkeit für undatierte Gründe voraus.

Datierte Gründe sind die Grundprädikate, die nur dann für die Ausführung einer Handlung sprechen, wenn sie im Präsens auf den herbeizuführenden Sachverhalt zutreffen (im obigen Beispiel: „α entspricht (jetzt) Gottes Wille"). Im Unterschied dazu soll die temporale Neutralität undatierter Gründe durch ihre *zeitlose* Geltung garantiert werden; nur diese undatierten Gründe sind prudentielle Gründe: „Wir haben einen Grund, jedes wirkliche oder mögliche Ereignis α zu befördern, wenn es *atemporal wahr* ist, dass zur Zeit des Ereignisses α ein *Grund*prädikat R auf α zutrifft."[206] Es ist zunächst unerheblich, ob dieses Zutreffen in der Vergangenheit, in der Gegenwart oder in der Zukunft liegt. Deshalb schlägt Nagel auch vor, sich voll auf die temporal neutrale Rede einzulassen und nicht davon zu sprechen, dass es für das Ereignis eine Grund geben *wird*, sondern dass es ihn einfach – undatiert, zeitlos, temporal neutral – *gibt*.

Aus dieser Konzeption praktischer Gründe ergibt sich ein Rationalitätsprinzip, das ich als *prudentiellen Imperativ* (PI) bezeichne: „Ich behaupte, dass sich an einen praktischen Grundsatz oder an einen Handlungsgrund stets die Frage richten lässt, ob er verträglich sei mit unserer Auffassung des Selbst als einer in der Zeit fortdauernden Person."[207] Auf eine etwas griffigere Formel gebracht lautet der prudentielle Imperativ:

(PI)

Handle nur aus Gründen, die mit der Auffassung deines Selbst als einer in der Zeit fortdauernden Person verträglich sind.

Dieses Kriterium unterwirft, ähnlich wie der kategorische Imperativ, unser Handeln einem prozeduralen Test, vor dem diese entweder bestehen oder aufgrund von Irrationalität disqualifiziert werden können. Im Unterschied zum kategorischen Imperativ ist es aber weitaus plausibler, dass wir diesen Test lebensweltlich auch *tatsächlich durchführen*. Man sollte außerdem beachten, dass der PI indifferent gegenüber den Modalitäten der Zeit formuliert ist. Er verpflichtet uns in unseren praktischen Überlegungen nicht nur darauf, die Interessen unseres *zukünftiges* Selbst in Rechnung zu stellen, sondern auch, die pragmatisch induzierte Trägheit unserer in der *Vergangenheit* gemachten Pläne anzuerkennen. Man sieht zudem, dass der PI äußerst schwache Ansprüche stellt, denn er sagt nicht, zu *wieviel* kluger Planung wir verpflichtet sind. Er enthält keine Hinweise darauf, wieviel Geld man sparen sollte, wie diszipliniert

---

206 Nagel, Thomas, *Die Möglichkeit des Altruismus*, 70.

207 Nagel, Thomas, *Die Möglichkeit des Altruismus*, 89f.

man im Hinblick auf die Zukunft auf seine Gesundheit achten sollte usw. Er erinnert uns ganz formal daran, dass wir die Fähigkeit, Zeitpräferenzen zu transzendieren, nutzen sollten.

Dieser „Formalismus" ist kein Nachteil. Die Bestimmung konkreter Inhalte für prudentielle Überlegungen ist in hohem Maß kulturrelativ, und eine soziale Gruppe, die an die permanente Bedrohung durch Naturkatastrophen oder schwelende kriegerische Konflikte gewöhnt ist, wird weniger Planung für vernünftig halten, als eine kulturelle Formation, die niemals von dergleichen betroffen war und es aus religiösen Gründen für vernünftig hält, sogar bis weit über den eigenen Tod hinaus (namentlich für die Ewigkeit) zu planen. Der PI sagt nur, dass die Zukunft überhaupt eine Rolle für die Vernünftigkeit von Handlungen spielt.

Über den Begründungsanspruch Nagels und die methodische Reihenfolge seines Arguments darf man, wie Nagel selber einräumt, keine zu hohen Ansprüche stellen. Wir können nicht zuerst die formale Struktur von Gründen untersuchen, auf diesem Weg herausfinden, dass sie eine atemporale Struktur haben und dann in Anwendung auf verschiedene Beispielfälle herausfinden, was rationales (prudentielles) Handeln von irrationalem Handeln unterscheidet; es läuft vielmehr genau umgekehrt: erst gehen wir von Beispielen aus und überprüfen, welche Fälle wir als irrational zu qualifizieren gewillt sind; dies „sehen" wir intuitiv. Erst *dann* suchen wir nach einer Rationalitätstheorie, die unseren vortheoretischen Intuitionen gerecht wird und schließen, dass es atemporale (prudentielle) Gründe geben *muss*.[208]

Die beste Interpretation dieses Befundes ist dann, dass diese Theorie der Rationalität am besten für unser Selbstverständnis als Wesen mit einer diachronen Identität aufkommt. Nagel spricht davon, dass unsere rationalen Intuitionen uns auf eine bestimmte „Metaphysik der Person"[209] verpflichten. Die Forderungen prudentieller Rationalität sind der „praktische Ausdruck" dieser tiefsitzenden metaphysischen Intuition. Sie „reflektieren in bestimmter Weise die Selbstauffassung eines Individuums als eines seine Identität durch die Zeit hindurch bewahrenden Wesens: sein Vermögen, sich mit vergangenen und zukünftigen Stadien seiner selbst zu identifizieren und diese als Komponenten eines einzigen Lebens anzusehen."[210]

---

208 Die Konstruktion der Theorie funktioniert in der von Goodman und Rawls beschriebenen Weise, vgl. Goodman, Nelson, *Fact, Fiction, and Forecast* und Rawls, John, *Eine Theorie der Gerechtigkeit*, 37ff.

209 Nagel, Thomas, *Die Möglichkeit des Altruismus*, 82.

210 Nagel, Thomas, *Die Möglichkeit des Altruismus*, 82; Die revisionären Konsequenzen, die sich aus der Ablehnung dieser Identifikation ergeben, werden von Derek Parfit diskutiert und vertreten, vgl. ders., *Reasons and Persons*, 117ff.

7 Strukturelle Gründe

Die minimale Rationalitätskonzeption instrumenteller Vernunft zeichnet ein *atomistisches* Bild von Handlungsgründen. Akteure werden von einzelnen, isolierten Wünschen überfallen und versuchen, diese mehr oder minder effizient zu erfüllen. Das Plädoyer für die anspruchsvollere Vernunftkonzeption prudentieller Rationalität kann man umgekehrt als *holistisch* bezeichnen, weil sie den Platz von Wünschen, Zwecken und Werten in einem *Ganzen* von Wünschen, Zwecken und Werten betrachtet. In Anlehnung an den semantischen Holismus könnte man sagen: Gründe kann man überhaupt nur haben, wenn man viele Gründe hat.[211]

Wie gravierend die Schwächen des Instrumentalismus sind, zeigte sich am Problem des Zusammenhangs von Rationalität und Zeit, weil dieser die Vernünftigkeit von Selbstbindungshandlungen, zukunftsgerichteten Plänen und atemporalen Gründen nicht verständlich machen kann. Stattdessen stellte sich heraus, dass der PI den adäquaten Ausdruck unserer lebensweltlichen Intuitionen bezüglich praktischer Rationalität liefert.

Diese Einsicht entwickelt sich aus dem Problem der *intertemporalen Koordination* von Handlungen.[212] Aus dem Vergleich der intrapersonellen, intertemporalen Handlungsstrukturen, die sich aus der Ausübung instrumenteller bzw. prudentieller Rationalität ergeben, lässt sich ein Argument für letztere gewinnen. Eine intrapersonelle, intertemporale Handlungsstruktur (HS_{it}) ist eine nach Zeitpunkten geordnete Folge von Handlungen, die von einer einzigen Person ausgeführt wird; diese lässt sich als ein N-Tupel von Handlungen darstellen:

(HS_{it})

$\langle h_{t1}, h_{t2} \rangle$

Der Einfachheit halber kann man sagen, dass diese Handlungsstruktur die zu t_1 bzw. t_2 wirksamen Wünsche erfüllt oder die jeweils angestrebten Zwecke realisiert. Man muss ergänzen, dass diese Handlungsstruktur von einem (nur) instrumentell rationalen Akteur nach dem Grundsatz *punktueller Optimierung* (PO) gewählt wird:

---

211 Vgl. Nida-Rümelin, Julian, „Praktische Kohärenz".

212 Vgl. Nida-Rümelin, Julian, *Strukturelle Rationalität*, 32ff.

(PO)

Eine Handlung ist punktuell optimal, wenn sie die zu einem bestimmten Zeitpunkt dominierenden Wünsche optimiert.

Zu t_1 werden die zu t_1 dominierenden, zu t_2 die zu t_2 dominierenden Wünsche erfüllt. Bloß antizipierte Wünsche geraten aus dem Blick. Im Fall punktueller Optimierung ist es klar, dass es eine konkurrierende intertemporale Handlungsstruktur $<h_{t1'}, h_{t2'}>$ gibt, die die gleichen Wünsche in höherem Maß oder die in noch entfernterer Zukunft liegenden Wünsche miterfüllt, denn in der Regel „gilt, dass temporale Handlungsstrukturen, die aufgrund punktueller Optimierung entstehen, nicht optimal sind.“[213] Praktische Vernunft besteht darin, sich von seinen gegenwärtig (punktuell) wirksamen Wünschen und Neigungen zu distanzieren und *vorausschauend* zu handeln. Eine strukturell optimale Handlung (SO) lässt sich deshalb so charakterisieren:[214]

(SO)

Eine Person handelt strukturell optimal, wenn sie den (PI) beachtet.

Die instrumentalistische Standardtheorie praktischer Vernunft dagegen zeichnet das Bild einer willensschwachen Person, die nicht über das Reflexionsniveau eines Kleinkindes hinauskommt und etikettiert dies als das letzte Wort, das die Vernunft über unser Handeln zu sprechen hat. Dabei ist es schon auf der phänomenologischen Ebene klar, wie wir über eine Person urteilen würden, die nur zu punktueller Optimierung fähig wäre: „Eine Person ohne erkennbare Handlungsstrukturen würde unbeständig, sprunghaft, inkohärent wirken, man könnte ihr keine sich in der Zeit durchhaltenden Ziele und Einstellungen zuschreiben, Handlungsgründe würden für eine solche Person von einem Zeitpunkt zum nächsten ihre Bedeutung verlieren, andere Personen wären nicht imstande, ihr zeitlich hinreichend stabile Wertorientierungen zuzuschreiben.“[215]

Prudentiell rational zu sein bedeutet, für *strukturelle Gründe* empfänglich zu sein und nach diesen zu handeln. Diese Einsicht formuliert das bisher Gesagte auf abstraktere und verallgemeinerte Art und Weise. In der Vergangenheit gemachte und auf die Zukunft gerichtete Pläne und Ziele sind strukturelle Gründe, denen punktuelle Handlungen entsprechen können oder nicht. Keine

---

213 Nida-Rümelin, Julian, *Strukturelle Rationalität*, 34.

214 Diese Charakterisierung weicht von der Nida-Rümelins ab, weil er auch *soziale* Normenkonformität zu strukturell rationalem Handeln zählt. Ich gehe nicht so weit und beschränke mich deshalb auf *individuelle* Rationalität.

215 Nida-Rümelin, Julian, *Strukturelle Rationalität*, 59.

punktuelle Handlung kann für sich als rational beurteilt werden, ohne ihren Platz in einem holistisch verfassten Netz von Zwecken, Zielen, Werten und Normen einer Person zu betrachten. Der Gegensatz strukturell/punktuell ist dabei relational zu verstehen: er reicht von identitätsstiftenden Werten und Lebenszielen (Makrostrukturen) über mittelfristige Pläne und Projekte (Mesostrukturen) bis hin zu situativen Entscheidungen und Zwecksetzungen (Mikrostrukturen und atomare Handlungen). Jede Handlungsstruktur *h* besteht aus einer Folge von Teilhandlungen <h_1, h_2,..., h_n, h>; die Elemente h_1 bis h_n sind punktuell relativ zur übergreifenden Handlungsstruktur *h*, was aber nichts daran ändert, dass *h* selbst nur ein Element unter vielen in einer höherstufigen Struktur h' sein kann.

Das Argument zugunsten strukturell rationalen Handelns lässt sich noch abstrakter fassen. Man kann nämlich – und Nagel tut dies ausdrücklich – den instrumentell rationalen Akteur als eine Person auffassen, die von ihren zukünftigen und vergangenen „Selbsten" radikal dissoziiert ist. Dieser Person gelingt es nicht, sich mit ihren vergangenen und zukünftigen Selbsten so zu identifizieren, dass sie diese als Stadien eines – ihres eigenen – Lebens verstehen kann.

Aus dieser Beschreibung lässt sich ein Argument für prudentiell rationales Handeln gewinnen, dass sich auf die Übertragung des Problems kollektiver Güter auf eine einzelne Person stützt.[216] Was kollektives Gut für den sozialen Fall ist, werde ich für den intrapersonellen Fall als *temporales Gut* bezeichnen. Das Problem temporaler Güter besteht dann darin, dass es für das dissoziierte Selbst S_{t1} rational ist, nicht an der Bereitstellung oder Erhaltung temporaler Güter zu partizipieren. Damit ist indirekt gezeigt, dass es rational ist, sich als ein zeitlich ausgedehntes Subjekt zu begreifen, da sich dieses Problem nur für den punktuellen Optimierer stellt. Der PI ist die Regel, die angibt, wie das Problem temporaler Güter zu lösen ist. Die dissoziierten Selbste S_{t1}, S_{t2} usw. spielen Gefangenendilemma gegen sich selbst – und verlieren.[217] Der PI wäre

216 Zum Problem kollektiver Güter vgl. Olson, Mancur, *Die Logik des kollektiven Handelns* und Boudon, Raymond, *The Unintended Consequences of Social Action*. Das Problem kollektiver Güter besteht – grob gesagt – darin, dass es bei ausreichender Gruppengröße und schwacher normativer (moralisch-rechtlicher) Bindung für den einzelnen Akteur rational ist, an einer für die Bereitstellung oder Erhaltung kollektiver Güter (saubere Luft, öffentliche Verkehrsmittel, demokratisch gewählte Regierungen) notwendigen Praxis *parasitär* zu partizipieren, d. h. nicht kooperativ zu handeln, sondern eine Ausbeutungsstrategie zu wählen.

217 „Verlieren" soll hier heißen: „erreichen ein suboptimales Ergebnis", denn verlieren kann ein Spieler strenggenommen nur, wenn er ausgebeutet wird; bei reziproker Ausbeutung verlieren beide, also keiner.

die Regel, deren Einhaltung eine suboptimale Ausschüttung in einem intrapersonellen, intertemporalen Kooperationsspiel gegen sich selbst verhindert. [218]

Ein Beispiel: Ich setze voraus, dass gesunde Zähne ein Gut sind[219] und dass es wahr ist, dass regelmäßiges Zähneputzen am Erhalt oder Erwerb gesunder Zähne einen maßgeblichen Anteil hat. Man stelle sich nun eine Person vor, die seit ihrer Kindheit eine Abneigung gegen das Zähneputzen hat; diese Abneigung geht nicht sehr tief: sie findet es einfach nur äußerst lästig und möchte jedes Mal wieder am liebsten darauf verzichten. Diese Abneigung kann zwar katastrophale Konsequenzen haben, ist aber aus psychopathologischer Perspektive gesehen verzeihlich. Nicht so verzeihlich dagegen ist, dass diese Person sich außerdem weigert, sich mit ihren vergangenen und zukünftigen „Selbsten" als Stadien ihres eigenen Lebens zu identifizieren. Die Person begreift sich als „punktförmiges" Selbst, das gleichsam jeden Morgen als ein neuer Mensch beginnt und sich weder dafür verantwortlich machen lassen will, was es gestern getan hat, noch dafür, was es morgen tun wird. Der Beitrag von S_{t1} zum Erhalt gesunder Zähne ist äußerst gering, der Gewinn an Bequemlichkeit für S_{t1}, wenn es auf das Putzen verzichtet, ist vergleichsweise groß und direkt spürbar.

Am vorteilhaftesten ist es für S_{t1}, nicht zu putzen (also Defektion zu wählen) während alle anderen Selbste putzen (also kooperieren). Umgekehrt gilt natürlich das gleiche für S_{t2}; für dieses Selbst ist der vorteilhafteste Ausgang des Spiels, wenn es selber nicht putzt, während die zu allen anderen Zeitpunkten präsenten Selbste putzen.[220] Am schlechtesten ist es für ein Selbst, zu kooperieren, während alle anderen defektieren. Das zweitbeste Ergebnis ist wechselseitige Kooperation, das zweitschlechteste (also drittbeste) Ergebnis ergibt sich aus wechselseitiger Defektion.

---

218 Die Auszahlungsmatrix für das intrapersonelle Gefangenendilemma gleicht der Variante mit mehreren (echten) Spielern:

S_{t1}/S_{t2}	Def (PO)	Kop (SO)
Def (PO)	2/2	4/1
Kop (SO)	1/4	3/3

‚Kop' steht für *Kooperation*, ‚Def' für *Defektion*; hier übernehme ich die Terminologie von Robert Axelrod, vgl. ders., *Die Evolution der Kooperation.* Zur Einführung in die Spieltheorie und ihre sozialwissenschaftliche Anwendung empfiehlt sich Hollis, Martin, *Soziales Handeln* und Joas Hans und Knöbl, Wolfgang, „Neo-Utilitarismus".

219 Die Spieltheorie liefert zwar „apriorische" Argumente für die Rationalität bestimmter Handlungen, aber auf der Basis empirischer Voraussetzungen. Es lässt sich kein Argument dafür gewinnen, dass bestimmte Institutionen oder Praxen (etwa öffentliche Verkehrsmittel) *selbst* etwas Wertvolles sind.

220 Der Einfachheit halber gehe ich nur von zwei Spielern aus.

Unter der Voraussetzung *radikaler Dissoziation*, d.h. unter der Bedingung, dass sich die verschiedenen Selbste wirklich und wahrhaftig nicht als Teil einer Person mit diachroner Identität verstehen, ist Defektion die dominante Strategie, d. h. die Strategie, die zu wählen rational ist, gleichgültig, was der oder die anderen Spieler tun. Wenn S_{t2} kooperiert, ist es rational für S_{t1}, zu defektieren (weil man dadurch gewinnt); wenn S_{t2} defektiert, ist es ohnehin rational, zu defektieren (weil man dadurch nicht verliert). Also ist es für beide Spieler zu jeder Zeit immer rational, nicht-kooperativ zu handeln. Dissoziierte instrumentell rationale Selbste zu t_x werden also bei individuell rationalem Verhalten ein kollektiv suboptimales Ergebnis erzielen (in der pay-off-Matrix: 2/2).

Die soziale Variante dieses Spiels, in die zwei oder mehr „echte“ Spieler verstrickt sind, kann als Argument dafür gelesen werden, warum die Geltung und die Durchsetzung allgemeiner Normen rational anerkennenswert ist (dies ist Hobbes' Argument im *Leviathan*). Das Szenario kann und muss fürs erste nicht erklären, wie die Etablierung von Normen *zustandekommen* kann; es reicht aus, wenn es zeigen kann, dass die Legitimität schon bestehender Normen in ihrem Beitrag zur Lösung von Kooperationsproblemen besteht. Hier konvergieren Eigeninteresse und *moral point of view.*

Im intrapersonellen Fall liegt der Unterschied darin, dass die verschiedenen „Selbste“ aufgrund des zeitlichen Abstandes und der psychologischen Tatsache, dass es sich um „dieselbe“ Person handelt, *wissen*, was der andere getan hat und ihre Handlungen nicht von Vertrauen oder Misstrauen bestimmen lassen müssen. Es handelt sich also nicht um eine vollständig analoge Situation. Trotzdem kann man sich von der Plausibilität des Arguments überzeugen, indem man sich in die Situation von S_{t1} hineinversetzt. Man stelle sich vor, ein zeitlich kaum ausgedehntes Selbst mit einer Abneigung gegen das Zähneputzen zu sein. Eines morgens wacht man auf und stellt fest, dass man – hier waren Zufall und Glück im Spiel – gesunde Zähne hat, was natürlich in jedem Fall eine gute Sache ist. Daraus kann man schließen, dass die anderen Selbste hinreichend oft Zähne geputzt haben (übertragen auf das Problem kollektiver Güter sieht man an der Tatsache, dass die Straßenbahn noch fährt, dass genügend Andere ein Ticket gekauft haben). Gleichzeitig weiß man nicht, wie sich „die Anderen“ morgen verhalten werden; genauer gesagt verschwendet man nicht mal einen Gedanken daran, denn für S_{t1} gibt es kein „morgen“, so wie es kein „gestern“ gab. Unter diesen Bedingungen ist es – da der Beitrag, den S_{t1} zum Erhalt der gesunden Zähne leisten könnte, verschwindend gering, die Last, die von seinen Schultern genommen wäre, wenn es nicht putzen müsste, aber enorm wäre – in jedem Fall rational für S_{t1}, die Zahnbürste nicht anzurühren. Wenn jenes Selbst dann zehn Jahre später mit ruinierten Zähnen aufwacht, gilt immer noch das Gleiche, denn jetzt kann S_{tn} genausowenig Einfluss auf den Zustand seiner Zähne nehmen wie damals S_{t1}.

Die Illustration ist natürlich in dieser Form auf die Spitze getrieben. Sie zeigt aber, was prinzipiell dafür spricht, prudentiell rational zu sein und sich als ein Wesen mit diachroner Identität zu verstehen: die Akzeptanz dieser Standards löst ein Problem temporaler Güter und ist deshalb vernünftig. Das bedeutet nicht, dass die vernünftigste Art, sein Leben zu führen, darin besteht, ständig die Neigungen des Augenblicks auf ihre Verallgemeinerbarkeit in Bezug auf ein ganzes Leben zu überprüfen. Im Gegenteil. Es ist sogar vernünftig, auch dem Nicht-Vernünftigen einen Platz im eigenen Leben einzuräumen, spontan zu sein und die Grenzen des Maßvollen zu überschreiten. Gleichzeitig bleibt es aber dabei, dass zuviel Spontaneität und Impulsivität die Möglichkeiten, in der Zukunft noch spontan zu sein, empfindlich einschränken kann. Wieviel Irrationalität man – rationaler Weise – zulassen darf, ist eine Frage, auf die man keine eindeutige Antwort erwarten kann.

8 Eine kantische Perspektive? – Ergebnisse I

In seiner Studie „Zur Kritik der instrumentellen Vernunft" hat es sich Max Horkheimer ausdrücklich zum Ziel gesetzt, „den Begriff von Rationalität zu untersuchen, der unserer gegenwärtigen industriellen Kultur zugrunde liegt."[221] Es ist natürlich kaum überraschend, dass es der Begriff instrumenteller Vernunft ist, der die zeitdiagnostische Rolle spielen soll, die Horkheimer vorschwebt.

Instrumentelle Rationalität wird von Horkheimer auch als „subjektive Vernunft" bezeichnet; subjektive Vernunft hat es nicht – wie ihr „objektives" Komplement – mit ewigen Wahrheiten und letzten Zielen zu tun, sondern ist, wie man nach Hume schon befürchten musste, nur „slave of the passions" und daher unfähig, innerhalb konkurrierender Ziele noch mal zwischen vernünftig und unvernünftig zu unterscheiden. Dies ist Horkheimers (aber nicht nur seine) Version von (KIV) (3): unsere Rationalität ist unfähig, jene letzten, sinnstiftenden Ziele zu bestimmen, die das Fundament einer objektiven Konzeption des guten Lebens abgeben könnten.

Kant hat diese These geteilt und dabei gleichzeitig geleugnet, dass uns diese Einsicht in Humescher Manier darauf verpflichtet, die Existenz einer genuin praktischen Rationalität überhaupt zu leugnen. Nach Kant gibt es eine Rationalität jenseits rationaler Mittelwahl; es ist die Form von Rationalität, die von uns fordert, unsere subjektiven Handlungsregeln (Maximen) daraufhin zu überprüfen, ob sie als objektive Handlungsregeln (allgemeine Gesetze) entweder gewollt oder gedacht werden können. Kant bezeichnet jene verallgemeine-

221 Horkheimer, Max, „Zur Kritik der instrumentellen Vernunft", 25.

rungsfähigen Handlungsregeln deshalb als „objektiv", weil sie – als Gesetze – für alle Menschen gelten.

Die hier entworfene Konzeption praktischer Rationalität, die auf die zentrale Rolle hinweist, die prudentielle Gründe für die Konstitution von allgemeinen Handlungsstrukturen spielen, scheint hier einen Kompromiss zu machen. Einerseits erweitert sie durch den (PI) unser Verständnis praktischer Vernunft über (IV) (1-3) hinaus, so dass man nicht mehr sagen kann, es gebe keinerlei Möglichkeit, zwischen rationalen und irrationalen Zwecken, Wünschen und Zielen zu unterscheiden; andererseits geht sie aber auch nicht so weit, unser praktisches Vernunftvermögen zu kantischen Dimensionen aufzuspreizen, mit dem wir bei einem starken Vernunftbegriff landen würden, der eine ultimative Entscheidung zwischen konfligierenden Handlungsorientierungen herbeiführen könnte. Wie kantisch ist die hier entwickelte Perspektive also?

Was sie unkantisch macht ist, dass sie die unhintergehbare Rolle von kontingenten Zwecken und Zielsetzungen für praktische Begründungsketten betont: ohne diese lässt sich nicht einsichtig machen, wie Handlungsgründe motivierende Kraft entfalten können sollen.[222] Was sie kantisch macht ist, dass sie die vernünftige, „prozedurale" Reflexion und kritische Distanznahme von unseren Wünschen zu einer unverzichtbaren Forderung praktischer Rationalität erklärt.[223] Zwar sind es Zwecke, Ziele und Wünsche, die unsere Handlungen in den Raum der Gründe hineinziehen, aber nicht alle Zwecke und Wünsche üben diese normative Kraft aus. Nur diejenigen Wünsche „erster Ordnung"[224], die sich als verträglich mit höherstufigen Wünschen erweisen, können Handlungen begründen und damit als vernünftig ausweisen.

Die instrumentalistische Theorie praktischer Vernunft, die Kant selbst im Zusammenhang seiner Diskussion hypothetischer Imperative aufgreift und so für unvollständig, aber intern korrekt erklärt, vernachlässigt diesen holistischen Aspekt von Handlungsgründen. Sie gibt vor, jede kontingente Neigung reiche für sich allein schon aus, uns rational auf die Wahl der zu ihr angemessenen Mittel zu verpflichten. Tatsächlich ist es so, dass Zwecke nur durch ihre Kompatibilität und Kohärenz mit anderen Zwecken, die sich im Verbund mit immer allgemeiner werdenden Zielen erst zu Plänen, dann zu längerfristigen Projekten und schließlich zu Lebenszielen verbinden, auf ihre Rationalität hin beurteilen lassen. Dieser Komplex von Normativitäten bildet die ethische Lebensform einer Person.

---

222 Dies ist Korsgaards „internalistische Forderung", vgl. dies., „Scepticism about Practical Reason", die auch Bernard Williams für unverzichtbar hält, vgl. ders., „Interne und externe Gründe".

223 Genau dies ist es nämlich, was Kant für einen wesentlichen Aspekt praktischer Rationalität hält, vgl. sein Galgen-Beispiel in Kant, Immanuel, *Kritik der praktischen Vernunft*, 30.

224 Vgl. Frankfurt, Harry, „Willensfreiheit und der Begriff der Person".

9 Die Kritikwürdigkeit instrumenteller Vernunft – Ergebnisse II

Horkheimer hat durchaus recht damit, dass in modernen Gesellschaften die Wahl zwischen alternativen Lebensformen – letztlich also zwischen konkurrierenden Entwürfen eines guten, lebenswerten Lebens – keine Frage der Vernunft mehr ist; eine „objektive" Vernunft steht uns nicht mehr zur Verfügung. In zwei Punkten hat Horkheimer allerdings unrecht.

Erstens: jene objektive Vernunft ist uns nicht – etwa durch die Entwicklung einer kapitalistischen Wirtschaft, soziale Differenzierung etc. – verloren gegangen; in Wahrheit stand sie uns noch nie zur Verfügung. Die Menschen haben nur *geglaubt*, dass sich die Frage nach dem guten Leben objektiv, etwa im Licht göttlicher Gebote, entscheiden lässt. Dieser Glaube hat sich als *Irrtum* herausgestellt. Horkheimer stellt als einen Prozess des Verfalls abendländischer Rationalität dar, was in Wirklichkeit ein bloßer Lernprozess ist.

Zweitens: die Einsicht darin, dass die Wahl zwischen Lebensformen keine rationale Wahl ist, ist ebenfalls kein Mangel, sondern ein normatives Grundprinzip liberaler Gesellschaften, die ihre Mitglieder vor dem reglementierenden Zugriff religiöser oder politischer Autorität schützt. Unsere Gesellschaft ist mit dem „Faktum eines vernünftigen Pluralismus" (Rawls) konfrontiert, der für uns normativ unhintergehbar ist. Dies ist kein Phänomen des „Verfalls" oder „Verlusts" von „Werten", sondern der Pluralisierung kulturell möglicher Lebensformen, das sich nur um den Preis der gewaltsamen Durchsetzung einer dieser Lebensformen rückgängig machen lässt.

Im nächsten Kapitel nehme ich den im engeren Sinn sozialphilosophischen Faden wieder auf. Ich diskutiere Habermas' gesellschaftstheoretische Schriften und versuche nachzuweisen, dass auch diese letztlich den Prämissen einer Kritik der instrumentellen Vernunft verhaftet bleiben. Die Probleme des Habermasschen Ansatzes führen im letzten Kapitel zu einer tiefer ansetzenden Analyse der Intuitionen, vor deren Hintergrund die Überzeugungskraft des Projekts einer Kritik der instrumentellen Vernunft verständlich wird. Ich versuche zu zeigen, dass sich diese normativen Intuitionen auch dann angemessen konzeptualisieren lassen, wenn man auf das Vokabular einer Kritik der instrumentellen Vernunft verzichtet.

V Instrumentelle Vernunft und kommunikatives Handeln

1 Die dichotomische Architektonik der TkH

Rationalitätstheorie und Sozialphilosophie finden nicht ohne weiteres zusammen. Es bedarf eines Übergangs, der das abstrakte, auf begrifflich analysierenden Methoden basierende Unternehmen einer Theorie der Vernunft mit einer empirisch orientierten und informierten Theorie vermittelt; außerdem benötigt man ein Vokabular, das die deskriptiven und normativen Bestandteile beider Disziplinen zu integrieren ermöglicht, so dass nicht ein empirisch gehaltvoller und ein normativer Teil der Theorie unverbunden nebeneinander stehen bleiben.

Rationalitätstheoretische Fragestellungen öffnen sich spätestens dann zur empirischen Seite hin, wenn sie in ihrem Zusammenhang mit einer handlungstheoretischen Begrifflichkeit gesehen werden. Eine Theorie *praktischer* Vernunft von ihrer handlungstheoretischen Dimension zu befreien wäre ohnehin undenkbar. Und da auch die Handlungstheorie nicht gezwungen ist, immer nur den schon „fertigen" und darüber hinaus monologisch vereinzelten Akteur zum Gegenstand ihrer Untersuchungen zu machen, ist es nur noch ein kleiner Schritt zu einer sozialontologischen und soziologischen Perspektive, die die Einbettung von Akteuren in intersubjektive und interaktive Kontexte berücksichtigt. Mit diesen drei Teilen – Rationalitätstheorie, Handlungstheorie, Gesellschaftstheorie – hat man schon die Bausteine einer normativ gehaltvollen Sozialphilosophie in der Tasche, deren Instrumentarium nicht nur für die Krisen und Pathologien moderner Gesellschaften, sondern auch für die historische und kulturelle Variabilität von Vernunftbegriffen sensibel ist.

Die Theorie, die vor allen anderen den Anspruch erhebt, alle vier Themenkomplexe auf einmal zu behandeln und alle vier Projekte auf einmal zu bearbeiten ist Jürgen Habermas' *Theorie des kommunikativen Handelns*.[225] Der Grundbegriff des kommunikativen Handelns soll sowohl das Fundament von Rationalitäts- und Handlungstheorie, als auch das zentrale Konzept zur Erklärung der Möglichkeit sozialer Ordnung und schließlich, über den Umweg einer Modernisierungstheorie (die wiederum als eine Theorie der *Rationalisierung* auftritt) auch einen Maßstab zur Diagnose sozialer Pathologien bereitstellen, der sich seiner normativen Beweislast bewusst ist und diese tragen zu können glaubt.

Habermas' Theorie folgt, was schon terminologisch auffällt, einer durch und durch dichotomisch aufgebauten Architektonik.[226] Im Verlauf der ausführli-

---

225 Vgl. Celikates, Robin und Pollmann Arnd, „Baustellen der Vernunft. 25 Jahre Theorie des kommunikativen Handelns".

226 Vgl. Joas, Hans, *Die Kreativität des Handelns*, 319.

chen und weit ausholenden gesellschaftstheoretischen Überlegungen finden sich z. B. die folgenden Gegensatzpaare: Teilnehmer- vs. Beobachterperspektive, soziale vs. systemische Integration, strategisches vs. kommunikatives Handeln, instrumentelle vs. kommunikative Rationalität, symbolische vs. materielle Reproduktion, Lebenswelt vs. System und ähnliche mehr.

Habermas' selbstgestecktes Ziel – und seine *Theorie des kommunikativen Handelns* endet auch mit Reflexionen zu diesem Themenkomplex – ist es, die normativen Grundlagen einer kritischen Sozialphilosophie zu erneuern. Weil sein Theorieprojekt sonst überflüssig wäre, beansprucht er deshalb auch, zeigen zu können, dass dies eine Aufgabe ist, die sich die frühe Kritische Theorie zwar gestellt, aber nicht oder nur mit sehr unzureichenden Mitteln und auf der Basis inzwischen unplausibel gewordener Prämissen bewältigen konnte. Die Differenz, von der Habermas glaubt, dass sie ihn von seinen Vorgängern unterscheidet, bringt Habermas auf die metatheoretische Formel der „Erschöpfung des Paradigmas der Bewußtseinsphilosophie"[227]. Nach Habermas sind es letztlich die Voraussetzungen der abendländischen Philosophie der Subjektivität, die es vor allem Adorno und Horkheimer unmöglich machen, eine tragfähige normative Begrifflichkeit zur Kritik der Paradoxien der Moderne zu entwickeln. Dies soll erst der Grundbegriff kommunikativen Handelns leisten können.

Nun halte ich Habermas' Kritik an den Defiziten der „Dialektik der Aufklärung" und der „Kritik der instrumentellen Vernunft", erst recht aber an der „Negativen Dialektik", für korrekt. Von dem vernunftkritischen Verdikt, der reifizierenden Kraft identifizierenden Denkens und der repressiven Kraft instrumenteller Vernunft könne sich nichts und niemand entziehen, führt kein Weg zurück zu einer *vernünftigen* Begrifflichkeit, die noch explizit *sagen* kann, was einen Zustand verdinglicht, entfremdet etc. macht und wie sich diese Tatsache – jenseits von Empörung und Appell, *boo* und *horray* – kritisieren lassen können soll.

Gleichwohl halte ich Habermas' Anspruch, die Prämissen seiner Vorgänger radikal hinter sich gelassen zu haben, für überzogen. Meine erste These lautet, dass sich eben daran, wie sich die Intuitionen einer „Kritik der instrumentellen Vernunft" auch noch in Habermas' reife Gesellschaftstheorie eingeschlichen haben, zeigt, dass der Bruch mit der Tradition *nicht radikal genug* vollzogen wurde. Letztlich hat Habermas diese tiefsitzende Intuition der frühen Kritischen Theorie nicht verabschiedet, sondern in weiten Teilen beibehalten und nur um das Konzept kommunikativen Handelns ergänzt.

Der dichotomische Aufbau der Theorie des kommunikativen Handelns folgt – entgegen dem oben erzeugten Anschein – einer Reihenfolge. Der für die gesamte Theorie strukturgebende Gegensatz ist der zwischen strategischem

---

227 Vgl. Habermas, Jürgen, *Theorie des kommunikativen Handelns*, Bd. 1, 518.

und kommunikativem Handeln bzw. instrumenteller und kommunikativer Rationalität. Alle anderen Teile bauen darauf auf und hängen begrifflich und explanatorisch davon ab. An dieser fundamentalen Dichotomie lässt sich sogar auf den ersten Blick ablesen, wie Habermas versucht, die Intuitionen einer „Kritik der instrumentellen Vernunft“ in seine Theorie hinüberzuretten. Dies gelingt ihm auch – freilich um den Preis, eine ganze Menge von kritischen Rückfragen nicht zufriedenstellend beantworten zu können. Im folgenden will ich versuchen nachzuzeichnen, wie folgenschwer sich diese „theoriestrategische“ Entscheidung auf seine gesamte – deskriptive wie normative – Gesellschaftstheorie auswirkt.

2 Arbeit und Interaktion, Technik und Herrschaft

Dass es diese Intuition ist, die für Habermas von Anfang an leitend war, lässt sich zudem entwicklungsgeschichtlich plausibel machen. Seine frühen Werke zum *Strukturwandel der Öffentlichkeit*, vor allem aber über *Arbeit und Interaktion* und über *Technik und Wissenschaft als ‚Ideologie'* atmen beinahe auf jeder Seite die Luft eines Versuchs, die Deformationen moderner Gesellschaften *in terms* einer Entfesselung und unaufhaltsamen Ausbreitung des instrumentellen Rationalitätstyps auf wesentlich nicht-instrumentell strukturierte Handlungsbereiche zu erfassen.

Hier könnte man sich folgenden Einwand denken: Habermas' Gesellschaftstheorie sei schließlich kein monolithisches Gebilde, dass sich in vollem Umfang und in allen seinen Aspekten in der *Theorie des kommunikativen Handelns* wiederfinden lasse. Diese sei nicht gleichsam sein „allerletztes Wort“ zur Sozialtheorie; vielmehr könne man hier einen kontinuierlichen und in produktiver Auseinandersetzung mit seinen Kritikern vollzogenen Lernprozess registrieren, der in den Jahren nach der Veröffentlichung seines *opus magnum* zu einer noch weitergehenden Abkehr von den rationalitätskritischen Intuitionen geführt hat, die – zugegeben – auch noch seine soziologische Handlungstheorie durchdringen mögen.

Dieser Einwand hat freilich ein Problem: er ist falsch. Denn auch in der über elf Jahre nach seiner *Theorie des kommunikativen Handelns* erschienenen Rechtsphilosophie wird die „sozialintegrative Funktion des Rechts“[228] mit denselben Argumenten verteidigt. Die Rationalisierung der Lebenswelt birgt wachsende Dissensrisiken in sich, da Handlungskoordinierung in modernen Gesellschaften immer häufiger durch faktisch vollzogene kommunikative Verständigung geleistet werden muss. Ein Integrationsdefizit tritt aber nicht nur innerhalb der Lebenswelt auf. Die Ausdifferenzierung funktional autonomer Subsyste-

---

228 Vgl. Habermas, Jürgen, *Faktizität und Geltung*, 32ff.

me strategischen Handelns kommt auf die ganze Gesellschaft gerechnet einem institutionalisierten Dauerkonflikt gleich. In diese Integrationslücke springt nach Habermas das moderne Recht ein; das positivierte und zwangsbewehrte Recht fängt die Fragilität von einer auf kritisierbaren Geltungsansprüchen beruhenden Verständigung auf und ermöglicht die Stabilisierung von Verhaltenserwartungen, die in vormodernen Gesellschaften durch die normative Autorität religiöser Institutionen oder traditionell geltender Strukturen geleistet wird. Dies liegt daran, dass moderne Gesellschaften *Wirtschaftsgesellschaften* sind, und in diesen ist der strategische Handlungstyp in nie gekanntem Ausmaß institutionalisiert und verbreitet. Diese Tatsache erzeugt ja den wachsenden Integrationsbedarf. Kurz: die Zuordnung von Handlungstypen zu Formen sozialer, oder hier: systemischer Integration wurde nie aufgegeben.

In Habermas' frühen Werken lassen sich die Spuren dieser Intuition bis hinein in die philosophiehistorischen und erst gegen Ende des Aufsatzes systematisch orientierten Überlegungen zu „Arbeit" und „Interaktion" verfolgen.[229] Der Begriff der Interaktion wird hier als Gegenbegriff zum Begriff der Arbeit eingeführt; diese Maßnahme verdankt sich einer Kritik marxistischer Emanzipationstheorien. Nach Habermas scheitert Marx daran, das eine nicht vom anderen unterschieden zu haben, indem er die Potentiale eines sozialen Fortschritts allein in der Form menschlicher Tätigkeit verortete, die man allgemein als „Arbeit" oder, noch abstrakter, als instrumentales Handeln[230] bezeichnen kann: die „genaue Analyse des ersten Teils der Deutschen Ideologie zeigt, daß Marx nicht eigentlich den Zusammenhang von Interaktion und Arbeit expliziert, sondern unter dem unspezifischen Titel der gesellschaftlichen Praxis eins auf das andere reduziert, nämlich kommunikatives Handeln auf instrumentales zurückführt."[231] Die spätere, inzwischen sprachanalytisch unterfütterte Terminologie ist hier schon vorweggenommen.

Diese Verkürzung dessen, was sich unter „gesellschaftlicher Praxis" tatsächlich alles verstehen lassen könnte, versucht Habermas zu vermeiden. Eine technische Rationalisierung, die allein die wirtschaftliche Dimension betrifft, enthält vielleicht die *Sprengkraft* für soziale Veränderungen, kann aber nicht die normativen Ressourcen bereitstellen, die nötig sind, um die Richtung für derlei Veränderungen vorzugeben. Die „Entfesselung technischer Produktivkräfte, einschließlich der Konstruktion von lernenden und steuernden Maschinen, die den vollständigen Funktionskreis zweckrationalen Handelns weit über die Kapazität des natürlichen Bewusstseins hinaus simulieren und menschliche

---

229 Vgl. Habermas, Jürgen, „Arbeit und Interaktion".

230 „Arbeit" und „instrumentales Handeln" sind zwar zwei verschiedene Dinge. Ein Blick auf Marx' handlungstheoretische Überlegungen zum Arbeitsbegriff zeigt aber, dass die Gleichsetzung von Fall zu Fall gerechtfertigt sein kann.

231 Habermas, Jürgen, „Arbeit und Interaktion", 45.

Leistungen substituieren, ist nicht identisch mit der Herausbildung von Normen, welche die Dialektik des sittlichen Verhältnisses in herrschaftsfreier Interaktion auf der Grundlage zwanglos sich einigender Reziprozität vollenden könnte."[232] Materielle Verbesserungen des sozial möglichen Lebens resultieren nicht notwendig und nicht in jeder Hinsicht mit der normativen „Verbesserung" des institutionellen Rahmens moderner Gesellschaften: „Die Befreiung von Hunger und Mühsal konvergiert nicht notwendig mit der Befreiung von Knechtschaft und Erniedrigung, denn ein entwicklungsautomatischer Zusammenhang zwischen Arbeit und Interaktion besteht nicht."[233]

Das normative Ideal, das Habermas im kommunikativ strukturierten Interaktionen auffinden zu können glaubt, ist mit den noch vergleichsweise diffusen Begriffen „herrschaftsfreier Interaktion" und „zwanglos sich einspielender Reziprozität" benannt. Habermas neigt hier noch zu der Idee, einen *faktischen Zustand* der Herrschaftsfreiheit und Zwanglosigkeit als Ideal anzuvisieren, womit Adornos Konzept des „mimetischen Verhaltens" auf intersubjektive Verhältnisse übertragen wäre. Diese – im schlechten Sinn – romantische Vision ist inzwischen längst durch die in der Diskurstheorie der Moral und des Rechts ausgearbeitete Rekonstruktion kontrafaktischer Diskurspräsuppositionen (zu denen dann auch Reziprozität und Zwanglosigkeit gehören)[234] ersetzt worden und wird inzwischen nicht mehr als ein gesellschaftlicher Idealzustand, sondern als Explikation der impliziten Regeln einer normativen Überprüfungsprozedur – als ein normativer Maßstab also – begriffen.

In dem Aufsatz über ‚Technik und Wissenschaft als Ideologie' wird Marcuses Idee eines begrifflichen und empirischen Zusammenhangs von technischer Rationalität und Herrschaft in Augenschein genommen; dieser Zusammenhang wird noch à la Heidegger mithilfe des Begriffs der „Verfügung" beschrieben. Marcuses These von der Verschwisterung von technischem Fortschritt und Repression kommt Habermas' rationalitäts- und gesellschaftstheoretischen Intuitionen offenbar sehr entgegen. Denn damit ist zum einen jener verkürzte Begriff von Rationalität (nämlich: Zweckrationalität) schon benannt, den Habermas um den Typ einer vernünftigen sprachlichen Praxis erweitert sehen möchte, zum anderen ist damit schon auf das normative Defizit dieser sozialen Verkörperung praktischer Vernunft hingewiesen: sie führt gleichsam notwendigerweise zu illegitimer Herrschaft über die Natur und den Menschen.[235]

---

232 Habermas, Jürgen, „Arbeit und Interaktion", 46.

233 Habermas, Jürgen, „Arbeit und Interaktion", 46.

234 Vgl. Habermas, Jürgen, „Diskursethik – Notizen zu einem Begründungsprogramm".

235 Diesen Aspekt hat vor allem Axel Honneth in Bezug auf die Dialektik der Aufklärung herausgearbeitet, indem er diese als eine „Kritik der Naturbeherrschung" analysiert hat, vgl. Honneth, Axel, *Kritik der Macht,* 43ff.

Habermas' Terminologie ist in diesem Aufsatz schon eigenständiger und systematischer geworden und verweist – wie man rückblickend sieht – schon direkt auf seine *Theorie des kommunikativen Handelns*. Was einzig noch fehlt ist, so könnte man sagen, die sprachphilosophische Detailarbeit, die sich erstmals in den *Vorlesungen zu einer sprachtheoretischen Grundlegung der Soziologie*[236] anbahnt und der Nachweis der „Konvergenz" der soziologischen und sozialphilosophischen Klassiker mit seinem eigenen Ansatz, der in der *Theorie* den größten Raum einnimmt. Alles andere ist – wenigstens grundsätzlich – schon da.

Die Unterscheidung von Arbeit und Interaktion wird hier reformuliert und auf eine höheres Abstraktionsniveau gehoben. Habermas spricht jetzt von *zweckrationalem* und *kommunikativem* Handeln und definiert beides so: „Unter „Arbeit" oder *zweckrationalem Handeln* verstehe ich entweder instrumentales Handeln oder rationale Wahl oder eine Kombination von beiden. Instrumentales Handeln richtet sich nach *technischen Regeln*, die auf empirischem Wissen beruhen. Sie implizieren in jedem Fall bedingte Prognosen über beobachtbare Ereignisse, physische oder soziale; diese können sich als triftig oder unwahr erweisen." Und weiter: „Unter *kommunikativem Handeln* verstehe ich andererseits eine symbolisch vermittelte Interaktion. Sie richtet sich nach obligatorisch *geltenden Normen*, die reziproke Verhaltenserwartungen definieren und von mindestens zwei handelnden Subjekten verstanden und anerkannt werden müssen."[237] Der Unterschied zwischen beiden Handlungstypen liegt hierin: „Während die Geltung technischer Regeln und Strategien von der Gültigkeit empirisch wahrer oder analytisch richtiger Sätze abhängt, ist die Geltung gesellschaftlicher Normen allein in der Intersubjektivität der Verständigung über Intentionen begründet und durch die allgemeine Anerkennung von Obligationen gesichert."[238] Abweichungen von technischen Regeln äußern sich im Scheitern (Misserfolg), Abweichungen von sozialen Normen in der Auslösung von (inneren oder äußeren) Sanktionen.

Auffallend ist dabei, dass Habermas' Begriff sprachlicher Verständigung oder „symbolisch vermittelter Interaktion" noch in keiner Weise mit dem dreiteiligen System von Geltungsansprüchen (auf Wahrheit, Richtigkeit und Wahrhaftigkeit) verbunden ist, dass für die späteren sprachphilosophischen Überlegungen zentral ist. Die Unterscheidung von *wahr* und *falsch* ist noch ganz für die deskriptiven Überzeugungen reserviert, die hinter instrumentell-strategischem Handeln stecken, das kommunikative Handeln hat es noch ganz mit intersubjektiv gültigen Normen zu tun, auf die die Distinktion *richtig/falsch* zutrifft.

---

236 Vgl. Habermas, Jürgen, „Vorlesungen zu einer sprachtheoretischen Grundlegung der Soziologie".

237 Habermas, Jürgen, „Technik und Wissenschaft als ‚Ideologie'", 62.

238 Habermas, Jürgen, „Technik und Wissenschaft als ‚Ideologie'", 63.

Die Gegenüberstellung dieser beiden fundamentalen Handlungstypen wird nun in einem nächsten Schritt für die Analyse von Gesellschaften fruchtbar gemacht: „Wir können anhand der beiden Handlungstypen gesellschaftliche Systeme danach unterscheiden, ob in ihnen zweckrationales Handeln oder Interaktion überwiegt."[239] Die Unterscheidung basiert auf einem quantitativen Kriterium; es kommt darauf an, welcher Handlungstyp *überwiegt*, also häufiger vorkommt. Aus diesem handlungstheoretischen Grundgerüst entwickelt Habermas schon in dem frühen Aufsatz ein „zweistufiges" Gesellschaftskonzept, das soziale Zusammenhänge sowohl als „Lebenswelt" als auch als „System" zu beschreiben erlaubt. Als soziokulturelle Lebenswelt bezeichnet Habermas den *„institutionellen Rahmen"* einer Gesellschaft, zu dem sowohl Nahbeziehungen konkreter Interaktion in Familie und Verwandtschaft als auch Fernbeziehungen unter Bürgern in der öffentlichen Sphäre gehören. Hauptsächliches Kennzeichen dieser sozialen Bereiche ist, dass sie „moralischen Regeln der Interaktion"[240] gehorchen. Systeme dagegen, die in diesen institutionellen Rahmen „eingebettet" sind, folgen moralisch indifferenten „Mustern instrumentalen oder strategischen Handelns."[241]

Diese Unterscheidung von Mechanismen sozialer Integration lässt bis hierhin eine rein sozialwissenschaftliche Lesart zu, bei der es Habermas – ausgestattet mit dem „emanzipatorischen Erkenntnisinteresse[242] des Sozialphilosophen – aber natürlich nicht belässt. Denn über den Umweg einer Phänomenologie der Zerstörung lebensweltlicher Strukturen gewinnt Habermas einen auf seinen kommunikationstheoretischen Intuitionen beruhenden normativen Maßstab zur Kritik der Entwicklungsrichtung moderner Gesellschaften. Diese können zwar mit Max Weber als in einem Prozess fortschreitender Rationalisierung begriffen angesehen werden; diese Rationalisierung zeichnet sich aber durch eine fundamentale und folgenschwere Einseitigkeit aus, da sie nur die „Systeme instrumentalen Handelns", mithin den wissenschaftlich-technischen Fortschritt mitsamt dessen soziokulturellen Auswirkungen betrifft. Das Rationalisierungspotential, das in der Moralität kommunikativ strukturierter Lebensbereiche steckt, wird dagegen nur unzureichend ausgeschöpft.

Aber damit nicht genug. Die einseitige Rationalisierung zugunsten der Subsysteme Wirtschaft und Verwaltung läuft nämlich nicht unabhängig vom lebensweltlichen Rahmen und gleichsam „daran vorbei" ab, sondern wirkt krisenerzeugend und destruktiv auf diesen zurück. Habermas beschreibt diesen Effekt als ein „Absorbieren" und „Aufsaugen" von auf sprachliche Verständigung

---

239 Habermas, Jürgen, „Technik und Wissenschaft als ‚Ideologie'", 63.

240 Habermas, Jürgen, „Technik und Wissenschaft als ‚Ideologie'", 64.

241 Habermas, Jürgen, „Technik und Wissenschaft als ‚Ideologie'", 64.

242 Vgl. Habermas, Jürgen, „Erkenntnis und Interesse".

angewiesenen sozialen Sphären, der zu deren „schleichender Erosion“[243] führe.

Die, wie man vorgreifend sagen kann, konsequente „Rationalisierung der Lebenswelt“ steht noch aus; aber worin genau soll sie bestehen? Auch darauf hat Habermas eine Antwort: „Auf der Ebene der Sub-Systeme zweckrationalen Handelns hat der wissenschaftlich-technische Fortschritt die Reorganisation gesellschaftlicher Institutionen und Teilbereiche schon erzwungen, und er macht sie in noch größerem Maße erforderlich. Aber dieser Prozeß der Entfaltung von Produktivkräften kann dann und nur dann ein Potential der Befreiung sein, wenn er Rationalisierung auf einer anderen Ebene nicht ersetzt. *Rationalisierung auf der Ebene des institutionellen Rahmens* kann sich nur im Medium der sprachlich vermittelten Interaktion selber, nämlich durch eine *Entschränkung der Kommunikation* vollziehen.“[244] Hier ist es vor allem das normative Ideal der „Befreiung“, das Habermas vorschwebt. Deren Möglichkeit liege im technischen Fortschritt schon beschlossen, müsse aber unverwirklicht bleiben, solange die Einseitigkeit des Modernisierungsprozesses nicht ausbalanciert sei.

Unter „Entschränkung der Kommunikation“ versteht Habermas die „öffentliche, uneingeschränkte und herrschaftsfreie Diskussion über die Angemessenheit und Wünschbarkeit von handlungsorientierenden Grundsätzen und Normen im Lichte der soziokulturellen Rückwirkungen von fortschreitenden Sub-Systemen zweckrationalen Handelns“; letztlich versteht Habermas Rationalisierung der Lebenswelt hier noch als die Rückbindung eines ausdifferenzierten Wirtschaftssystems an öffentliche, demokratisch verfasste „Willensbildungsprozesse“[245] und, auf der individuellen Ebene, als eine Abnahme von „Repressivität“ und „Rigidität“.

Wenn instrumentelle Rationalität soziale Gestalt annimmt, wird sie zu Technik und Wissenschaft, Bürokratie und Kapitalismus und damit selber zu einem Instrument sozialer Herrschaft. Diese Intuition ist in den frühen gesellschaftstheoretischen Schriften noch offen ausgesprochen; sie verändert sich später zwar noch unter dem Eindruck der kommunikationstheoretischen Studien. Meine These lautet aber, dass ein Blick auf die Entwicklung des Habermasschen Werkes zeigt, dass es die Intuitionen einer „Kritik der instrumentellen Vernunft“ sind, die Habermas auf einem modernen Niveau reformulieren möchte. Natürlich sind solche werkgeschichtlichen Betrachtungen keine sachlich zwingenden Argumente, sondern können diesen nur einen Plausibilitätsvorschuss verschaffen. Trotzdem glaube ich, dass sich die bis hierher entwickelte These – wie hier und da schon angedeutet – auch in Auseinandersetzung mit der *Theorie des kommunikativen Handelns* und späteren Texten bewährt. Das Ziel der folgenden Überlegungen ist kritisch: es soll ge-

---

243 Habermas, Jürgen, „Technik und Wissenschaft als ‚Ideologie‘“, 83.

244 Habermas, Jürgen, „Technik und Wissenschaft als ‚Ideologie‘“, 98.

245 Habermas, Jürgen, „Technik und Wissenschaft als ‚Ideologie‘“, 98.

zeigt werden, dass Habermas' Version einer Kritik instrumenteller Rationalität nicht funktioniert und warum das so ist. Im letzten Kapitel werde ich mich dann der Frage zuwenden, was dieses Theorieprojekt trotzdem so verführerisch und intuitiv so ansprechend macht und ob diese Intuition – wenn auch vielleicht nur teilweise – zu retten sein könnte.

3 Vier Handlungsbegriffe?

Bisher habe ich in der kritischen Diskussion der Anläufe, die Habermas auf dem Weg zur vollständigen *Theorie des kommunikativen Handelns* macht, die Unterscheidung von instrumentellem und kommunikativem Handeln betont. Dies war insofern gerechtfertigt, als Habermas selbst noch keine weitergehenden handlungstheoretischen Unterscheidungen eingeführt hatte. Am Anfang der *Theorie* allerdings begegnen dem Leser plötzlich vier oder sogar fünf unterschiedliche Handlungstypen[246]: das instrumentell rationale Handeln wird differenziert in *teleologisches* und *strategisches* Handeln, hinzu kommen *normenreguliertes* und *dramaturgisches* Handeln, schließlich natürlich das kommunikative Handeln selbst.[247]

Teleologisches und strategisches Handeln sind Untertypen des zuvor „instrumental" genannten Handelns: ihre Unterscheidung erklärt sich aus den „Gegenständen", auf die sich der Akteur in seinem Handeln bezieht. Paradigmatische Beispiele für rein teleologisches Handeln sind einfache Herstellungshandlungen des alltäglichen Lebens, bei denen sich der Akteur auf natürlich oder kulturell geformte *Dinge* bezieht. Der Begriff des strategischen Handelns trägt der Tatsache Rechnung, dass instrumentell rationales Handeln auch in sozialen Kontexten möglich ist. Durch die Orientierung des eigenen Tuns an anderen Akteuren wird bloß zweckrationales zu strategischem Handeln. Normenreguliertes Handeln spielt im Anschluss an Parsons' normative Ordnungstheorie eine große Rolle und kann zum kommunikativen Handeln gezählt werden. Dieses kommt dann ins Spiel, wenn jenes – im Zuge der „Rationalisierung der Lebenswelt" – seine sozialintegrative Funktion nicht mehr ohne weiteres erfüllt. Das dramaturgische Handeln wird nicht nur dem Namen nach im Anschluss an Erving Goffman analysiert; es soll Mechanismen öffentlicher, rollenkonformer Selbstinszenierung beschreiben.

Die Beschränkung auf die beiden hauptsächlichen Handlungstypen (den strategischen und den kommunikativen), für die ich hier plädiere, ist dadurch begründet, dass die anderen keinen systematischen Stellenwert besitzen. Die A-

---

246 Dies betonen z. B. Pinzani, Allessandro, *Jürgen Habermas* und Hetzel, Andreas, „Jürgen Habermas: Theorie des kommunikativen Handelns (1981)".

247 Vgl. Habermas, Jürgen, *Theorie des kommunikativen Handelns*, Bd. 1, 126ff.

nalyse teleologischen Handelns gehört mehr in die allgemeine, weniger in die soziologische Handlungstheorie; so taucht es denn auch an keiner sachlich interessanten Stelle mehr auf. Das dramaturgische Handeln weist zwar *prima facie* eine gewisse inhaltliche Nähe zum Thema Authentizität auf, das im Zusammenhang mit der Analyse des dritten Geltungsanspruchs auf expressive Wahrhaftigkeit wichtig wird. Dieser Zusammenhang ist aber nur vordergründig. Auch dieser Handlungstyp kann deshalb vernachlässigt werden. Im folgenden werde ich deshalb meistens so tun, als operiere Habermas nur mit zwei Handlungsbegriffen, auch wenn seine Handlungstheorie „in Wirklichkeit" komplexer sein sollte. Für meine Zwecke (aber nicht nur für diese) reicht diese Beschränkung aus.

4 Methodologische Perspektivendifferenz

Methodologisch betrachtet findet die Unterscheidung von instrumentellem und kommunikativem Handeln eine wissenschaftstheoretische Entsprechung in der Differenz von Formen des Zugangs zu sozialen Phänomenen. Dem Sozialwissenschaftler steht es – in gewissen Grenzen und je nach Beschreibungsabsicht – frei, ob er sich auf eine hermeneutische oder naturalistische Perspektive verpflichtet, um soziale „Tatsachen" zu beschreiben. Diesen Unterschied bezeichnet Habermas als den Unterschied zwischen *Teilnehmer*- und *Beobachter*perspektive.

Weiter oben habe ich angedeutet, dass Habermas in seiner *Theorie des kommunikativen Handelns* mehrere Probleme auf einmal lösen will. Dies ist insofern ein äußerst ambitioniertes Vorhaben, als sich bei diesem Versuch mehrere Vokabulare als miteinander kompatibel oder sogar als einander ergänzend herausstellen müssen. Insbesondere der Zusammenhang zwischen dem empirischen Teil der Theorie, in dem es – grob gesagt – um das geht, was der Fall ist, und dem normativen Teil der Theorie, in dem es – mindestens ebenso grob gesagt – darum geht, was der Fall sein sollte, stellt sich als schwierig dar.

Dies ist ein klassisches Problem, dass sich, auch wenn die jeweiligen Autoren unterschiedlich reflektiert damit ungegangen sind, für jede Theorie stellt, die soziale Prozesse als Prozesse fortschreitender *Rationalisierung* begreifen will. Diese Theorien wollen natürlich einerseits dem empirischen Material auf der Spur bleiben; andererseits macht es keinen Sinn, von einem Prozess der Rationalisierung zu sprechen, ohne ein normativ gehaltvolles und dem Anspruch nach universell gültiges Konzept von Rationalität zu investieren.

Habermas selbst geht dieses Problem frontal an und bekennt sich zur „Unvermeidlichkeit rationaler Deutungen" auch in der Soziologie. Ein großer Teil des Sozialen – so die These – erschließt sich dem Sozialwissenschaftlicher einfach nicht oder nur unvollständig und verzerrt, wenn er eine rein „objektivierende", beobachtende Einstellung zu sozialen Phänomenen adoptiert.

Um das Argument zugunsten dieser These zu verstehen, lohnt es sich, noch mal zu der Unterscheidung von Handlungstypen zurückzukehren, die weiter oben Thema war. Welche Bedingungen müssen erfüllt sein, damit eine (zweckrationale oder normenregulierte oder dramaturgische) Handlung angemessen beschrieben werden kann?

Eine zentrale Voraussetzung ist, dass der Sozialwissenschaftler in die Rolle des Interpreten schlüpft, der soziale Handlungen eben als solche, nämlich als *Handlungen* zu verstehen versucht. Natürlich lassen sich der Schuss mit einem Blasrohr und das Aufschlagen einer Zeitung auch rein naturalistisch, d. h. als ballistisches bzw. physiologisches Ereignis in einer objektiven Welt beschreiben. Es ist aber nicht so, dass man damit eine „richtigere" oder auch nur „genauere" Beschreibung ein und desselben Phänomens geliefert hätte. Vielmehr hat man es dadurch versäumt, das Ereignis überhaupt als Handlung zu beschreiben. Wie gesehen wird ein Verhalten dadurch zur Handlung, dass der Akteur auf Nachfrage *Gründe* für sein Tun angeben kann. Wer eine Handlung als Handlung interpretieren will, muss also die Gründe zur Kenntnis nehmen, die eine Person für ihr Handeln hatte. Noch mehr: man wird jene Gründe nicht nur zur Kenntnis nehmen, sondern implizit auch bewerten müssen, um sie zu verstehen.

Mit dem Blasrohr auf Vögel zu schießen ist eine Handlung, die in einem Kontext des Jagens vollzogen wird und plausibel als zweckrationale Handlung beschrieben werden kann. Dies ist aber nur möglich, weil der Beobachter bzw. der Interpret den Ablauf der Dinge im Licht seines eigenen Wissens über die Erfolgschancen bewertet, die mit dieser Methode verbunden sind. Mit Seifenblasen oder Papierfliegern auf Vögel zu zielen mag zwar auch zweckrational sein, wenn der Handelnde davon überzeugt sein sollte, dass diese Methode von Erfolg gekrönt sein wird. *Wir*, die wir diese Handlung beschreiben, können dennoch nicht anders, als davon überzeugt zu sein, dass sich der Akteur über die statistische Wahrscheinlichkeit, einen Vogel mit einer Seifenblase zu erlegen, schlicht *täuscht*. Wir müssen Handlungen als begründete Handlungen verstehen und sind immer schon gezwungen, im Raum der Gründe zwischen *besser* und *schlechter* zu unterscheiden.

Für kommunikative Handlungen gilt das Gleiche: der Interpret wird „*selbst* in den Prozeß der Beurteilung von Geltungsansprüchen hereingezogen"[248] und muss die Rolle des „*virtuellen Teilnehmers*"[249] einnehmen, weil er sich die Gründe klarmachen muss, die das beschriebene Handeln zu dem machen, was es ist.

---

248 Habermas Jürgen, *Theorie des kommunikativen Handelns*, Bd. 1, 169.

249 Habermas, Jürgen, *Theorie des kommunikativen Handelns*, Bd. 1, 168.

Eine zweckrationale Handlung kann man – wenn man sie überhaupt verstehen will – nur im Licht eigener Standards bezüglich der Rationalität einer Mittelwahl verstehen. Dasselbe gilt für normenkonformes und dramaturgisches Handeln: dort muss der Interpret zwischen tatsächlicher und nur geglaubter Normenkonformität auf Seiten des Akteurs unterscheiden und kann außerdem die Frage nach der Richtigkeit der geltenden Normen selbst nicht ignorieren; hier kann der soziologische Teilnehmer Selbsttäuschungen von authentischen Selbstdarstellungen und dem strategischen Einsatz der Präsentation des subjektiven Innenlebens unterscheiden. Dadurch verliert der Wissenschaftler seine „privilegierte Stellung" und „methodologisch gesicherte Immunität"[250]. Er wird – wenigstens prinzipiell – zu einem Mitglied in den jeweiligen lebensweltlichen Kontexten.

5 Soziale und systemische Integration

Die Unterscheidung von Teilnehmer- und Beobachterperspektive lässt sich auch anhand des Kriteriums vornehmen, welche Aspekte des sozialen Lebens den involvierten Akteuren selbst epistemisch zugänglich sind. Man kann davon ausgehen, dass soziale Akteure, die in lebensweltliche Kontexte verstrickt sind, „laienhafte" Sozialtheoretiker sind. Wenn dem nicht so wäre, könnten sie einen Großteil der Handlungsprobleme, mit denen sie konfrontiert sind, gar nicht bewältigen. Akteure haben ein *Wissen* darüber, wie ihre soziale Umgebung funktioniert. Dieses Wissen trägt zwar vielleicht anfänglich mehr den Charakter eines *know how* als eines *know that.* Es ist aber nicht ausgeschlossen, dass ein erheblicher Teil dieses praktischen Wissens leicht in ein propositionales Wissen verwandelt werden kann. Sozial handelnde Personen wissen, wie Rollen verteilt sind, welche Verhaltenserwartungen mit ihnen verknüpft und welche Normen mit ihnen verbunden sind. Die „Strukturen" ihrer Lebenswelt sind ihnen intuitiv zugänglich.

Es gibt andererseits einen mindestens ebenso großen Teil von sozialen Mechanismen, der den beteiligten Subjekten nicht im Prozess der Sozialisation epistemisch verfügbar gemacht werden kann, weil er nicht zum lebensweltlichen Korpus des Wissens gehört, sondern hinter dem Rücken der Akteure wirkt und – z. B. – für soziale Integration sorgt. Die naheliegendsten Beispiele dafür sind die von Merton so genannten „latenten Funktionen"[251] von Handlungen, die den Handelnden weder bewusst noch von ihnen intendiert, ja womöglich noch nicht einmal gewünscht sind. Zur Erklärung und Beschreibung der latenten Funktionen von Handlungen, Institutionen, sozialen Praxen

---

250 Vgl. Habermas, Jürgen, *Theorie des kommunikativen Handelns*, Bd. 1, 173.

251 Vgl. Merton, Robert K., „The Unanticipated Consequences of Purposive Social Action".

etc. muss deshalb auch in keiner Weise auf die Intentionen der involvierten Akteure rekurriert werden[252]. Die funktionale (oder auch dysfunktionale) Vernetzung von Handlungsfolgen geht über einfache Interaktionssequenzen unter Bedingungen reziproker Kopräsenz hinaus und verzweigt sich in räumlicher und zeitlicher Hinsicht so stark, dass sie sich nur noch dem sozialwissenschaftlichen Forscher erschließt; dieser nimmt nun die Beobachterperspektive auf soziale Zusammenhänge ein. Hier geht es auch nicht mehr um die implizite Bewertung von Handlungsgründen, weil die jeweiligen Akteure ja gar keine Gründe für die unintendierten Folgen ihres Handelns haben können.

Diese Perspektivendifferenz rechtfertigt es, Gesellschaften sowohl als „Lebenswelt" als auch als „System" zu beschreiben. Man beachte, dass diese Unterscheidung zunächst im gerade vorgestellten Sinn eingeführt wird: als ein Unterschied im Wissensvorrat von Akteuren, der sich auf die methodologische Ebene überträgt. *Dieselbe* Handlungssequenz kann sowohl als Lebenswelt als auch als System beschrieben werden, je nach dem, welche Perspektive der Sozialwissenschaftlicher einnimmt und je nach dem, welche Phänomene er entschlüsseln will. In der *Theorie des kommunikativen Handelns* wird diese „perspektivische" Unterscheidung aber nicht durchgehalten. Der dichotomische Aufbau der Theorie präjudiziert die Verbindung von Beschreibungsperspektiven und Gesellschaftskonzepten mit dem handlungstheoretischen Vokabular; in dem Moment, in dem die handlungstheoretische und die gesellschaftstheoretische Begrifflichkeit zusammentreffen, verschmelzen beide zu einer Theorie, die soziale Systeme zu *Systemen zweckrationalen Handelns* werden lässt. Dies ist der Ort, an dem die Kritik der instrumentellen Vernunft Eingang in die Habermassche Theorie erhält.

Habermas spricht ausdrücklich davon, den Begriff der Lebenswelt als „Komplementärbegriff" zum kommunikativen Handeln einzuführen. Weniger ausdrücklich, der Sache nach aber trotzdem richtig, versucht er auch, den Systembegriff als Komplementärbegriff zum strategischen Handeln einzuführen.

Die Grundfrage soziologischer Theoriebildung ist seit Durkheim die Frage, wie soziale Ordnung, d. h. stabile soziale Zusammenhänge entstehen und erhalten bleiben können. Parsons' fundamentale Einsicht war es, dass sich diese Frage metatheoretisch formulieren lässt: Wie muss eine Handlungstheorie aussehen, die die – unbestrittene – Tatsache der Existenz sozialer Ordnung erklären kann. Die Frage lautet damit nicht: Gibt es soziale Ordnung? Sondern: Es gibt soziale Ordnung. Wie ist sie möglich?

Mit Habermas kann man sagen, dass eine ausschließlich systemtheoretische Antwort (die soziale Ordnung mit Rekurs auf die Selbststeuerungsfähigkeit überindividueller Systeme erklären will) genauso wie eine ausschließlich hand-

---

252 Vgl. dazu Detel, Wolfgang, „System und Lebenswelt bei Habermas".

lungstheoretische Antwort (die soziale Ordnung mit Rekurs auf Traditionen, Normen oder Werte erklären will) die Komplexität vor allem moderner Gesellschaften nicht angemessen erfassen kann. Eine phänomenologisch ansetzende und mit einer handlungstheoretischen Begrifflichkeit operierende Sozialtheorie überverallgemeinert die Organisationsform primitiver Stammesgesellschaften mit niedrigem Differenzierungsniveau. Eine objektivistisch ansetzende und mit einer systemtheoretischen Begrifflichkeit operierende Sozialtheorie überverallgemeinert die Organisationsform „hypermoderner“ Gesellschaften, bei denen der Prozess funktionaler Differenzierung und operativer Schließung von gesellschaftlichen Subsystemen schon abgeschlossen und eine handlungstheoretische Betrachtung obsolet geworden wäre.

Habermas hat freilich völlig recht, dass man sich nicht *entweder* für die eine *oder* für die anderen Alternative zu entscheiden hat. Nichts spricht gegen eine Theorie, die die Stärken beider Traditionen nutzt und deren explanatorische Schwächen – hoffentlich – hinter sich lässt.

Soziale Integration, sprich: soziale Ordnung, kommt nach Habermas auf zweierlei Weise zustande, nämlich einmal durch „die Mechanismen der Handlungskoordinierung, die die *Handlungsorientierungen* der Beteiligten aufeinander abstimmen“ und außerdem durch Mechanismen, „die nicht-intendierte Handlungszusammenhänge über die funktionale Vernetzung von *Handlungsfolgen* stabilisieren.“[253] Den ersten Fall bezeichnet Habermas als eine im eigentlichen Sinn *soziale* Integration, den zweiten als *systemische* Integration.

Noch korrespondiert die Unterscheidung von Integrationsmechanismen mit der methodologisch gestützten Perspektivendifferenz, von der oben die Rede war. Einmal nämlich beschreiben wir die Gesellschaft „aus der Teilnehmerperspektive handelnder Subjekte als *Lebenswelt einer sozialen Gruppe*“, ein anderes Mal „kann die Gesellschaft aus der Beobachterperspektive eines Unbeteiligten nur als ein System von Handlungen begriffen werden, wobei diesen Handlungen, je nach dem Betrag zur Erhaltung des Systembestandes, ein funktionaler Stellenwert zukommt.“[254] Dies hängt davon ab, ob die Beteiligten *wissen*, auf welchen Mechanismen ihr Handeln beruht, welchen Regeln es gehorcht und welche Folgen es hat.

Soziale Integration kommt durch Konsens zustande. Dieser kann normativ zugeschrieben oder kommunikativ erzielt sein. Auf lebensweltlicher, mithin handlungstheoretischer Ebene stellt sich das Problem sozialer Ordnung als das Problem dar, wie (mindestens) zwei soziale Akteure ihre Handlungsintentionen aufeinander abstimmen und so ihre Handlungen bruchlos aneinander „anschließen“ können, damit es zu einer mehr oder minder reibungslosen Interaktion kommen kann. Dieses Koordinations- bzw. Kooperationsproblem

---

253 Habermas, Jürgen, *Theorie des kommunikativen Handelns*, Bd. 2, 179.

254 Habermas, Jürgen, *Theorie des kommunikativen Handelns*, Bd. 2, 179.

können die Beteiligten entweder dadurch lösen, dass sie sich auf das lebensweltlich verfügbare und traditional konfundierte Reservoir an unhinterfragten Hintergrundüberzeugungen und impliziten Situationsdefinitionen stützen[255], oder dadurch, dass sie in eine Sequenz kommunikativen Handelns eintreten und ihre Pläne und Intentionen durch faktisch vollzogene Verständigung abstimmen. In einer „rationalisierten" Lebenswelt, in der der geteilte Fundus stehender Hintergrundüberzeugungen mehr und verdampft ist, scheitert dieser Versuch freilich häufig an der Fragilität kommunikativ erzielter Einverständnisse. Einmal problematisiert, sind lebensweltlich relevante Kommunikationen einem dauernden Dissensrisiko ausgesetzt.

Innerhalb der Lebenswelt lassen sich drei „strukturelle Komponenten" unterscheiden, die Habermas als Kultur, Gesellschaft und Persönlichkeit bezeichnet und denen er drei unterschiedliche Funktionen für die „symbolische Reproduktion" der Lebenswelt zuordnet. Es ist ja ein erklärungsbedürftiges Phänomen, wie die hohe Kontinuität lebensweltlicher Hintergrundüberzeugungen über die Grenzen einzelner Individuen, sozialer Gruppen und sogar ganzer Generationen hinweg gesichert werden kann. Nach Habermas kann nur der Begriff kommunikativen Handelns verständlich machen, wie sich Lebenswelten symbolisch reproduzieren. Verständigungsorientiertes Handeln kann dreierlei Funktionen erfüllen: „Unter dem funktionalen *Aspekt der Verständigung* dient kommunikatives Handeln der Tradition und der Erneuerung kulturellen Wissens; unter dem Aspekt der *Handlungskoordinierung* dient es der sozialen Integration und der Herstellung von Solidarität; unter dem *Aspekt der Sozialisation* schließlich dient kommunikatives Handeln der Ausbildung personaler Identitäten."[256]

Habermas ist von einer handlungstheoretischen Unterscheidung (instrumentell/kommunikativ) ausgegangen, die eine methodologische Perspektivendifferenz (Beobachter/Teilnehmer) nach sich zog. Diese wiederum führte zur Unterscheidung zweier elementarer Integrationstypen (sozial/systemisch), denen zwei Gesellschaftskonzepte (Lebenswelt/System) entsprechen. Der nächste Schritt besteht nun darin, diese beiden Gesellschaftskonzepte mit je eigenen Formen der Reproduktion zu verknüpfen, die Habermas als „materiell" bzw. „symbolisch" bezeichnet.

Die kulturelle Überlieferung sinnstiftender Interpretationsmuster lässt sich ebensowenig wie die normative Koordinierung von Handlungen oder Sozialisationsprozesse, an deren Ende handlungs- und zurechnungsfähige Akteure mit ausgebildeten personalen Identitäten stehen, einfach als materielle Reproduktion beschreiben. Hier bewegt man sich auf der symbolischen Ebene kol-

---

255 Vgl. Habermas' „Baustellen"-Beispiel in *Theorie des kommunikativen Handelns*, Bd. 2, 185 und dazu Celikates, Robin und Pollmann, Arnd, „Baustellen der Vernunft. 25 Jahre Theorie des kommunikativen Handelns", 106.

256 Habermas, Jürgen, *Theorie des kommunikativen Handelns*, Bd. 2, 208.

lektiv geteilten Sinns, nicht auf der – grob gesprochen – materiellen Seite kollektiv veranstalteten Überlebens. Deshalb ist die Lebenswelt auf kommunikative Handlungen angewiesen; ohne sie hätte sie als Lebenswelt keinen Bestand.

Anderes gilt für die „Erhaltung des materiellen Substrats der Lebenswelt": „Die *materielle Reproduktion* vollzieht sich durch das Medium der Zwecktätigkeit, mit der die vergesellschafteten Individuen in die Welt intervenieren, um ihre Ziele zu verwirklichen."[257] In modernen Gesellschafen wird die „materielle Reproduktion" der Lebenswelt von den ausdifferenzierten Subsystemen einer kapitalistisch organisierten Wirtschaft und eines bürokratisch organisierten Staatsapparats übernommen. Über die vielen oben skizzierten Zwischenschritte ist so die handlungstheoretische Begrifflichkeit endgültig untrennbar mit der Unterscheidung von System und Lebenswelt verbunden.

6 Systeme strategischen Handelns

Bei der Verwendung systemtheoretischer Beschreibungsmittel gibt es grundsätzlich zwei Alternativen: eine analytische und eine realistische. Die analytische Alternative betrachtet den Systembegriff als ein heuristisches Mittel zur Erforschung sozialer Zusammenhänge. Ob eine gegebene Praxis systemischen Charakter hat und wie hoch der Grad ihrer „Systemhaftigkeit"[258] ist, ist eine empirische Frage (die freilich positiv beantwortet werden kann).

Die zweite Alternative besteht darin, den Systembegriff realistisch oder auch „essentialistisch" zu verwenden. Diese Sichtweise hat vor allem Niklas Luhmann mit seinem „Es gibt Systeme"-Slogan berühmt gemacht, nach dem es zu einer systemtheoretischen Beschreibung moderner Gesellschaften schlicht keine Alternative (mehr) gibt. Auch mit methodologischen Argumenten lässt sich das Festhalten an einem handlungstheoretischen Vokabular nicht mehr rechtfertigen.

Habermas scheint in seiner *Theorie des kommunikativen Handelns* zunächst zur ersten Variante zu neigen. Die Gründe dafür habe ich anhand des Zusammenhangs zwischen Beschreibungsperspektiven und Integrationsformen darzustellen versucht. Wie Axel Honneth gezeigt hat, lässt sich hier allerdings ein Bruch in der Theorie feststellen, indem Habermas seine „essentialistische Einführung des Systembegriffs gleichsam historisch", und zwar mit differenzierungstheoretischen Argumenten, „zu begründen versucht."[259]

---

257 Habermas, Jürgen, *Theorie des kommunikativen Handelns*, Bd. 2, 209.

258 Vgl. Giddens, Anthony, *Die Konstitution der Gesellschaft*, 335ff.

259 Honneth, Axel, „Jürgen Habermas", 246.

Demnach können sog. primitive Gesellschaften als sozial integrierte Lebenswelten begriffen werden, die „mit einem wenig differenzierten Gesellschaftssystem zunächst koextensiv“[260] sind. Erst im Verlauf der sozialen Evolution „entkoppeln“ sich schließlich Lebenswelt und soziale Systeme mit den ihnen entsprechenden Integrationsmechanismen so weit voneinander, dass sich letztere immer mehr zu funktional autonomen Einheiten verselbständigen.

In modernen Gesellschaften sind die ausdifferenzierten Subsysteme Wirtschaft und staatliche Verwaltung letztlich in keiner Weise mehr in ihrem Fortbestand auf kommunikatives Handeln angewiesen, da sich Handlungskoordinierung hier über die Kommunikationsmedien Geld und Macht vollzieht, die insoweit „entsprachlicht“ sind, als sie nicht auf dem Erheben von Geltungsansprüchen beruhen.

All dies ist nach Habermas freilich nur möglich, wenn der Prozess der Ausdifferenzierung von Subsystemen strategischen Handelns von einer parallelen Rationalisierung der Lebenswelt begleitet ist. In deren Rahmen findet ein komplementärer Differenzierungsprozess statt, bei dem allerdings nicht mediengesteuerte Subsysteme, sondern kulturelle Wertsphären ausdifferenziert werden. Von diesen glaubt Habermas mithilfe seiner kommunikationstheoretischen Überlegungen zu den drei Dimensionen von Geltungsansprüchen drei scharf voneinander abgrenzen zu können: Wissenschaft und Technologie (entsprechend propositionaler Wahrheit), Moral und Recht (entsprechend normativer Richtigkeit) und Kunst (entsprechend expressiver Wahrhaftigkeit). Erst diese parallel ablaufende Entwicklung ermöglicht die Freisetzung von Mustern strategischen Handelns und die Bildung jener nicht-normativ geregelten sozialen Sphären, die Habermas als Systeme bezeichnet.

7 Kolonialisierung als Instrumentalisierung

Lebensweltliche Strukturen, die sich noch mal in die private Sphäre familiärer Beziehungen und eine Sphäre der Öffentlichkeit differenzieren lassen, bedürfen sowohl der symbolischen als auch der materiellen Reproduktion. Weder ohne das eine noch ohne das andere kann ein sozialer Zusammenhang auf Dauer Bestand haben. Als Dimensionen symbolischer Reproduktion identifiziert Habermas wie gesehen die stetige Erhaltung, Erneuerung und Interpretation traditionaler Wissensbestände (kulturelle Überlieferung), die Handlungskoordinierung durch geltende Normen und sprachliche Verständigung (soziale Integration) und die Herausbildung zurechnungsfähiger Akteure mit personaler Identität, die beides leisten können sollen (Sozialisation).

---

260 Habermas, Jürgen, *Theorie des kommunikativen Handelns*, Bd. 2, 230.

Für die materielle Reproduktion dieser kommunikativ integrierten Handlungsbereiche haben sich in modernen Gesellschaften funktional spezifizierte Subsysteme ausdifferenziert. Dieser evolutionäre „Sprung" war nach Habermas nur in einer schon weitgehend rationalisierten Lebenswelt möglich, in der sich distinkte kulturelle Wertsphären (Wissenschaft und Technik, Moral und Recht, Kunst) herausgebildet haben, die von Experten reflexiv bearbeitet werden. Dieser Modernisierungsprozess hat den Bestand an kritikfesten, durch traditionelle Autorität abgestützten Hintergrundüberzeugungen auf anomisches Maß zusammenschrumpfen lassen: soziale Akteure sind in ihrem Aufeinandertreffen jenem dauernden Dissensrisiko ausgesetzt, das immer mit der kommunikativen Verflüssigung überlieferter Selbstverständlichkeiten einhergeht.

Im monetär-bürokratischen System hat sich dafür eine Problemlösung entwickelt, die die Prozesse materieller Reproduktion gegen dieses Risiko immunisiert: die Subsysteme Wirtschaft und Staat sind im Zweifelsfall nicht auf die integrative Kraft symbolisch vermittelter Interaktion angewiesen, sondern können Handlungskoordinierung durch den entlastenden Einsatz „entsprachlichter Steuerungsmedien"[261] bewirken. Auf dieser Einsicht baut Habermas den normativen Teil seiner Gesellschaftstheorie auf.

Das zentrale Schlagwort in Habermas' Pathologiediagnose ist der Begriff der „Kolonialisierung der Lebenswelt". Wenn die symbolische Reproduktion der Lebenswelt in ihren drei Dimensionen auf kommunikatives Handeln angewiesen ist, dann kann eine *Ersetzung* dieses Handlungstyps durch mediengesteuerte Mechanismen der Handlungskoordinierung nicht folgenlos bleiben. Genau diese Ersetzung findet in modernen, bürokratisch verwalteten Wirtschaftsgesellschaften aber statt. Die Lebenswelt wird „verdinglicht", indem der auf symbolisch generalisierten Kommunikationsmedien beruhende strategische Handlungstyp in Handlungsbereiche „eindringt" (daher das Bild von der „Kolonialisierung"), die wesentlich nicht-instrumentell strukturiert sind.[262]

Mein Ziel in diesem Kapitel war es nicht, eine allgemeine, geschweige denn vollständige Darstellung der Argumentation der *Theorie des kommunikativen Handelns* zu geben. Mein Ziel war ausschließlich, sowohl werkgeschichtlich als auch systematisch zu zeigen, wie sich die Intuition, die gesellschaftstheoretisch informierte Diagnose sozialer Pathologien müsse auf dem Fundament einer Kritik der instrumentellen Vernunft errichtet werden, noch in einem der avanciertesten Theorieprojekte der modernen Sozialphilosophie wiederfinden lässt.[263]

---

261 Vgl. Habermas, Jürgen, *Theorie des kommunikativen Handelns*, Bd. 2, 269ff.

262 Vgl. Habermas, Jürgen, *Theorie des kommunikativen Handelns*, Bd. 2, 232ff. und 292ff.

263 Vgl. Kneer, Georg, *Die Pathologien der Moderne.*

Die Argumentation, die die historische Entwicklung des Habermasschen Werks berücksichtigt, kann – so hatte ich gesagt – keine sachlich begründeten Argumente liefern, sondern diese nur mit einem Plausibilitätsvorschuss versorgen. Ich unterscheide zwei systematische Argumente dafür, warum – denn dies ist für Habermas der zentrale Punkt – die Subsysteme Wirtschaft und Staat als Subsysteme *strategischen Handelns* begriffen werden müssen. Danach gehe ich kurz auf die Motivation ein, die möglicherweise hinter diesem Versuch liegt.

8 Systemische Integration, Nebenfolgen, strategisches Handeln

Einer der für Habermas wichtigsten Gründe, die überhaupt für eine funktionalistische Beschreibung sozialer Zusammenhänge sprechen, ist das Argument der Nebenfolgen. Die Einsicht in die Fülle von unintendierten Nebenfolgen absichtlichen Handelns rechtfertigt nach Habermas die Ablehnung der Sichtweise, soziale Kontexte und die funktionale oder dysfunktionale Vernetzung von Interaktionen über Zeit und Raum hinweg können den involvierten Akteuren jemals vollkommen transparent gemacht werden. Gerade dies wir aber vom Lebenswelt-Begriff vorausgesetzt, weshalb er nicht das letzte Wort zur Gesellschaftstheorie sein kann.

Die sozialen Regeln und Wissensbestände, die die Lebenswelt ausmachen, sind den Beteiligten, unabhängig davon, wie implizit oder unbewusst, wenigstens prinzipiell intuitiv zugänglich. Sie sind nicht auf sozialwissenschaftliche Forschung angewiesen, um sich in ihrer Lebenswelt orientieren zu können, sondern haben das nötige Wissen dazu „immer schon". Als Teilnehmer einer soziokulturellen Lebenswelt können Akteure *sagen*, welche Rolle Verwandtschaftsstrukturen spielen, welche Normen gelten, welche Erwartungen mit welchen Rollen verbunden sind usw. Soziale Integration über Normen, Werte und Verständigungsprozesse besteht deshalb auch darin, die Handlungsintentionen von Akteuren aufeinander abzustimmen, so dass die Koordination von Handlungsplänen ermöglicht wird. Ihre eigenen Intentionen sind den Handelnden natürlich epistemisch verfügbar.

Systemische Integration findet „hinter dem Rücken" von sozialen Akteure statt und greift, wie Habermas sagt, „durch die Handlungsorientierungen hindurch". Handelnde Personen müssen nicht – und sind es in der Regel auch nicht – über die unintendierten Nebenfolgen ihres Handelns und deren (latente) Funktionen für den Systembestand informiert sein. Da dies so ist, wäre es naiv, Gesellschaften ausschließlich aus der Teilnehmerperspektive als Lebenswelt beschreiben zu wollen.

All das mag richtig sein. Es liefert aber keinerlei Begründung für de Zuordnung eines bestimmten Handlungs- bzw. Rationalitätstyps (natürlich: instrumentelle Rationalität) zu einem der beiden Integrationsmechanismen und also auch nicht zu einem der beiden Gesellschaftsbegriffe (System oder Lebenswelt). Denn: jedes Handeln hat Nebenfolgen, ob kommunikativ oder strategisch, und diese sind in letzter Konsequenz so oder so unüberschaubar. Hans Joas schreibt dazu: „Selbstverständlich ist es [...] schon im mikrosoziologischen Bereich naiv und im makrosoziologischen Bereich vollends absurd, soziale Prozesse vollständig als intendiert aufzufassen. Schon der Alltagsverstand weiß, daß Handlungsresultate von Handlungsintentionen abweichen können. [...] Unintendierte Handlungsfolgen sind nicht vereinzelte Betriebsunfälle des Handelns, sondern der unausweichliche Regelfall." Und weiter: „Wenn funktionalistische Modelle damit gerechtfertigt werden, daß sie den Nutzen und das regelmäßige Auftreten solcher unintendierten Folgen systematisch ins Kalkül ziehen, dann lässt sich dem entgegenhalten, daß gerade auf diesem Wege das gemeinte Phänomen seiner Sprengkraft beraubt wird. Unintendierte Handlungsfolgen erscheinen nämlich dann als Beiträge zur latenten Erfüllung von Funktionsnotwendigkeiten eines sozialen Systems. Es ließe sich aber sofort weiterfragen, ob denn alle unintendierten Handlungsfolgen in diesem Sinne funktional sind. [...] Aus der Vernetzung intendierter und unintendierter Handlungsfolgen entstehen strukturelle Muster sowie die erkannten oder unerkannten Bedingungen für die nächste Runde des Handelns."[264] Joas versteht dies als ein Argument, das die Versuchungen des Funktionalismus abschwächen soll. Darum geht es mir hier nicht. Mich interessiert hier nur, dass sich aus der Unausweichlichkeit des Eintretens nicht-antizipierter Handlungsfolgen schlicht kein Argument zugunsten der Verbindung des Systembegriffs mit dem Begriff strategischen Handelns gewinnen lässt.

Wie gesehen verdankt sich die Zuordnung zweckrationalen Handelns zu sozialen Subsystemen der These, dass die materielle Reproduktion der Lebenswelt, für die vor allem das Wirtschaftssystem zuständig ist, nur durch zweckrationales Handeln möglich ist.[265] Diese These operiert mit einem von primitiven Gesellschaften abgeguckten Bild wirtschaftlichen Handelns, in denen dieses mit direkten Eingriffen in die natürliche Umwelt deckungsgleich ist. Dies ist in modernen Gesellschaft offensichtlich nicht mehr der Fall. Das Argument zugunsten funktionalistischer Analysen, das auf der Unüberschaubarkeit nicht-intendierter Nebenfolgen basiert, soll zudem für die Verbindung von systemischer Integration, Vernetzung von Nebenfolgen und materieller Reproduktion sprechen. Auch dieses Argument vermag aber nicht zu überzeugen: „Bereits dieser erste Schritt auf dem Weg, der zur Erweiterung des handlungstheoretischen Ansatzes durch ein Systemkonzept führen soll, ist nicht allzu überzeugend, weil unberücksichtigt bleibt, daß natürlich auch die symbolische Reproduktion einer Gesellschaft, die über kommunikative Hand-

---

264 Joas, Hans, *Die Kreativität des Handelns*, 337f.

265 Vgl. White, Stephen, *The Recent Work of Jürgen Habermas*, 110.

lungen erfolgt, nicht als „das intendierte Ergebnis einer kollektiven Zusammenarbeit“ vorgestellt werden kann“.[266]

Wenn man Systeme nicht als Sphären zweckrationalen Handelns *definiert* – wodurch diese These *empirisch leer* würde – muss man es zulassen, dass auch kommunikative Handlungen eine wichtige Rolle für soziale Subsysteme spielen. Dann lässt sich aber nicht mehr einsichtig machen, warum die funktionale Integration über die Nebenfolgen strategischen Handelns gegenüber den zweifelsohne ebenso vorhandenen Nebenfolgen sprachlicher Verständigung theoretisch privilegiert werden sollte.

9 Zwei komplementäre Fiktionen

Kommunikative Handlungen sind normativ strukturiert. Mit dem Äußern eines Sprechakts erwirbt man einen „deontischen Status“ (Brandom), der sich in Festlegungen, Berechtigungen und Verpflichtungen differenzieren lässt. Dies gilt nicht im selben Sinn für strategische Handlungen, bei denen Gelingen und Misslingen nicht als Verletzung einer Obligation beschrieben werden können, sondern von empirisch definierten Erfolgschancen abhängig sind. Die Verletzung technischer Regel äußert sich im Scheitern, nicht in Sanktionen.

Mit der These, dass die funktional differenzierten Systeme Wirtschaft und Staat Systeme zweckrationalen Handelns sind, ist Habermas damit auf die Konsequenz festgelegt, dass diese Systeme in einem gewissen Sinn nichtnormativ geregelte soziale Bereiche sind, genauer: dass die interaktiven Handlungen, die soziale Systeme konstituieren, normfrei koordiniert werden (können). Diese These erzeugt nach Axel Honneth eine doppelte Fiktion:[267] nämlich einmal die einer „normfreien Sozialität“ in Wirtschaft und Staat und die einer „machtfreien Sozialität“ in lebensweltlichen Kontexten.

Soziales Handeln im monetär-bürokratischen Komplex ist tatsächlich auf beide Handlungsorientierungen angewiesen: dafür spricht, „daß sich die Organisationsstrukturen von Betrieben und Verwaltungen generell nur als institutionelle Verkörperungen von zugleich zweckrationalen und politisch-praktischen Prinzipien erklären lassen; die politisch-praktischen Richtlinien, unter denen die entsprechenden Organisationsaufgaben zweckrational erfüllt werden, lassen sich als das Ergebnis eines steten Kommunikationsprozesses unter den Beteiligten begreifen.“[268] Umgekehrt gilt, dass die Vorstellung einer sozialen Sphäre, die völlig frei von empirischen Mechanismen der Handlungsbeeinflus-

---

266 Honneth, Axel, *Kritik der Macht*, 321.

267 Vgl. Honneth, Axel, *Kritik der Macht*, 328ff.

268 Honneth, Axel, *Kritik der Macht*, 329.

sung – durch Einflussnahme und nicht durch Einverständnis – ebenso ein verzerrtes Bild der sozialen Realität zeichnet, weil die Rationalisierung der Lebenswelt, die die Ausdifferenzierung der „Subsysteme strategischen Handelns" ermöglicht, keineswegs zu einer Differenzierung der beiden Handlungstypen voneinander und einem Rückzug des einen Typs in systemisch und des anderen Typs in sozial integrierte Bereiche geführt hat. Es mag dann immer noch sein, dass strategische Handlungen in funktional autonomen Systemen *vorherrschen*. Dies wäre aber eine *empirische* und damit kontingente Tatsache, die nichts über das „Wesen" moderner Gesellschaften verrät.

Was sind die Gründe, die Habermas trotzdem veranlassen, medial gesteuerte Systeme als Systeme instrumenteller Rationalität zu beschreiben, die von der normativen Kraft alltagssprachlicher Kommunikation weitgehend unabhängig geworden sind? Hier kann man nur Vermutungen anstellen. Am plausibelsten scheint mir die von Thomas McCarthy vertretene Annahme, dass Habermas die – normativ eigentlich wünschenswerte – radikaldemokratische Organisation des materiellen Produktionsprozesses nicht mit normativen, sondern mit deskriptiven Argumenten zu verabschieden versucht.[269] Die Entkopplung von System und Lebenswelt wird dadurch zum sozialevolutionären Faktum, das unaufgebbare Effizienzvorteile bei der Produktion und Allokation materieller Güter mit sich bringt. Diesem Faktum wird ein evolutionärer Eigenwert zuerkannt, der ohne die „Entsprachlichung der Ökonomie" nicht möglich gewesen wäre.

10 Habermas' Kritik der instrumentellen Vernunft – Ergebnisse

In diesem Kapitel habe ich sowohl mit Blick auf die Werkentwicklung als auch in einer Analyse der hierfür zentralen Aspekte der *Theorie des kommunikativen Handelns* zu zeigen versucht, dass auch Habermas' kritische Gesellschaftstheorie von den Intuitionen einer Kritik der instrumentellen Vernunft zehrt. Die dichotomische Struktur der TkH ist von Anfang an – wenn auch häufig nur implizit – darauf zugeschnitten, auf handlungstheoretischer, rationalitätstheoretischer, methodologischer und gesellschaftstheoretischer Ebene die Pathologien moderner Gesellschaften als eine Diffusion strategischer Rationalität in kommunikativ integrierte Bereiche zu beschreiben. Die Argumente, die für diese Diagnose sprechen, überzeugen in keiner der genannten Hinsichten.

Im folgenden Kapitel nehme ich eine stärker metatheoretische Perspektive ein und arbeite heraus, was den Versuch, die Diagnose sozialer Pathologien in Begriffen einer Kritik der instrumentellen Vernunft aufzuziehen, eigentlich motiviert. Das Projekt einer Kritik der instrumentellen Vernunft soll 1. ein

269 Vgl. McCarthy, Thomas, „Komplexität und Demokratie. Die Versuchungen der Systemtheorie".

„Rechtfertigungsdilemma“ auflösen, mit dem sich jede Form normativ orientierter Sozialphilsophie konfrontiert sieht und 2. eine zentrale moralphilosopische Intuition in die Sozialphilosophie inkorporieren und gesellschaftstheoretisch einrahmen. Zum Schluss stelle ich die Frage, ob eine moderne Sozialphilosophie auch ohne das Vokabular einer Kritik der instrumentellen Vernunft auskommen kann und deute eine Antwort an. Meine These ist, dass ohne (KIV) (1) – (5) weder der Begründungsstandard der Diagnose sozialer Pathologien gesenkt werden muss noch etwas an deren kritischer Kraft verlorengeht. Eine Sozialphilosophie ohne rationalitätstheoretische Rückendeckung ist möglich.

VI Who's Afraid of Instrumental Reason?

1 Das Rechtfertigungsdilemma

Die Sozialphilosophie ist von einer eigentümlichen Spannung gekennzeichnet: die Standards einer Diagnose sozialer Pathologien dürfen nicht völlig unabhängig von den tiefsitzenden normativen Intuitionen und Forderungen derjenigen Personen sein, die die Mitglieder des kritisierten sozialen Kontextes sind. Dennoch müssen die Standards, die vom Theoretiker an die soziale Wirklichkeit „angelegt" werden, prinzipiell den Anspruch auf kontexttranszendierende Geltung erheben. Wie geht beides zusammen?

Um soziale Pathologien – die normativen Defizite gesellschaftlicher Formationen – identifizieren und in ihrem pathologischen Charakter verstehen zu können, braucht der Kritiker einen „view from somewhere"; um seine Kritik begründen zu können, scheint er einen „view from nowhere"[270] zu brauchen. Einem externen, nicht sozial situierten Beobachter erschließen sich soziale Pathologien einfach nicht. Er muss – dies war auch das Ergebnis von Kapitel I – einen internen Standpunkt einnehmen, von dem aus er sich mit dem normativen Horizont eines sozialen Zusammenhangs identifizieren kann, um seine Aufgabe als Kritiker erledigen zu können. Sobald dieser interne Standpunkt aber einmal eingenommen ist, scheint es kein Zurück mehr zu geben; jetzt kann der Kritiker nicht mehr entscheiden, ob sein kritischer Impuls und die normativen Urteile, die ihm intuitiv unvermeidlich erscheinen, das Ergebnis idiosynkratischer Wertungen, unteilbarer Präferenzen, historisch überlieferter Vorurteile und kontingenter Bedingungen sind, oder ob seine kritischen Bemühungen wenigstens prinzipiell dem Anspruch rationaler Akzeptabilität genügen können.

Die Reaktion auf diese Einsicht wird vielleicht der Versuch sein, den internen Standpunkt – nämlich eben jenen „view from somewhere" – aufzugeben und ihn wieder gegen eine externe Perspektive einzutauschen. Aber auch diese Reaktion führt zu unerwünschten Konsequenzen, denn das Ziel, das mit diesem Schritt erreicht werden soll, ist in Wirklichkeit unerreichbar. Eine Perspektive, die niemandes Perspektive ist, ist entweder unmöglich oder aber nur scheinbar ein Blickwinkel ohne Standpunkt und damit letztlich doch nur der Ausdruck unbegründeter Voraussetzungen.

Nichtsdestotrotz (oder gerade aufgrund dieses Dilemmas) ist die Reflexion auf die normativen Fundamente seines Tuns für den Sozialphilosophen unerlässlich. Er kann sich nicht einfach darauf verlassen, dass die relevanten moralischen Intuitionen, auf die er sich implizit beruft, allgemein geteilte Selbstverständlichkeiten sind: „It is widely assumed that such grounds (or foundations)

---

270 Diese Formulierungen entlehne ich von Thomas Nagel, vgl. ders., *The View from Nowhere*.

[on which the practice of justifying and/or criticizing social norms and institutions rests] are necessary if criticism is to express anything more than the subjective preferences or particular interests of the critic. A clarification of its normative grounds should help insure that the criticism is objective or reflects generalizable interests."[271] Dies ist das Kriterium, an dem sich eine sozialphilosophische Kritik messen lassen muss: sie muss „objektiv" sein, in dem schwachen Sinn, der „objektiv" als „intersubjektiv" versteht. Normative Urteile müssen wenigstens grundsätzlich verallgemeinerbar sein und von anderen Personen und sozialen Gruppen geteilt werden können. Andererseits muss die Sozialphilosophie in einem moderaten Sinn *kontextgebunden* bleiben, um die kritikbedürftigen Phänomene weiterhin angemessen verstehen zu können.

Nach Maeve Cooke zeichnen sich *kritische* Sozialtheorien dadurch aus, dass sie mit Begriffen wie *Fortschritt* oder *Emanzipation* operieren; sie interessieren sich für die sozialen Bedingungen individuellen Wohlergehens und, da es sich um kritische Theorien handelt, insbesondere dafür, ob und wieso diese Bedingungen in einer gegebenen Gesellschaft *nicht erfüllt* sind. Um soziale Zustände und Entwicklungen im Hinblick auf Fortschritt und Emanzipation beurteilen zu können, bedarf es eines normativen Maßstabes[272], der die Einschätzung des moralischen „Niveaus" solcher Zustände ermöglicht. Diese Maßstäbe zehren nach Cooke von den jeweiligen Vorstellungen einer „guten Gesellschaft", die vom kritischen Sozialtheoretiker ausgemalt werden, denn „progress is an evaluative term; it implies the availability of an evaluative perspective from which changes can be assessed as for the better or the worse. In the case of criticial social theories, it is their guiding ideas of the good society that provide the required evaluative perspective: the vantage point from which changes in perceptions of needs and interests, or changes in existing social arrangements, can be seen as changes for the better or the worse."[273] Wie gesehen ist die Suche nach dieser „evaluativen Perspektive" einer Spannung ausgesetzt: sie muss perspektivisch genug, aber so unperspektivisch wie möglich sein. Cooke sieht hierin ein *Rechtfertigungsdilemma*, mit dem jede Form kritischer Sozialphilosophie – nachgerade unter modernen Bedingungen – konfrontiert ist, und das mit dem ungeklärten *Status* jener Visionen einer guten Gesellschaft zusammenhängt: „On the one hand, they [critical social theories, H. S.] must endeavor to proceed in a nonauthoritarian manner by taking account of the historicity of knowledge and validity claims, recognizing the subjectivity and partiality of ethical judgements, and acknowledging the possibility that claims to context-transcending validity are perhaps yet one more means of exercising repressive social power. On the other hand, they must uphold ideas of the

---

271 Baynes, Kenneth, *The Normative Grounds of Social Criticism*, 1.

272 Vgl. Kap. I dieser Arbeit.

273 Cooke, Maeve, *Re-Presenting the Good Society*, 13.

good society that raise claims to validity that are not reducible to the contingent preferences of the inhabitants of historically specific, sociocultural contexts."[274] Konzeptionen einer guten Gesellschaft enthalten einen Anspruch auf rationale Gültigkeit, der zwar durch das Wissen um die Geschichtlichkeit und Sprachabhängigkeit normativer Urteile abgeschwächt werden muss, aber nicht vollständig aufgegeben werden darf.

Im Licht dieses Dilemmas öffnet Cooke einen Raum von vier logisch möglichen Vorschlägen zur Auflösung jenes Dilemmas, die sie als *konventionalistisch*, *radikal kontextualistisch*, *kontexttranszendierend* und *autoritär* bezeichnet.[275] Nur die zweite und die dritte Position hält sie überhaupt für anschlussfähig und potentiell glaubwürdig; aus konventionalistischer Sicht lässt sich nämlich ein Abweichen im Bereich ethischer Urteile nur als das Ergebnis einer misslungenen Sozialisation erklären, während die autoritäre Position die Geltung ethischer Urteile durch die unbezweifelbare normative Autorität göttlicher Gebote oder natürlicher Notwendigkeiten garantiert sieht. Beide Alternativen lehnt Cooke ab. Was übrig bleibt, ist die Wahl zwischen der radikal kontextualistischen und der kontexttranszendierenden Variante, die – und das ist entscheidend – darin voneinander abweichen, ob sie den jeweils mobilisierten Vorstellungen einer guten Gesellschaft einen rationalen Status nur *innerhalb* eines Kontextes, oder auch *jenseits* aller partikularen Kontexte zubilligen möchten. Man kann den Kuchen nicht essen *und* behalten, genau das scheint aber erforderlich zu sein, weinn das Projekt einer *begründeten* Sozialkritik Aussicht auf Erfolg haben soll.

Meine Frage war: warum ist es für viele Sozialphilosophen so verführerisch, das Projekt einer Diagnose sozialer Pathologien in der Begrifflichkeit einer Kritik der instrumentellen Vernunft (im Sinn von (KIV) (1)-(5)) aufzuziehen? Im Lichte des gerade geschilderten Rechtfertigungsdilemmas kann man nun folgende Antwort geben: weil die Rückbindung der normativen Maßstäbe der Sozialkritik an eine rationalitätstheoretische Begrifflichkeit die in der oben beschriebenen Spannung implizierte Forderung nach einem reflektierten Universalismus bzw. einem nicht-defaitistischen Kontextualismus erfüllbar zu machen scheint:

(KIV*)

(1) Die Kritik der instrumentellen Vernunft vermag das Rechtfertigungsdilemma aufzulösen.

Wenn sich plausibel machen ließe, dass sich soziale Pathologien auf eine soziale Pathologie der *Vernunft* zurückführen ließen, könnte man beide Tenden-

274 Cooke, Maeve, *Re-Presenting the Good Society*, 4.

275 Cooke, Maeve, *Re-Presenting the Good Society*, 14f.

zen in eine einzige Konzeption integrieren, ohne deren weniger überzeugende oder gar unerwünschte Konsequenzen mittragen zu müssen.

Vernünftigkeit ist etwas Universelles. Anders als bei Gefühlen, subjektiven Wertungen etc. können wir eine Person rational dafür kritisieren, wenn sie eine Rationalitätsnorm verletzt. Gleichgültig, welcher Kultur jemand entstammt, welcher historischen Epoche er angehört oder welche Sprache er spricht, kann jemand dafür kritisiert werden, aus $p \rightarrow q$ und $\neg p$ zu folgern, dass $\neg q$. Aus dieser Einsicht in den prinzipiell allgemeingültigen Charakter vernünftiger Regeln scheint auch die Sozialphilosophie Kapital schlagen zu können. Gleichzeitig scheint damit auch Cookes These gerettet, die kritische Sozialtheorie dürfe die Idee kontexttranszendierender Geltung nicht einfach so hinter sich lassen. Es mag soziale Ursachen haben, die es in vielen Fällen unmöglich machen, ein gutes Leben in individuellem Wohlergehen zu führen. Worin aber „Wohlergehen" besteht und was ein Leben „gut" macht ist offensichtlich eine Frage, über deren richtige Beantwortung wenig Einigkeit herrscht. Der Nachweis einer sozialen Pathologie der *Vernunft* wäre dagegen allgemein nachvollziehbar und der defizitäre Charakter dieses Zustands wäre ebenso allgemeingültig begründet. Es wären nicht die kontingenten Wünsche von Personen, die unter bestimmten sozialen Bedingungen unerfüllt bleiben müssen, sondern die „korrekte" Ausübung der vernünftigen Fähigkeiten sozialer Akteure wäre behindert.

Darüberhinaus wäre auch Cookes zweite Forderung erfüllt. Denn eine rationalitätstheoretisch fundierte kritische Gesellschaftstheorie ist nicht darauf angewiesen, eine unhinterfragbare göttliche Ordnung o. ä. als unverrückbaren, externen Maßstab der Kritik dem kritisierten sozialen Kontext einfach aufzuzwingen – ob die Mitglieder dieses Kontexts jenen Maßstab nun teilen wollen und akzeptieren können oder nicht. Im Gegenteil: wenn sich ein Zusammenhang zwischen der Behinderung der sozialen Bedingungen eines guten Lebens und der subtilen Deformation oder auch nur Beeinflussung der rationalen Fähigkeiten von Akteuren aufzeigen ließe, dann könnte man begründet darauf hoffen, dass die Vorstellung einer guten Gesellschaft, die hinter jener Pathologiediagnose steht, auch vor den in konkreten Kontexten situierten Individuen gerechtfertigt werden könnte. Es ist schließlich die *Rationalität der betroffenen Mitglieder selbst*, die von der Einrichtung der jeweiligen gesellschaftlichen Bedingungen abhängt. Mit dem Konzept einer sozialen Pathologie der Vernunft hätte man beide Fliegen mit einer Klappe geschlagen und die Notwendigkeit kontextinterner Überzeugungskraft mit dem Anspruch auf kontextübergreifende rationale Geltung vereinbart.

Der Begriff einer sozialen Pathologie der Vernunft besteht – so hatte ich in der Einleitung gesagt – aus drei Teilen: er vereint die Begriffe *sozial* (der gesellschaftstheoretische Teil), *Pathologie* (der ethische Teil) und *Vernunft* (der rationalitätstheoretische Teil) und beansprucht, die Verbindung dieser drei Teile plausibel machen zu können. Die Konfrontation mit dem Rechtfertigungsdilemma erklärt, was den Versuch einer Verbindung dieser drei Teile so vielversprechend macht. Wie aber funktioniert diese Verbindung, insbesondere der ersten beiden mit dem dritten Teil des Begriffs?

Man kann sich den Zusammenhang dieser drei Teile anhand eines Arguments klarmachen, das zeigen soll, wie eine soziale Tatsache eine soziale Pathologie erzeugen kann, indem diese Einfluss auf die rationalen Handlungsorientierungen von Akteuren nimmt. Ich will ein solches Argument am Beispiel des Begriffs der *Verdinglichung* andeuten. Mir scheint, dass ein Argument dieser Art vielen Autoren vorschwebt, die einen Zusammenhang zwischen instrumenteller Rationalität (rationalitätstheoretisch), Verdinglichung (ethisch) und Kapitalismus (gesellschaftstheoretisch) herstellen wollen:

P1 Etwas zu verdinglichen bedeutet, etwas als ein bloßes Ding zu behandeln (obwohl es keins ist, weil es z B. ein Mensch ist).

P2 Etwas als ein Ding zu behandeln bedeutet, es als etwas zu behandeln, das keine Individualität hat (Austauschbarkeit) und das besessen und veräußert werden kann (Besitzverhältnis).

P3 Etwas in diesem Sinn zu verdinglichen bedeutet, etwas als Ware zu behandeln (obwohl es „in Wirklichkeit" keine Ware ist).

P4 Etwas als Ware zu behandeln bedeutet, es als bloßes Mittel zu einem beliebigen Zweck zu behandeln (Instrumentalisierung).[276]

P5 In modernen Gesellschaften mit kapitalistischem Wirtschaftssystem sind Akteure häufig gezwungen, etwas als Ware zu behandeln (obwohl es „in Wirklichkeit" keine ist).[277]

---

276 Austauschbarkeit, Besitzverhältnis und Instrumentalisierung werden von Martha Nussbaum als Kennzeichen einer verdinglichenden Einstellung aufgezählt, vgl. Nussbaum, Martha, „Verdinglichung", 102.

277 Dies ist Lukács' These in „Die Verdinglichung und das Bewußtsein des Proletariats".

K In modernen Gesellschaften sind Akteure häufig gezwungen, instrumentell rational zu handeln (selbst dort, wo eigentlich eine andere Form von Rationalität oder eine andere Handlungseinstellung „angebracht" wäre).

Das Argument soll zeigen, wie das Ergebnis eines sozialen Entwicklungsprozesses (z. B. die Entstehung des Kapitalismus; es funktioniert freilich auch mit der Entstehung bürokratischer Organisationsmittel) auf Seiten der Akteure bestimmte Handlungstypen erzwingt, deren wesentliches Merkmal darin besteht, mit einem bestimmten Typ praktischer Rationalität verknüpft zu sein: wenn man etwas – so die These – als Ware behandelt, dann übt man seine Fähigkeit zu instrumenteller Rationalität aus. Dies ist der Punkt, an dem die rationalitätstheoretische Begrifflichkeit an die gesellschaftstheoretische Beschreibung geknüpft wird. Man sieht, dass die ethisch inspirierte Pathologiediagnose, in modernen Gesellschaften seien Akteure dem Zwang ausgesetzt, sich selbst, ihre natürliche Umwelt und andere Menschen unter dem Aspekt ihrer Verwertbarkeit als „Waren" zu betrachten, dadurch durch den Begriff instrumenteller Rationalität präzisiert wird, dass zwischen beiden Handlungsweisen tieferliegende Ähnlichkeiten aufgedeckt werden. Die Handlungsweise „etwas als Ware behandeln" und die Handlungsweise „etwas als Mittel zu einem beliebigen Zweck gebrauchen" gleichen sich nämlich darin, dass bloße Instrumente ebenso wie Waren keine Individualität besitzen und also, umgekehrt betrachtet, sowohl austauschbar sind als auch wie ein „Ding" besessen werden können.

Im vierten Kapitel habe ich versucht, den Begriff instrumenteller Vernunft (IV) aus rationalitätstheoretischer Perspektive zu untersuchen. Die drei Merkmale, die ich dort herausgearbeitet habe, waren:

(IV)

(1) die konditionale Struktur instrumenteller Vernunft

(2) die Bezogenheit instrumenteller Vernunft auf normative Entitäten (wie Zwecke, Wünsche oder Ziele)

(3) die Bezogenheit instrumenteller Vernunft auf *gegenwärtig präsente* Wünsche, Zwecke oder Ziele

Dabei hatte ich behauptet, dass insbesondere (IV) (3) zu einer zu schwachen Konzeption praktischer Vernunft führt, weil die Rolle, die langfristige Ziele und Lebenspläne für die holistischen Begründungsstrukturen praktischer Einstellungen spielen, systematisch unberücksichtigt bleibt. Solange man aber *nur* diese drei Elemente beisammen hat, bleibt immer noch unklar, wie der Zusammenhang zwischen dem Begriff instrumenteller Vernunft und der sozialphilosophischen These (KIV) (2) herzustellen ist, nach der in den Institutionen und Praktiken moderner Gesellschaften ein verkürzter Typ praktischer Vernunft verkörpert ist, der die Erfüllung der sozialen Bedingungen individuellen Wohlergehens behindert. Erst wenn man die gerade skizzierte Symmetrie zwischen instrumentell rationalem Handeln und einem „verdinglichenden" Handeln akzeptiert, in dem etwas – womöglich zu Unrecht – als etwas behandelt wird, das austauschbar ist und besessen werden kann, also keine personalen Eigenschaften (sondern „Warencharakter") besitzt, wird es möglich, die Diagnose sozialer Pathologien in Form der Diagnose einer sozialen Pathologie *der Vernunft* anzugehen.

Für die Zwecke einer Diagnose sozialer Pathologien muss man deshalb noch ein viertes Merkmal instrumenteller Rationalität unterscheiden, das diesen Zusammenhang explizit macht:

(IV)

(4) Eine instrumentell rationale Einstellung in Bezug auf eine Entität x besteht darin, x als (bloßes) Mittel zu einem (beliebigen) Zweck zu behandeln

Die Ausübung instrumenteller Rationalität wird in dem Moment ethisch problematisch („pathologisch"), in dem Akteure sich auch dort noch instrumentell rational verhalten, wo sie eigentlich Gebrauch von einem anspruchsvolleren Typ praktischer Vernunft machen sollten: in den moralisch integrierten Bereichen intersubjektiver Beziehungen. Dass dieser praktische „Kategorienfehler" in modernen Gesellschaften über die Maßen verbreitet ist, ist die zentrale These kritischer Sozialtheorien seit Weber und Lukács und wird, wie in Kapitel V gesehen, auch noch von Habermas vertreten.

Letztlich ist es diese *moralische Intuition*, von der die „Kritik der instrumentellen Vernunft" zehrt: an sozialen Interaktionen ist etwas deontologisch falsch und teleologisch schlecht, wenn diese bloß auf zweckrationaler Beeinflussung statt auf reziprokem Respekt beruhen:

(KIV*)

(2) Die Kritik der instrumentellen Vernunft leistet eine sozialphilosophische Anwendung zentraler moraltheoretischer Prinzipien.

Wenn diese grundlegende moralphilosophische Einsicht dann mit einer soziologischen Zeitdiagnose verschmilzt, ist es nur noch ein Schritt zu der These, moderne Gesellschaften litten an einer „sozialen Pathologie der Vernunft".[278]

Ich habe in Kapitel I bereits darauf hingewiesen, dass sich jene moralische Intuition bis auf das in der Zwecke-Formel des kategorischen Imperativs ausgesprochene, durch die Forderung nach der universellen Achtung von Personen begründete Instrumentalisierungsverbot zurückführen lässt. Die Vertreter einer Kritik der instrumentellen Vernunft erweitern nun jene moralphilosophische These um eine gesellschaftstheoretische Komponente, indem sie Kants Unterscheidung zwischen hypothetischen Imperativen, die „technischer" Natur sind, und dem kategorischen Imperativ, der moralischer Natur ist, modernisierungstheoretisch unterfüttern. Anders als bei Kant wird der Gebrauch instrumenteller Vernunft jetzt nicht mehr darauf zurückgeführt, dass menschliche Akteure als sinnlich affizierte Wesen häufig ihren gleichsam „tierischen" Neigungen folgen, indem sie handelnd ihre kontingenten Wünsche zu erfüllen versuchen; aus der Perspektive einer Kritik der instrumentellen Vernunft sind es die strukturellen Eigentümlichkeiten moderner Gesellschaften, die es verhindern, dass soziale Akteure einander auf der Basis ihrer praktischen Autonomie als „Zwecke an sich" behandeln. Mehr noch: jene Akteure sind nicht nur dem Zwang ausgesetzt, moralisch falsch zu handeln, sie befinden sich sogar in einer epistemischen Situation, in der ihnen dieser Zwang systematisch verborgen bleibt.

Wie wird der Zusammenhang von instrumenteller Rationalität und Warenform begründet? Wenn man das gerade im Anschluss an Martha Nussbaum rekonstruierte Argument zugunsten dieses Zusammenhangs betrachtet, sieht man, dass das wesentliche Merkmal der Verdinglichung nicht-dinglicher Entitäten (etwa Personen) in der Leugnung ihrer Individualität liegt.[279] Diese Leugnung ist es auch, die die mit jenem Phänomen verbundene moralische Empörung hervorruft. Bestimmte Bereiche menschlichen Lebens, vor allem

---

278 Vgl. auch Honneths „Skizze" der Gesellschaftstheorie Adornos in Honneth, Axel, „Eine Physiognomie der kapitalistischen Lebensform", vor allem 73ff.

279 Wie der Zusammenhang zwischen einer Kritik der instrumentellen Vernunft und dem Problem der Individualität hergestellt wird lässt sich zudem sehr eindrucksvoll in Benjamins Aufsatz über das „Kunstwerk im Zeitalter seiner technischen Reproduzierbarkeit" nachlesen, in dem Benjamin die These entwickelt, die technische (sprich: instrumentelle) Reproduzierbarkeit von Kunstwerken zerstöre deren „auratischen" Charakter, vgl. Benjamin, Walter, „Das Kunstwerk im Zeitalter seiner technischen Reproduzierbarkeit".

Außerdem darf man nicht unterschätzen, inwiefern sich diese Intuition der historisch real gewordenen Erfahrung verdankt, dass Zweckrationalität und die bürokratische Rationalität großer Organisationen faktisch indifferent sind gegenüber den Zwecken, für die sie eingesetzt werden, vgl. Bauman, Zygmunt, *Dialektik der Ordnung*.

zwischenmenschliche Beziehungen und das Verhältnis zu sich selbst, den eigenen Gefühlen und der äußeren Natur betrachten wir als normativ misslungen, wenn diese auf instrumenteller Manipulation und nicht auf der Anerkennung der Individualität einer Person oder der Einzigartigkeit eines Naturschauspiels beruhen.[280] Genau diese tiefsitzende moralische Hintegrundüberzeugung über den intrinsischen Wert menschlicher Individualität soll die Kritik der instrumentellen Vernunft auf den Begriff bringen.

3 Die „instrumentelle Gesellschaft"

Die Kritik der instrumentellen Vernunft kritisiert nicht instrumentelle Vernunft als solche; sie kritisiert den moralischen Kategorienfehler, der mit dem Gebrauch instrumenteller Rationalität in Bereichen verbunden ist, die „eigentlich" für den moralisch geforderten wechselseitigen Respekt unter Personen reserviert sind.

Eine besonders aufschlussreiche Variante einer Kritik der instrumentellen Vernunft vertritt Charles Taylor. Was seine Version einer rationalitätstheoretisch inspirierten Sozialphilosophie[281] so interessant macht ist, dass er in seinem Versuch einer Diagnose sozialer Pathologien die Intuitionen einer Kritik der instrumentellen Vernunft sowohl *übernimmt* als auch – in metatheoretischer Perspektive – die Überzeugungskraft dieser Idee historisch erklärt. So kann Taylor gleichzeitig mit echtem kritischem Impuls von der „instrumentellen Gesellschaft" sprechen, während er mit genealogischem Blick die konstitutiven ethischen Ideale freilegt, vor deren Hintergrund allein unser „Unbehagen" an dieser instrumentellen Gesellschaft verständlich werden kann.

Unter „instrumenteller Gesellschaft" versteht Taylor dreierlei. Er spricht von

– einem *Vorrang der instrumentellen Vernunft* in der Moderne

– der Tatsache, dass in liberalen Gesellschaften der Bindung von Personen an partiku-lare Gemeinschaften nur ein *instrumenteller Wert* beigemessen wird[282] und schließlich davon,

---

280 Dass Verdinglichung auf der fehlenden Anerkennung personaler Eigenschaften beruht, wird von Axel Honneth ausgeführt, vgl. ders., *Verdinglichung*.

281 Axel Honneth sieht einen wesentlichen Unterschied zwischen dem Ansatz der Kritischen Theorie und dem des Kommunitarismus darin, dass jener die Maßstäbe seiner Kritik stets als *vernünftige* Maßstäbe verstanden habe, was für diesen nicht gelte. Wenigstens für den Fall Charles Taylors kann diese These aber nicht ohne Einschränkungen aufrechferhalten werden. Vgl. „Honneth, Axel, Eine soziale Pathologie der Vernunft", 38f.

282 Diese These Taylors lässt sich am besten vor dem Hintergrund der Auseinandersetzung zwischen Kommunitarismus und Liberalismus verstehen.

– dass in der „entzauberten" Moderne jene Einigkeit über die konstitutiven Güter und letzten Wertorientierungen verlorengegangen ist, an denen sich Menschen in ihrem Handeln orientieren könnten. Alle starken Wertungen sind – so hat es jedenfalls den Anschein – zu bloß *instrumentellen Werten* herabgesunken. (Dieser letzte Punkt entspricht ungefähr der in den Kapiteln II-IV diskutierten These (KIV) (3).)

Auffällig dabei ist, dass Taylor sich weit weniger als andere Autoren für die *intersubjektive* Dimension des Gebrauchs instrumenteller Vernunft interessiert, sondern mehr für die Konsequenzen, die der diagnostizierte Vorrang instrumenteller Vernunft für das individuelle *Selbstverhältnis* von Personen hat. Die Kritik der instrumentellen Vernunft ist bei Taylor nicht so sehr moralisch konnotiert, sondern betont die Bedrohung der Chancen des modernen Menschen, ein sinnerfülltes Leben zu führen.

Der Begriff instrumenteller Rationalität, den Taylor seinen Analysen zugrundelegt, ist eher konventioneller Natur: „Unter instrumenteller Vernunft verstehe ich dir Art von Rationalität, auf die wir uns stützen, wenn wir die ökonomischste Anwendung der Mittel zu einem gegebenen Zweck berechnen. Das Maß des Erfolgs ist hierbei maximale Effizienz, also das günstigste Verhältnis zwischen Kosten und Produktivität."[283] Die Art, wie Taylor den Begriff instrumenteller Rationalität einführt, klingt vertraut; dennoch muss man darauf achten, dass Taylor hier zwei Hinsichten vermengt: in die begriffliche Analyse, nach der instrumentelle Vernunft mit der Wahl von Mitteln zu Zwecken bei gegebenen Zwecken (wie in (IV) (1) und (2)) zu tun hat, werden stillschweigend sozialphilosophische Thesen eingeschleust, indem instrumentelle Vernunft mit Begriffen wie „Produktivität", „ökonomisch" oder auch „Effizienz" verbunden wird. Das Problem, das eigentlich zu lösen wäre, nämlich ob jener Zusammenhang zwischen instrumenteller Rationalität und sozial, z. B. ökonomisch, induzierten Pathologien wirklich besteht, wir damit gleichsam semantisch übersprungen. Zudem zeigt sich der starke Einfluss Max Webers daran, dass Taylor die Zuordnung von adäquaten Mitteln zu verfolgten Zwecken als ein „berechnen" beschreibt.[284] Dies ist ebenfalls nicht selbstverständlich, denn in alltäglichen Kontexten moderner Gesellschaften (aber nicht nur in diesen) handeln Personen zwar häufig zweckrational, auf der Basis von methodisch gewonnenem, naturwissenschaftlichem Wissen *berechnen* tut dieses Handeln aber niemand.

Was geschieht nun, wenn diese Form instrumenteller Vernunft in Bereiche eindringt, die auf nicht-instrumentelle Einstellungen angewiesen sind? Taylor

283 Taylor, Charles, *Das Unbehagen an der Moderne*, 11.

284 Bekanntlich hatte Weber es als ein wesentliches Kennzeichen der „Entzauberung der Welt" angesehen, unter den Mitgliedern sei die Überzeugung verbreitet, „alles durch Berechnen beherrschen zu können", vgl. Weber, Max, *Wissenschaft als Beruf*, 19.

behauptet, „daß die Erfordernisse des Überlebens in der kapitalistischen (oder technisierten) Gesellschaft ein instrumentelles Handlungsmuster vorschreiben, das zwangsläufig zur Folge hat, daß Zwecksetzungen mit innerem Wert zunichte gemacht oder an den Rand gedrängt werden."[285] Nach Taylor ist der „Vorrang der instrumentellen Vernunft" also nicht primär dafür verantwortlich, dass handelnde Subjekte eine verdinglichende Einstellung *gegenüber einander* einnehmen; Taylor interessiert sich weit mehr für die Konsequenzen, die die Institutionen und Praktiken der „instrumentellen Gesellschaft" für die moralischen Quellen hat, aus denen Individuen ihre identitätsstiftenden Werte schöpfen können: „Eine weitere mögliche Formulierung hebt auf Teilung und Fragmentierung ab. Wenn wir eine instrumentelle Haltung zur Natur einnehmen, lösen wir uns von den ihr innewohnenden Quellen des Sinns. Die instrumentelle Haltung gegenüber den eigenen Gefühlen spaltet unser Inneres und treibt einen Keil zwischen Vernunft und Sinnlichkeit. Die atomistische Konzentration auf unsere individuellen Ziele führt zur Auflösung der Gemeinschaft und zur Trennung der Mitmenschen."[286] Eine instrumentelle Einstellung gegenüber sich selbst und der natürlichen und sozialen Umwelt sorgt dafür, dass die stabilen „letzten Ziele" und bleibenden Wertorientierungen von Personen bedroht sind.

Genau diese letzten Ziele aber sind konstitutiv für die Identität einer Person. In dem Maß also, in dem strukturelle – insbesondere ökonomische – Bedingungen moderner Gesellschaften den Erwerb solcher „starken Wertungen"[287] behindern, gefährden sie auch die Integrität des Charakters der Personen, die unter jenen Bedingungen leben. In der modernen Arbeitswelt wird es für Personen häufig immer schwieriger, ihrem Leben die Struktur einer sinnvoll erzählbaren Biographie zu verleihen, die sie als die selbstbestimmte und kontinuierliche Verwirklichung eines Projekts erleben können. Moderne Formen der Erwerbsarbeit erzwingen einen Zustand, in dem sowohl die ausgeübte Tätigkeit als auch die sozialen Netzwerke, innerhalb deren diese Tätigkeit ausgeübt wird, einen oberflächlichen, austauschbaren und kurzfristigen Charakter erhalten.[288] Damit wird es strukturell verunmöglicht, jene langfristigen Ziele zu verfolgen, von denen ich in Kapitel IV behauptet habe, dass sie zentral für unser praktisches Vernunftvermögen sind, indem sie uns Gründe geben, innerhalb unserer Wünsche und Zwecke zwischen rational und irrational zu unterscheiden.

In der „instrumentellen Gesellschaft" ist eine ethische Konfusion verbreitet, die eine vernünftige, argumentative Auseinandersetzung über moralische Idea-

---

285 Taylor, Charles, *Quellen des Selbst*, 864.

286 Taylor, Charles, *Quellen des Selbst*, 864.

287 Vgl. Taylor, Charles, „Was ist menschliches Handeln?".

288 Vgl. Sennett, Richard, *Der flexible Mensch*, 15ff. und Sennett, Richard, *Die Kultur des neuen Kapitalismus*, 153ff.

le im Keim erstickt. Bemerkenswerter Weise ist diese ethische Konfusion eine *Konfusion zweiter Stufe*: sie betrifft nicht so sehr die normativen Urteile, die die Mitglieder der „instrumentellen Gesellschaft" fällen, sondern den höherstufigen Dissens bezüglich der *Rechtfertigung* dieser Urteile: „Diese Imperative [die in der modernen Kultur besonders stark empfunden werden] gehen hervor aus den schon lange gültigen moralischen Vorstellungen von Freiheit, Wohlwollen und Bejahung des gewöhnlichen Lebens [...]. Wir als Erben dieser Entwicklung empfinden die Forderung nach allgemeiner Gerechtigkeit und Wohltätigkeit besonders stark, sind überaus empfänglich für Gleichberechtigungsansprüche, erachten die Forderungen nach Freiheit und Selbstbestimmung für grundsätzlich berechtigt und räumen der Vermeidung von Tod und Leiden eine ganz hohe Vorrangstellung ein."[289] Über die moralischen Forderungen, von denen Taylor hier spricht, herrscht weitgehende Einigkeit. Was den normativen Hintergrund angeht, der das Fundament dieser moralischen Imperative abgibt, besteht dagegen überhaupt keine Einigkeit, denn die Rechtfertigungen, die für die von Taylor aufgezählten ethischen Grundintuitionen denkbar sind, sind voneinander unabhängig und häufig sogar miteinander inkompatibel. Eine Person wird jene moralischen Forderungen vielleicht religiös, unter Rekurs auf eine gottgewollte Ordnung begründen wollen, die nächste beruft sich auf die Grundsätze liberaler Gesellschaften, eine andere wiederum wird die Würde des Menschen reklamieren, eine Vernunftethik kantischen Typs vorschlagen oder aber eine naturalistische Theorie über den evolutionären Stellenwert moralischer Normen favorisieren. (In modifizierter Form wird die These von der moralischen Konfusion moderner Gesellschaften natürlich auch von Alasdair MacIntyre vertreten, mit dem ich in Kapitel I dafür plädiert habe, die moralischen Intuitionen normativ urteilsfähiger Subjekte nur als *Ausgangspunkt* einer rekonstruktiv ansetzenden Diagnose sozialer Pathologien anzusehen. Dieser Ausgangspunkt muss für Kritik und Revision zugänglich sein.)

Jenseits von vordergründiger Übereinstimmung in normativen Urteilen und tieferliegender Uneinigkeit in Bezug auf die Rechtfertigung dieser Urteile gibt es jedoch eine Eigenschaft, die jedem normativen Begriffsschema zukommt. Für jeden ethischen Hintergrundrahmen gilt, dass er *überhaupt* qualitative Unterscheidungen mobilisiert, die starke Wertungen zum Ausdruck bringen, gleichgültig, welchen Inhalt diese Unterscheidungen haben: „Was allen diesen Unterscheidungen gemeinsam ist, habe ich durch den Ausdruck „unvergleichbar" auszudrücken versucht. In jedem dieser Fälle hat man das Empfinden, es gebe Zwecke oder Güter, deren Wert oder Wünschbarkeit sich in einer Weise darstellt, die nicht auf derselben Skala gemessen werden kann wie unsere gewöhnlichen Zwecke, Güter, Wunschobjekte. Es kommt ihnen nicht bloß – im selben Sinne, aber in höherem Grade – *mehr* an Wünschbarkeit zu

289 Taylor, Charles, *Quellen des Selbst*, 855.

als einigen dieser normalen Güter, sondern aufgrund ihrer Ausnahmestellung verdienen sie unsere Ehrfurcht, unsere Achtung oder unsere Bewunderung."[290] So erklärt Taylor das „Unbehagen" an der instrumentellen Gesellschaft damit, dass in dieser alle fundamentalen, qualitativen Unterschiede zwischen entscheidend wichtigen Gütern einerseits und weniger wichtigen Zwecken andererseits eingezogen werden.

In der Einleitung habe ich fünf Thesen (nämlich (KIV) (1)-(5)) unterschieden, die ich als den inhaltlichen Kern des Projekts einer *Kritik der instrumentellen Vernunft* bezeichnet habe. Dabei habe ich mich vor allem auf (KIV) (2) und (3) konzentriert. Deren Gehalt schien zunächst voneinander unabhängig zu sein; mit Taylors Beschreibung der moralischen Konflikte moderner Menschen in der „instrumentellen Gesellschaft" kann man nun sehen, inwiefern beide Thesen trotzdem aufeinander verweisen. Denn das „Verschwinden der Zwecke angesichts der wuchernden instrumentellen Vernunft"[291] – was (KIV) (3) entspricht – und der Gebrauch instrumenteller Rationalität in Bereichen, in denen es gerade *nicht* auf „nüchtern kalkulatorische Zweckhaftigkeit" und „instrumentelle Verfügung"[292] ankommt – was (KIV) (2) entspricht – gleichen sich strukturell: in beiden Fällen wird die Tatsache kritisiert, dass bestimmte Verhältnisse, Zustände oder Phänomene wie etwa die äußere Natur, soziale Beziehungen, eigene oder fremde Gefühle usw. nach unangemessenen oder schlicht „falschen" Kriterien beurteilt werden.

Die metatheoretischen Thesen (KIV*) (1) und (KIV*) (2), die ich in diesem Kapitel herausgearbeitet habe, sollten erklären helfen, was das Projekt einer *Kritik der instrumentellen Vernunft* über die Grenzen von Vokabularen und Schulzugehörigkeiten hinweg so anziehend macht. Im letzten Abschnitt dieses Kapitels will ich nun die Frage erörtern, ob die Sozialphilosophie wirklich auf eine rationalitätstheoretische Begrifflichkeit angewiesen ist, um die normativen Intuitionen auf den Begriff zu bringen, die die Grundlage einer jeden Diagnose sozialer Pathologien sind. Meine These lautet, dass dies häufig nicht der Fall ist. In der Regel lassen sich jene normativen Intuitionen begrifflich sparsamer in theoretische Form gießen und zwar – dieser Zusatz ist entscheidend – ohne, dass etwas an kritischer Kraft oder an phänomenologischem Reichtum verlorengehen müsste. Die Begrifflichkeit einer *Kritik der instrumentellen Vernunft* hat mehr den Status einer Ergänzung, die illustrativen Zwecken dient, als zusätzlichen Inhalt beizutragen. Das heißt freilich nicht, dass die Sozialphilosophie ihr vernunfttheoretisches Vokabular voll und ganz aufzugeben hat. Es soll nur darauf hingewiesen sein, dass es sich dabei um eine zwar kritisch gewendete, aber darum nicht weniger metaphysische Prämisse handelt, die

290 Taylor, Charles, *Quellen des Selbst*, 44.

291 Taylor, Charles, *Das Unbehagen an der Moderne*, 17.

292 Honneth, Axel, *Verdinglichung*, 11.

behutsam einzusetzen und mit Vorsicht zu genießen ist: häufig erreicht man mehr mit weniger konzeptuellem Ballast.

4 Die Kunst der Trennung

Die Pointe der *Kritik der instrumentellen Vernunft* ist, dass die Akteure, die in Kontexte der Verdinglichung eingebettet sind, systematisch dazu gezwungen werden, die falsche praktische Einstellung gegenüber einem Phänomen (einer Person, einem Gegenstand) einzunehmen. Diese falsche Einstellung soll sich auf den deplazierten Gebrauch instrumenteller Vernunft zurückführen lassen.

Welche praktischen Einstellungen stehen Akteuren denn überhaupt zur Verfügung? Man kann sagen, dass jede praktische Einstellung eine Art und Weise ist, etwas zu *werten*. Wer mit einem Gegenstand oder einem anderen Menschen handelnd umgeht – ihn in seinem Handeln bewusst berücksichtigt – nimmt eine Wertung vor (und wenn es sich dabei bloß um die Wertung „ignorieren" handelt).

Handelnde Personen differenzieren dabei zwischen Gegenständen von höherem und niedrigerem Wert. Dieser *quantitative* Aspekt praktischer Wertungen ist aber nicht die einzige Ebene, auf der sich Wertungen unterscheiden lassen; der Umgang mit Gegenständen, die völlig verschieden sind, liegt häufig auch in der völlig verschiedenen *Form* des angemessenen Umgangs mit diesen Gegenständen. Eine alte Dame, der ich über die Straße helfe, ist nicht einfach *mehr wert* als die Luftpumpe, mit der ich mein Fahrrad wieder straßentauglich mache, und diese ist nicht einfach *weniger* wert. Im Gegenteil: es mag sogar sein, dass mir sehr viel an meinem Fahrrad liegt und mir meine Luftpumpe schon seit vielen Jahren gute Dienste leistet, während ich die alte Dame womöglich gar nicht kenne und nach einer Minute auch schon wieder vergessen habe. Trotzdem artikuliert sich in meinem Verhalten gegenüber diesen „Gegenständen" ein *qualitativ* verschiedener *Wertungsmodus*. Alte Damen verdienen als Personen respektiert zu werden, Luftpumpen sind – am Ende des Tages – doch nur nützliche Gegenstände und als solche austauschbar. Der Vertreter einer *Kritik der instrumentellen Vernunft* würde diesen Unterschied mithilfe eines rationalitätstheoretischen Vokabulars explizieren. Die These, die ich hier plausibel machen möchte, ist, dass dieser Schritt nicht zwingend ist.

Elisabeth Anderson schlägt eine systematische Typologie von solchen Wertungsmodi (modes of valuation[293]) vor. Dabei geht sie von Kant aus, dessen „zwei-wertige" Ethik bekanntlich zwischen dem technischen Umgang mit

---

[293] Vgl. Anderson, Elizabeth, *Value in Ethics and Economics*, 8ff.

Dingen und der Achtung für Personen unterscheidet.[294] Diesen bezeichnet Anderson als *Respekt*, jenen als *Gebrauch* (use). Wie Anderson richtig bemerkt, ist diese Unterscheidung noch so undifferenziert, dass es für Kant im Folgenden kategorial ausgeschlossen ist, den angemessenen Umgang mit Tieren, der unbelebten Natur oder auch den Unterschied zwischen der Beziehung zu nahestehenden Personen (wie Freunden oder Lebenspartnern) und zu fremden Menschen angemessen zu konzeptualisieren. Die Lüneburger Heide und meinen Dackel kann ich zwar nicht als Personen respektieren; daraus folgt aber noch lange nicht, dass nur ein einziger anderer Wertungsmodus übrig bliebe und es richtig wäre, sie wie bloße Werkzeuge zu „gebrauchen". In Liebesbeziehungen oder familiären Verhältnissen dagegen reicht bloßer Respekt nicht aus, da dieser keine oder eine zu schwache emotionale Bindung an die respektierte Person fordert. Tatsächlich steht Menschen eine Fülle von Wertungsmodi zur Verfügung, deren normative Implikationen nach einer Theorie der „Sphärendifferenzierung"[295] verlangen.

Neben Respekt und Gebrauch unterscheidet Anderson noch zwischen Berücksichtigung (consideration), Schätzung (appreciation) und Liebe; auch diese Typologie hat freilich nur vorläufigen Charakter, denn von diesen allgemeinsten Formen der Wertung ließen sich nochmal Bewunderung, Hass, Abscheu, Höflichkeit und unzählige Wertungen mehr abheben. Die Theorie der Sphärendifferenzierung, die Anderson im Auge hat, versucht diese Typologie wertender Einstellungen normativ fruchtbar zu machen, indem sie das Unbehagen, dass wir verspüren, wenn bestimmte Dinge unangemessen gewertet werden, als eine Verwechslung von Wertungssphären rekonstruiert: „Some goods merit a particular mode of valuation because they meet a standard of value: beautiful things are worthy of appreciation, rational beings of respect, sentient beings of consideration, virtuous ones of admiration, convenient things of use."[296] Da es eine „richtige" Zuordnung von wertenden Einstellungen zu gewerteten Gegenständen gibt, muss es auch eine „falsche" geben, und so halten wir es für ethisch problematisch, wenn Dinge, die unsere Schätzung verdienen, wie z. B. der tropische Regenwald mit seiner Artenvielfalt in Flora und Fauna, als bloße Rohstoffquellen *gebraucht* werden.

Die Grundfrage, die Anderson mit ihrer Theorie der Sphärendifferenzierung beantworten möchte, lautet: „Why not put everything up for sale?"[297]; dies ist offenbar keine pragmatische Frage nach der Zweckmäßigkeit der Kommodi-

---

294 Kant kennt natürlich zwei Formen von Achtung: Achtung fürs Gesetz und Achtung für Personen. Es ist dabei unklar, welche Form der Achtung Priorität hat, vgl. Kant, Immanuel, *Grundlegung zur Metaphysik der Sitten*, 401 und *Kritik der praktischen Vernunft*, 76.

295 Anderson, Elizabeth, *Value in Ethics and Economics*, 143.

296 Anderson, Elizabeth, *Value in Ethics and Economics*, 11.

297 Anderson, Elizabeth, *Value in Ethics and Economics*, XI.

fizierung verschiedener Lebens- und Güterbereiche. Der eigentliche Sinn dieser Frage erschließt sich erst dann, wenn man die normative Intuition teilt, die dahinter steckt: die Intuition nämlich, dass es ethisch problematisch sein könnte, bestimmte Güter oder Phänomene nach Kriterien zu behandeln, die für bloße Dinge (oder à la Lukács: „Waren") reserviert sein sollten. Das ist es, was den Kern des Phänomens der Verdinglichung ausmacht.

Die Diagnose sozialer Pathologien ist auf normative Maßstäbe angewiesen und ist insofern ein reflexives Unternehmen, als sie nicht nur mit der *Anwendung* jener Maßstäbe beschäftigt ist, sondern auch die Frage nach deren *Rechtfertigung* zu beantworten versucht. In Kapitel I habe ich versucht, das rekonstruktive Rechtfertigungsmodell gegen externe Formen der Kritik zu verteidigen, deren Schwächen ich an den Beispielen prozeduraler und kontrapräsentischer Kritikmodelle demonstriert habe. Hier sieht man jetzt, worin dieser rekonstruktive Weg genau besteht; denn die Frage, woher die Maßstäbe stammen, die es uns erlauben, die Kriterien für die normativ richtige Behandlung von Personen, Dingen, der belebten und der unbelebten Natur zu evaluieren, lässt sich nur unter Rekurs auf die sozial geteilten und häufig unartikulierten Verständnisse der Bedeutung dieser Güter beantworten. Nach Anderson gilt, „that the proper boundaries between social spheres can be derived only from a society's shared understandings of the meaning of goods."[298] Gleichwohl dürfen diese „geteilten Verständnisse" nicht als ein unkritisiertes Gegebenes (uncriticized given) einfach hingenommen werden, denn sie sind „often riddled with contradictions and confusions, are established in relations of domination that silence the perspectives of some members of society" und können deshalb bloß ein „proper starting point"[299] für die Diagnose sozialer Pathologien sein.

Eine Theorie der Sphärentrennung basiert auf der Grundidee, dass verschiedene soziale Bereiche nach unterschiedlichen Prinzipien organisiert sind und – normativ betrachtet – auch organisiert sein sollten. Michael Walzer hat diese Grundidee als die Forderung nach einer „Kunst der Trennung"[300] und deren richtiger Ausübung interpretiert. Sowohl die politische Theorie des Liberalismus Hobbesscher und Lockescher Prägung als auch „linke" politische Theorien mehr oder weniger marxistischer Observanz plädieren in dieser Lesart für dieselbe normative Strategie. Während der Liberalismus vor allem die Notwendigkeit einer Trennung von Politik und Religion sowie die Abschirmung der Privatsphäre und des Wirtschaftssystems vor staatlichen Eingriffen betont, gehen eher marxistisch orientierte Theorien noch einen Schritt weiter und weisen darauf hin, dass der so für den kapitalistisch organisierten Markt geschaffene Freiraum pathologische Nebeneffekte erzeugt, denen nur mit ei-

298 Anderson, Elizabeth, *Value in Ethics and Economics*, 143.

299 Anderson, Elizabeth, *Value in Ethics and Economics*, 143.

300 Walzer, Michael, „Liberalism and the Art of Separation".

ner noch konsequenter ausgeübten Kunst der Trennung beizukommen ist. Deren Ziel muss es sein, einen Großteil sozialer Bereiche vor kapitalistischen Verwertungsimperativen und deren Kolonialisierung durch den modernen Markt abzuschirmen.

Anderson versucht genauer herauszuarbeiten, welche Normen und Prinzipien für den modernen Markt charakteristisch sind; die daraus hervorgehende Analyse soll es möglich machen, noch genauer zu sehen, wo die „ethischen Grenzen des Marktes"[301] zu ziehen sind. Für den Vertreter einer *Kritik der instrumentellen Vernunft* scheint diese Frage leicht zu beantworten zu sein. Nach (IV) (4) inhäriert der Ausübung instrumenteller Rationalität ein Verdinglichungspotential, das vor allem in intersubjektiven Kontexten normativ falsch ist. Andersons Antwort dagegen besteht in einer Analyse der Praktiken, die der moderne Markt von seinen Teilnehmern fordert. An den Normen, die diese Praxis strukturieren, lässt sich ablesen, welche Güter durch den Modus „use" angemessen gewertet werden. Wichtig ist: diese Analyse kommt ohne rationalitätstheoretische Prämissen aus.

Wenn sich herausstellt, dass die Einstellungen und sozialen Beziehungen, die der Markt fordert, von der Art sind, dass sie nur für den Umgang mit bloßen Dingen angemessen sind, hat man ein normatives Argument dafür gewonnen, dass nicht alle sozialen Bereiche nach dem Modell des modernen Marktes organisiert sein sollten: „We can understand the nature of economic goods by investigating the ways we value commodities, the social relations within which we produce, distribute, and enjoy them, and the ideals these relations are supposed to embody. I call the mode of valuation appropriate to pure commodities ‚use'." Dieser Wertungsmodus ist freilich nicht moralisch neutral, denn: „Use is a lower, impersonal, and exclusive mode of valuation. It is contrasted with higher modes of valuation, such as respect."[302]

Anderson zählt fünf Normen auf, die konstitutiv für Marktbeziehungen und somit für den Umgang mit rein ökonomischen Gütern sind.[303] Marktbeziehungen sind

- unpersönlich (impersonal): Beziehungen des geldvermittelten Austauschs von Waren auf dem Markt sind Beziehungen zwischen Fremden, die keines gemeinsamen Werthorizonts und keiner emotionalen Bindung aneinander bedürfen, damit die Interaktionsequenz gelingt.

- egoistisch (egoistic): Handlungen von Marktteilnehmern sind insofern egoistisch, als die Teilnehmer ihr Handeln nur an ihren eigenen Interessen orientieren müssen.

---

301 Anderson, Elizabeth, *Value in Ethics and Economics*, 141.

302 Anderson, Elizabeth, *Value in Ethics and Economics*, 144.

303 Vgl. Anderson, Elizabeth, *Value in Ethics and Economics*, 145ff.

- exklusiv (exclusive): Güter, die auf einem Markt gehandelt werden, sind exklusiv: die Möglichkeit ihrer Konsumption ist an die Fähigkeit, dafür zu bezahlen, gebunden. Dies gilt weder für öffentliche Institutionen, wie z. B. Schulen, noch für nicht-kompetitiv konsumierbare Güter, wie Sonnenlicht.

- wunschbezogen (want-regarding): Bei den Interaktionen, die auf dem Markt stattfinden, werden faktische Interessen berücksichtigt und – im Erfolgsfall – befriedigt. Es wird nicht nach den *vernünftigen Gründen* gefragt, die Personen für ihren Wunsch nach bestimmten Gütern haben.

- und orientiert an „Abbruch" (exit), nicht an „Stimme" (voice): Konsumenten können die Produktion und Konsumtion von Gütern nur durch ihre Teilnahme an oder den Austritt aus einer Tauschandlung beeinflussen. Sie haben in der Regel keine Chance, gleichsam demokratisch ihre „Stimme" einzusetzen, um an der qualitativen Gestaltung des Angebots zu partizipieren.

Vor allem in den Kontexten der demokratischen Selbstorganisation von Gemeinschaften und von persönlichen Beziehungen sind diese Normen fehl am Platz, denn die Teilhabe an diesen beiden Sphären ist nicht an die Fähigkeit zu bezahlen gebunden, die intersubjektiven Beziehungen, die dort stattfinden, sind keine entsprachlichten Beziehungen zwischen Fremden, es kommt nicht nur auf die Befriedigung *eigener* Wünsche an usw. Gleichwohl gibt es in modernen Gesellschaften Entwicklungen, in deren Verlauf jene Marktnormen dennoch in Bereiche eindringen, deren Vermarktlichung dann denn Charakter einer sozialen Pathologie annimmt.[304] Die beiden wichtigsten Normen, die persönliche Beziehungen, zu denen vor allem Liebesbeziehungen und Freundschaften gehören, definieren, sind Normen der Intimität und der Verbundenheit (commitment); beide sind auf die Reziprozität von Vertrauen und affektiver Bejahung sowie auf die Realisierung gemeinschaftlicher Güter ausgerichtet.

Die Theorie der Sphärendifferenzierung – oder der „komplexen Gleichheit" – die Michael Walzer vorschlägt, ist zwar auf die Lösung zentraler Probleme distributiver Gerechtigkeit zugeschnitten, eignet sich aber ebenso zur Rekonstruktion der zentralen Intuitionen einer auf den Grundbegriff instrumenteller Vernunft setzenden Verdinglichungskritik. Denn was der Verdinglichungskritiker, der die Pathologien moderner Gesellschaften als ökonomisch induzierte praktische Kategorienfehler verstehen möchte, eigentlich meint ist, dass die

304 Dieser Punkt wird von Anderson im Bezug auf die Kommodifizierung persönlicher Beziehungen sehr genau ausbuchstabiert, vgl. Anderson, Elizabeth, *Value in Ethics and Economics*, 150ff.; Vgl. zu diesem Problem außerdem die Studien von Hochschild, Arlie, *Das gekaufte Herz* und Illouz, Eva, *Gefühle in Zeiten des Kapitalismus*, die detailliert der Frage nachgehen, wie moderne Arbeitsformen und die medial vermittelte Partnersuche (etwa über das Internet) einen neutralisierenden und objektivierenden Umgang mit dem eigenen Charakter und dem eigenen Gefühlsleben erfordern.

Dominanz eines bestimmten Gutes (nämlich: Geld) über alle anderen oder doch wenigstens zu viele soziale Sphären und das psychische und emotionale Leben individueller Personen diese Bereiche in pathologischer Weise deformiert und damit die Chancen auf ein individuell gelungenes Leben vermindert. Mit (KIV) (1-5) scheinen wir für die Pathologizität dieser Dominanz eine Erklärung anbieten zu können, die besonders hohen Begründungsstandards genügt, weil sie sie auf die Universalität der Forderungen unserer praktischer Vernunft zurückführen zu können glaubt, die durch jene „halbierte" instrumentelle Vernunft verletzt würden. Tatsächlich reichen unsere sozial geteilten Verständnisse verschiedener Gütersphären und Lebensbereiche völlig aus, um den pathologischen Charakter der Verdinglichung emotionaler Beziehungen oder der Entfremdung von einem selbstbestimmten Leben zu begründen.

Das Projekt einer Kritik der instrumentellen Vernunft verspricht, die Grenzen zwischen verschiedenen Wertungsmodi und den korrespondierenden sozialen Sphären besser ziehen zu können als andere Ansätze. Dagegen spricht zweierlei:

1. Die Kritik der instrumentellen Vernunft vermag nur *eine* Grenze zu ziehen: die zwischen instrumenteller Rationalität und anderen Wertungsmodi. Mit Anderson und Walzer lässt sich aber zeigen, dass dies nicht ausreicht; da eine Kritik der instrumentellen Vernunft im kantischen Fahrwasser von (KIV*) (2) fährt, ist sie zu undifferenziert, um der Komplexität der Kriterien für angemessene Wertungen in unterschiedlichen sozialen Bereichen gerecht zu werden.

2. Die Kritik der instrumentellen Vernunft scheint eine besonders anspruchsvolle und zwingende Begründung für die Grenzziehung zu ermöglichen, die für eine Diagnose sozialer Pathologien erforderlich ist. Denn da sie mit einem rationalitätstheoretischen Vokabular operiert, scheint sie das Rechtfertigungsdilemma lösen zu können, indem sie zeigt, dass es eine Forderung praktischer Vernunft ist, die Grenze zwischen – sagen wir: Respekt und Gebrauch, oder auch, in der Habermasschen Variante, instrumentellem und kommunikativem Handeln – so und nicht anders zu ziehen. Aber auch dies ist nicht richtig, denn die Sozialphilosophie ist gar nicht darauf angewiesen, derart hohen Begründungsstandards zu genügen. In diesem Sinn ist die Sozialphilosophie „politisch, nicht metaphysisch"; sie versucht die Öffentlichkeit mit guten Gründen und rhetorischem Geschick für die subtilen Pathologien der Moderne sensibel zu machen und so einen Lernprozess in Gang zu setzen, der *in the long run* zu einem moralischen Fortschritt führen könnte.

Die *Kunst der Trennung* besteht – kurz gesagt – darin, die Grenzen zwischen verschiedener Wertungstypen, etwa: Respekt und Gebrauch, a) zu ziehen und b) richtig zu ziehen.[305] Die Vertreter einer Kritik der instrumentellen Vernunft behaupten, um a) erledigen zu können, brauche man den Begriff instrumenteller Rationalität, denn nur dieser könne verständlich machen, was den einen Typ vom anderen Typ unterscheidet (Dies ist eine Implikation von (KIV*) (2)). Wie gesehen ist das nicht der Fall, denn die Intuitionen, die der Kritik der instrumentellen Vernunft überhaupt nur Plausibilität verliehen haben, lassen sich auch ohne vernunfttheoretische Prämissen auf den Begriff bringen. Sie behaupten außerdem, um b) erledigen zu können, bedürfe es eines rationalitätstheoretischen Vokabulars, denn nur dieses könne das Rechtfertigungsdilemma auflösen (Dies entspricht (KIV*) (1)). Wie gesehen ist auch das nicht der Fall, denn das Rechtfertigungsdilemma ist in dieser Form nicht zu lösen; aber das ist auch gar nicht notwendig, denn die Form interner Kritik, auf die es für die Diagnose sozialer Pathologien ankommt, ist ein rekonstruktives Unternehmen, das nicht – wie die Formen prozeduralistischer oder kontrapräsentischer Kritik – auf kontexttranszendierende Maßstäbe angewiesen ist, sondern diese aus dem kritisierten Gegenstand selbst gewinnt.[306]

---

305 Eine der wichtigsten „Trennungslinien" ist die von Arlie Hochschild so bezeichnete „commodity frontier", vgl. dies., „The Commodity Frontier".

306 Vgl. Held, David, *Introduction to Critical Theory*, 175ff.

Sozialphilosophie ohne instrumentelle Vernunft – Ergebnisse

Was bleibt, wenn die Sozialphilosophie ohne rationalitätstheoretische Rückendeckung auskommen muss? Der Begriff einer sozialen Pathologie der Vernunft hat, wie ich mehrfach betont habe, drei Teile: eine gesellschaftstheoretischen, einen ethischen und einen rationalitätstheoretischen. Wenn die Diagnose sozialer Pathologien von den Prämissen einer Kritik der instrumentellen Vernunft abgelöst wird, bleiben nur zwei Teile übrig.

Was ist es nochmal, was der Sozialphilosoph tut? Auf eine bestmöglich verdichtete Formel gebracht versucht er, „aus einer Kette von jeweils intendierten Umständen die unbeabsichtigte Konsequenz einer im ganzen fragwürdigen Lebensform zu erklären."[307] Das bedeutet, das er letztlich nur zwei Aufgaben zu erfüllen hat, nämlich

1. die *explanatorische Aufgabe* zu zeigen, wie diese moderne Lebensform als das unantizipierte Ergebnis individuell und kollektiv beabsichtigten Handelns kausal entstanden ist und

2. die *ethische Aufgabe* zu begründen, was diese Lebensform moralisch und ethisch problematisch macht.

Keine von beiden Aufgaben bedarf eines rationalitätstheoretischen Fundaments, um bewältigt werden zu können und die Sozialphilosophie muss – und kann – *ohne instrumentelle Vernunft* auskommen. Das heißt freilich nicht, dass sie als Ganzes ein unvernünftiges Unternehmen wäre. Denn wann immer die Diagnose sozialer Pathologien gute Gründe für die ethischen Maßstäbe angeben kann, die sie an die paradoxale Wirklichkeit der Moderne anlegt, bewegt sie sich im Raum von Aufklärung, Orientierung und Kritik – und dieser Raum *ist* der Raum der Vernunft.

---

307 Honneth, Axel, „Idiosynkrasie als Erkenntnismittel", 228.

Literatur

Albert, Hans, *Traktat über kritische Vernunft*, Tübingen 1991.

Anderson, Elizabeth, *Value in Ethics and Economics*, Cambridge/Mass. 1993.

Anscombe, Gertrude E. M., *Absicht*, Freiburg 1986.

Aristoteles, *Nikomachische Ethik*, übers. v. Eugen Rolfes, Hamburg 1995.

Assmann, Jan, *Das kulturelle Gedächtnis. Schrift, Erinnerung und politische Identität in frühen Hochkulturen*, München 2007.

Axelrod, Robert, *Die Evolution der Kooperation*, München 2005.

Bauman, Zygmunt, *Dialektik der Ordnung. Die Moderne und der Holocaust*, Frankfurt/Main 1995.

Baumann, Peter, *Erkenntnistheorie*, Stuttgart 2002.

Baynes, Kennth, *The Normative Grounds of Social Criticism. Kant, Rawls, and Habermas*, Albany/N. Y. 1992.

Benjamin, Walter, „Das Kunstwerk im Zeitalter seiner technischen Reproduzierbarkeit", in: ders., *Das Kunstwerk im Zeitalter seiner technischen Reproduzierbarkeit. Drei Studien zur Kunstsoziologie*, Frankfurt/Main 1963, 7-45.

Bittner, Rüdiger, *Doing Things for Reasons*, Oxford 2001.

Boudon, Raymond, *The Unintended Consequences of Social Action*, New York 1982.

Brandom, Robert, *Begründen und Begreifen. Ene Einführung in den Inferentialismus*, Frankfurt/Main 2001.

Brandom, Robert, *Expressive Vernunft. Begründung, Repräsentation und diskursive Festlegung*, Frankfurt/Main 2000.

Brandt, Richard B., *A Theory of the Good and the Right*, Oxford 1979.

Brandt, Richard B., „The Rational Criticism of Preferences", in: Fehige, Christoph und Wessels, Ulla (Hrsg.), *Preferences*, Berlin/NewYork 1998, 63-77.

Brandt, Richard B., „Rational Desires", in: ders., *Morality, Utilitarianism, and Rights*, Cambridge 1992, 38-57.

Bratman, Michael E., *Intention, Plans, and Practical Reason*, Cambridge/Mass. 1987.

Celikates, Robin und Pollmann Arnd, „Baustellen der Vernunft. 25 Jahre Theorie des kommunikativen Handelns", in: *WestEnd. Neue Zeitschrift für Sozialforschung* 3 (2006), 97-113.

Cooke, Maeve, *Re-Presenting the Good Society*, Cambridge/Mass. und London 2006.

Dancy, Jonathan, *Practical Reality*, Oxford 2000.

Davidson, Donald, „Was ist eigentlich ein Begriffsschema?", in:, ders., *Wahrheit und Interpretation*, Frankfurt/Main 1990, 261-282.

Davidson, Donald, „Handlungen, Gründe und Ursachen", in: ders., *Handlung und Ereignis*, Frankfurt/Main 1990, 19-42.

Davidson, Donald, „Beabsichtigen", in: ders., *Handlung und Ereignis*, Frankfurt/Main 1990, 125-152.

Detel, Wolfgang, „System und Lebenswelt bei Habermas", in Müller-Doohm,

Stefan (Hrsg.), *Das Interesse der Vernunft. Rückblicke auf das Werk von Jürgen Habermas seit „Erkenntnis und Interesse"*, Frankfurt/Main 2000, 175-200.

Dray, William, *Laws and Explanation in History*, Oxford 1970.

Durkheim, Emile, *Die elementaren Formen des religiösen Lebens*, Frankfurt/Main 1994.

Elster, Jon, „Wesen und Reichweite rationaler Handlungserklärung", in: Gosepath, Stefan, *Motive, Gründe, Zwecke. Theorien praktischer Rationalität*, Frankfurt/Main 1999, 57-74.

Elster, Jon, „Saure Trauben", in: ders., *Subversion der Rationalität*, Frankfurt/Main 1987, 211-243.

Elster, Jon, „Unvollständige Rationalität. Odysseus und die Sirenen", in: ders., *Subversion der Rationalität*, Frankfurt/Main 1987, 67-140.

Ernst, Gerhard, *Einführung in die Erkenntnistheorie*, Darmstadt 2007.

Feyerabend, Paul, *Wider den Methodenzwang*, Frankfurt/Main 1999.

Frankfurt, Harry, „Willensfreiheit und der Begriff der Person", in: Bieri, Peter (Hrsg.), *Analytische Philosophie des Geistes*, Königstein 1981, 287-302.

Fraser, Nancy und Honneth, Axel, *Umverteilung oder Anerkennung? Eine politisch-philosophische Kontroverse*, Frankfurt/Main 2003.

Geertz, Clifford, „Dichte Beschreibung. Bemerkungen zu einer deutenden Theorie von Kultur", in: ders., *Dichte Beschreibung. Beiträge zum Verstehen kultureller Systeme*, Frankfurt/Main 1983, 7-43.

Gehlen, Arnold, *Der Mensch. Seine Natur und seine Stellung in der Welt*, Frankfurt/Main 1966.

Gehlen, Arnold, „Mensch und Institutionen", in: ders., *Anthropologische Forschung*, Reinbek 1974, 69-77.

Gert, Bernard, „Substantielle Rationalität", in: Apel, Karl-Otto und Kettner, Matthias (Hrsg.), *Die eine Vernunft und die vielen Rationalitäten*, Frankfurt/Main 1996, 318-348.

Geuss, Raymond, *Die Idee einer kritischen Theorie*, Königstein 1983.

Giddens, Anthony, *Die Konstitution der Gesellschaft. Grundzüge einer Theorie der Strukturierung*, Frankfurt/Main 1997.

Goodman, Nelson, *Fact, Fiction, and Forecast*, Indianapolis 1965.

Gosepath, Stefan, „Praktische Rationalität. Eine Problemübersicht", in: ders., *Motive, Gründe, Zwecke. Theorien praktischer Rationalität*, Frankfurt/Main 1999, 7-53.

Gosepath, Stefan, *Aufgeklärtes Eigeninteresse. Eine Theorie theoretischer und praktischer Rationalität*, Frankfurt/Main 1992.

Habermas, Jürgen, „Arbeit und Interaktion. Bemerkungen zu Hegels Jenenser ‚Philosophie des Geistes', in: ders., *Technik und Wissenschaft als ‚Ideologie'*, Frankfurt/Main 1969, 9-48.

Habermas, Jürgen, „Technik und Wissenschaft als ‚Ideologie'", in: ders., *Technik und Wissenschaft als ‚Ideologie'*, Frankfurt/Main 1969, 48-104.

Habermas, Jürgen, „Erkenntnis und Interesse“, in: ders.: *Technik und Wissenschaft als ‚Ideologie'*, Frankfurt/Main 1969, 146-169.

Habermas, Jürgen, „Rekonstruktive vs. verstehende Sozialwissenschaften“, in: ders., *Moralbewußtsein und kommunikatives Handeln*, Frankfurt/Main 1983, 29-53.

Habermas, Jürgen, „Diskursethik. Notizen zu einem Begründungsprogramm“, in: ders., *Moralbewußtsein und kommunikatives Handeln*, Frankfurt/Main 1983, 53-127.

Habermas, Jürgen, „Vom pragmatischen, ethischen und moralischen Gebrauch der praktischen Vernunft“, in: ders., *Erläuterungen zur Diskursethik*, Frankfurt/Main 1991, 100-119.

Habermas, Jürgen, *Theorie des kommunikativen Handelns*, Frankfurt/Main 1995.

Habermas, Jürgen, „Vorlesungen zu einer sprachtheoretischen Grundlegung der Soziologie“, in: ders., *Vorstudien und Ergänzungen zur Theorie des kommunikativen Handelns*, Frankfurt/Main 1995, 11-127.

Habermas, Jürgen, *Faktizität und Geltung. Beiträge zur Diskurstheorie des Rechts und des demokratischen Rechtsstaats*, Frankfurt/Main 1998.

Hegel, G. W. F., *Phänomenologie des Geistes*, in: ders.: *Werke* 3, Frankfurt/Main 1986.

Held, David, *Introduction to Critical Theory. Horkheimer to Habermas*, London 1980.

Hempel, Carl Gustav, *Philosophie der Naturwissenschaft*, München 1974.

Hesse, Heidrun, *Ordnung und Kontingenz. Handlungstheorie versus Systemfunktionalismus*, Freiburg 1999.

Hetzel, Andreas, „Jürgen Habermas: Theorie des kommunikativen Handelns (1981)“, in: Gamm, Gerhard, Hetzel, Andreas und Lilienthal, Markus (Hrsg.), *Interpretationen. Hauptwerke der Sozialphilosophie*, Stuttgart 2001, 249-267.

Hochschild, Arlie, *Das gekaufte Herz. Zur Kommerzialisierung der Gefühle.* Frankfurt/Main 1990.

Hochschild, Arlie, „The Commodity Frontier“, in: Alexander, Jeffery, Marx, Gary und Williams, Christine (Hrsg.), *Self, Social Structure and Beliefs. Explorations in Sociology*, UC Press 2004.

Hollis, Martin, *Soziales Handeln. Eine Einführung in die Philosophie der Sozialwissenschaft.* Berlin 1995.

Honneth, Axel, *Kritik der Macht. Reflexionsstufen einer kritischen Gesellschaftstheorie*, Frankfurt/Main 1985.

Honneth, Axel, „Pathologien des Sozialen. Tradition und Aktualität der Sozialphilosophie“, in: ders., *Das Andere der Gerechtigkeit. Aufsätze zur praktischen Philosophie*, Frankfurt/Main 2000, 11-87.

Honneth, Axel, *Leiden an Unbestimmtheit. Eine Reaktualisierung der Hegelschen Rechtsphilosophie*, Stuttgart 2001.

Honneth, Axel, *Kampf um Anerkennung. Zur moralischen Grammatik sozialer Konflikte*, Frankfurt/Main 2003.

Honneth, Axel, „Zwischen Hermeneutik und Hegelianismus. John McDowell und die Herausforderung des moralischen Realismus“, in: ders., *Unsichtbarkeit. Stationen einer Theorie der Intersubjektivität*, Frankfurt/Main 2003, 106-137.

Honneth, Axel, „Jürgen Habermas“, in: Kaesler, Dirk, *Klassiker der Soziologie*, Bd. 2,

München 2003, 230-251.

Honneth, Axel, „Anerkennung als Ideologie", in: *WestEnd. Neue Zeitschrift für Sozialforschung* 1 (2004), 51-70.

Honneth, Axel, *Verdinglichung. Eine anerkennungstheoretische Studie*, Frankfurt/Main 2005.

Honneth, Axel, „Eine soziale Pathologie der Vernunft. Zur intellektuellen Erbschaft der kritischen Theorie", in: ders., *Pathologien der Vernunft. Geschichte und Gegenwart der Kritischen Theorie*, Frankfurt/Main 2007, 28-57.

Honneth, Axel, „Rekonstruktive Gesellschaftskritik unter genealogischem Vorbehalt. Zur Idee der „Kritik" in der Frankfurter Schule", in: ders., *Pathologien der Vernunft. Geschichte und Gegenwart der Kritischen Theorie*, Frankfurt/Main 2007, 57-70.

Honneth, Axel, „Eine Physiognomie der kapitalistischen Lebensform. Skizze der Gesellschaftstheorie Adornos", in: ders., *Pathologien der Vernunft. Geschichte und Gegenwart der Kritischen Theorie*, Frankfurt/Main 2007, 70-93.

Horkheimer, Max, „Zur Kritik der instrumentellen Vernunft", in: ders., *Gesammelte Schriften*, Bd. 6, 21-189.

Hume, David, *Ein Traktat über die menschliche Natur*, Hamburg 1989.

Illouz, Eva, *Gefühle in Zeiten des Kapitalismus*, Frankfurt/Main 2007.

Jaeggi, Rahel, *Entfremdung. Zur Aktualität eines sozialphilosophischen Problems.* Frankfurt/Main 2005.

Janich, Peter, *Logisch-pragmatische Propädeutik. Ein Grundkurs im philosophischen Reflektieren.* Weilerswist 2001.

Joas, Hans, *Die Kreativität des Handelns*, Frankfurt/Main 1992.

Joas, Hans und Knöbl, Wolfgang, „Neo-Utilitarismus", in: dies., *Sozialtheorie. Zwanzig einführende Vorlesungen*, Frankfurt/Main 2004, 143-183.

Kant, Immanuel, *Grundlegung zur Metaphysik der Sitten*, Hamburg 1999.

Kant, Immanuel, *Kritik der praktischen Vernunft*, Hamburg 1990.

Kant, Immanuel, *Anthropologie in pragmatischer Hinsicht*, Hamburg 2003.

Kern, Andrea, *Quellen des Wissens. Zum Begriff vernünftiger Erkenntnisfähigkeiten*, Frankfurt/Main 2006.

Kneer, Georg, *Die Pathologien der Moderne. Zur Zeitdiagnose in der „Theorie des kommunikativen Handelns" von Jürgen Habermas*, Opladen 1990.

Knorr-Cetina, Karin, *Die Fabrikation von Erkenntnis. Zur Anthropologie der Naturwissenschaft*, Frankfurt/Main 1984.

Korsgaard, Christine, „Scepticism about practical reason", in: dies., Creating the Kingdom of Ends, Cambridge 1996, 311-335.

Korsgaard, Christine, „The Normativity of Instrumental Reason", in: Cullity, Garrett und Gaut, Berys, (Hrsg.), *Ethics and Practical Reason*, Oxford 1997, 215-255.

Kuhn, Thomas S., *Die Struktur wissenschaftlicher Revolutionen*, Frankfurt/Main 2003.

Kusser, Anna, „Rational by Shock. A Reply to Brandt", in: Fehige, Christoph und

Wessels, Ulla (Hrsg.), *Preferences*, Berlin/NewYork 1998, 78-87.

Lillehammer, Hallvard, *Companions in Guilt. Arguments for Ethical Objectivity*, Houndmills and New York 2007.

Luhmann, Niklas, *Zweckbegriff und Systemrationalität. Über die Funktion von Zwecken in sozialen Systemen*, Frankfurt/Main 1991.

Lukács, Georg, „Die Verdinglichung und das Bewußtsein des Proletariats", in: ders., *Geschichte und Klassenbewußtsein. Studien über marxistische Dialektik*, Neuwied und Berlin 1968, 257-397.

MacIntyre, Alasdair, *Der Verlust der Tugend. Zur moralischen Krise der Gegenwart*, Frankfurt/Main 1995.

Marx, Karl, „Nationalökonomie und Philosophie", in: ders., *Die Frühschriften*. Hg. v. Siegfried Landshut, Stuttgart 1971, 225-317.

McCarthy, Thomas, „Komplexität und Demokratie. Die Versuchungen der Systemtheorie", in: Honneth, Axel und Joas, Hans (Hrsg.), *Kommunikatives Handeln. Beiträge zu Jürgen Habermas' „Theorie des kommunikativen Handelns"*, Frankfurt/Main 1986, 177-216.

McDowell, John, „Werte und sekundäre Qualitäten", in: ders.: *Wert und Wirklichkeit. Aufsätze zur Moralphilosophie*, Hg. von Honneth, Axel und Seel, Martin, Frankfurt/Main 2002, 204-231.

McDowell, John, „Functionalism and Anomalous Monism", in: ders., *Mind, Value, and Reality*, Cambridge/Mass. 1998, 112-130.

Merton, Robert K., „The Unanticipated Consequences of Purposive Social Action", in: *American Sociological Review* 1/6 (1936), 894-904.

Mill, John Stuart, *Der Utilitarismus*, Stuttgart 1976.

Nagel, Thomas, *The View from Nowhere*, New York 1986.

Nagel, Thomas, *Die Möglichkeit des Altruismus*, Berlin/Wien 2005.

Nida-Rümelin, Julian, „Praktische Kohärenz", in: *Zeitschrift für philosophische Forschung* 51 (1997) 175-192.

Nida-Rümelin, Julian und Schmidt, Thomas, *Rationalität in der praktischen Philosophie. Eine Einführung*, Berlin 2000.

Nida-Rümelin, Julian, *Strukturelle Rationalität. Ein philosophischer Essay über praktische Vernunft*, Stuttgart 2001.

Nussbaum, Martha, „Verdinglichung", in: dies., *Konstruktion der Liebe, des Begehrens und der Fürsorge. Drei philosophische Aufsätze*, Stuttgart 2002, 90-163.

Olson, Mancur, *Die Logik des kollektiven Handelns. Kollektivgüter und die Theorie der Gruppen*, Tübingen 2004.

Parfit, Derek, *Reasons and Persons*, Oxford 1984.

Parsons, Talcott, *The Structure of Social Action*, New York 1967.

Pinzani, Alesandro, *Jürgen Habermas*, München 2007.

Pollmann, Arnd, *Integrität. Aufnahme einer sozialphilosophischen Personalie*, Bielefeld 2005.

Popper, Karl, *Logik der Forschung*, Tübingen 1973.

Quante, Michael, „Hegels pragmatistische Ethikbegründung“, in: Engelhard, Kristina und Heidemann, Dietmar H. (Hrsg.), *Ethikbegründungen zwischen Universalismus und Relativismus*, Berlin 2005, 231-250.

Rawls, John, *Gerechtigkeit als Fairneß. Ein Neuentwurf*, Frankfurt/Main 2006.

Rawls, John, *Eine Theorie der Gerechtigkeit*, Frankfurt/Main 1975.

Rawls, John, „Kantischer Konstruktivismus in der Moraltheorie“, in: ders., *Die Idee des politischen Liberalismus. Aufsätze 1978-1989*, Frankfurt/Main 1992, 80-158.

Rawls, John „Gerechtigkeit als Fairneß: politisch, nicht metaphysisch“, in: ders., *Die Idee des politischen Liberalismus. Aufsätze 1978-1989*, Frankfurt/Main 1992, 255-292.

Rorty, Richard, „Der Vorrang der Demokratie vor der Philosophie“, in: ders., *Solidarität oder Objektivität? Drei philosophische Essays*, Stuttgart 1988, 82-125

Rorty, Richard, „Solidarität oder Objektivität?“, in: ders., *Solidarität oder Objektivität? Drei philosophische Essays*, Stuttgart 1988, 11-37

Rousseau, Jean-Jacques, *Abhandlung über den Ursprung und die Grundlagen der Ungleichheit unter den Menschen*, Stuttgart 1998.

Schleichert, Hubert (Hrsg.), *Logischer Empirismus – der Wiener Kreis*, München 1975.

Schnädelbach, Herbert, *Zur Rehabilitierung des animal rationale*, Frankfurt/Main 1992.

Searle, John R., *Rationality in Action*, Cambridge/Mass. 2001.

Sennett, Richard, *Der flexible Mensch. Die Kultur des neuen Kapitalismus*, Berlin 2006.

Sennett, Richard, *Die Kultur des neuen Kapitalismus*, Berlin 2007.

Strawson, P. F., *Individuals. An Essay in Descriptive Metaphysics*, London 1959

Taylor, Charles, „Was ist menschliches Handeln?“, in: ders., *Negative Freiheit? Zur Kritik des neuzeitlichen Individualismus*, Frankfurt/Main 1992, 9-51.

Taylor, Charles, *Multikulturalismus und die Politik der Anerkennung*, Frankfurt/Main 1993.

Taylor, Charles, *Das Unbehagen an der Moderne*, Frankfurt/Main 1995.

Taylor, Charles, *Quellen des Selbst. Die Entstehung der neuzeitlichen Identität*, Frankfurt/Main 1996.

Walzer, Michael, „Liberalism and the Art of Separation“, in: *Political Theory* 12 (1984), 315-330.

Walzer, Michael, *Kritik und Gemeinsinn. Drei Wege der Gesellschaftskritik*, Berlin 1990

Walzer, Michael, *Sphären der Gerechtigkeit. Ein Plädoyer für Pluralität und Gleichheit*, Frankfurt/New York 2006.

Weber, Max, *Wirtschaft und Gesellschaft. Grundriss der verstehenden Soziologie*, Tübingen 1980.

Weber, Max, „Die protestantische Ethik der der Geist des Kapitalismus“, in: ders., *Gesammelte Aufsätze zur Religionssoziologie*, Tübingen 1988, 1-207.

Weber, Max, *Wissenschaft als Beruf*, Stuttgart 1995.

White, Stephen K., *The Recent Work of Jürgen Habermas. Reason, Justice and Modernity*, Cambridge 1989.

Willaschek, Marcus, „Moralisches Urteil und begründeter Zweifel. Zu einer kontextualistischen Konzeption der Rechtfertigung moralischer Urteile", in: Beckermann, Ansgar und Nimtz, Christian (Hrsg.), *Argument & Analyse: Sektionsvorträge der Jahrestagung der Gesellschaft für Analytische Philosophie Bielefeld September 2000*, Paderborn, 630–641.

Willaschek, Marcus, „Was ist schlechte Metaphysik?", in: Wenzel, Uwe Justus (Hrsg.), *Vom Ersten und Letzten. Positionen der Metaphysik in der Gegenwartsphilosophie* , Frankfurt/Main 1998, 131- 151.

Williams, Bernard, „Interne und externe Gründe", in: Gosepath, Stefan (Hrsg.), *Motive, Gründe, Zwecke. Theorien praktischer Rationalität*, Frankfurt/Main 1999, 105-120.

Williams, Michael, *Problems of Knowledge. A Critical Introduction to Epistemology*, Oxford 2001.

Windelband, Wilhelm, „Geschichte und Naturwissenschaft", in: ders., Präludien, Tübingen 1924, 136-161.

Wittgenstein, Ludwig, *Philosophische Untersuchungen*, Werkausgabe Bd. 1, Frankfurt/Main
1984, 225-581.

Wittgenstein, *Über Gewißheit*, Werkausgabe Bd. 8, Frankfurt/Main 1984, 113-259.

Wright, Georg Henrik v., *Erklären und Verstehen*, Berlin 2000.

Zeitfracht Medien GmbH
Ferdinand-Jühlke-Straße 7
99095 Erfurt, Deutschland
produktsicherheit@kolibri360.de